타인의 속마음에
닿는 대화

실리콘밸리 최고의 UX 리서처에게 배우다!

타인의 속마음에 닿는 대화

히멘아 벤고에체아 지음
김은지 옮김

KOREA.COM

머 리 말
듣는다는 것은 곧 사람을 이해한다는 것

샬럿은 말이 없었다. 나 역시 마찬가지였다. 나와 샬럿은 연구
실에서 인터뷰를 진행 중이었고 연구실 한쪽 벽면의 특수 거
울 너머에서 팀원들이 우리 대화를 참관 중이었다. 우리는 대화하기
꺼려지는 주제인 돈과 관련한 이야기를 하고 있었고, 우리의 대화는
매우 중요한 지점에 도달해 있었다.

돈처럼 지극히 사적인 주제를 다룰 때는 말로 설명하는 것보다 사
진이나 그림을 보면서 이야기하는 편이 쉽다. 그래서 예산을 주제로
하는 이번 연구의 인터뷰가 한층 수월하게 전개되도록 인터뷰 전에
가장 이상적인 미래의 재정 상태를 나타내는 이미지를 가져오도록
안내했다. 각자의 비전은 천차만별이다. 필요 이상으로 많은 부를 축
적하는 것이 꿈이라서 고급 승용차와 으리으리한 집 사진을 가져오
는 사람도 있고, 샬럿처럼 내 집 마련과 유기농 식재료 구매 등 중산
층 정도의 재력을 희망한다는 것을 알 수 있는 사진을 가져오는 사
람도 있다. 빚을 청산하거나 값싼 인스턴트 가공식품에서 벗어나는
등 가장 기본적인 것들에 대한 염원이 담긴 사진을 보여 주는 사람
도 있었다.

샬럿과 대화를 주고받으면서 그녀가 매우 지친 상태라는 것을 알
수 있었다. 샬럿은 임신 후 육아에 전념하기 위해 좋아하던 일을 그

만두었다고 했다. 외벌이에 부양할 가족이 한 명 더 늘어난 터라 샬럿의 가족은 매우 신중하게 생활비 지출을 계획했다. 매주 동네 마트별로 할인하는 물건들을 비교했고, 정해진 예산을 초과하지 않기 위해 고심하며 장을 봤으며, 세일 품목을 위주로 식단을 짰다.

그녀는 필요한 정보와 세부 질문에 충실하게 대답했지만, 이 주제의 대화를 썩 즐기지 않는 것처럼 보였다. 시간이 갈수록 점점 더 내 시선을 피했고 처음에는 명확하던 목소리도 차츰 웅얼거림으로 바뀌었다. 참관실에서 인터뷰를 관찰하던 동료들이 채팅 메시지를 보내왔다. "샬럿에게 좀 더 크게 말해달라고 전해 줄래요? 여기서 잘 안 들려요."

샬럿에게 자신이 그리는 가장 이상적인 재정 상태가 되려면, 예를 들어 최저가의 물건이 아니라 백화점 식품관에서 파는 고급스러운 치즈를 사려면 무엇이 필요한지 물었다. 그러자 고민한 흔적이 조금도 없는 지극히 일차원적인 대답이 돌아왔다. 솔직한 의견 대신 상황을 빨리 넘기기 위해 상대방이 원하는 답을 내어주는 식이었다. 실제로는 최악의 하루를 보내고 있지만 오늘 기분이 괜찮냐는 누군가의 질문에 "좋아요"라고 답할 때처럼 말이다. "아마도 예산을 더 잘 짜야겠죠." 그녀는 답했다. 그러고는 아무 말도 하지 않았다. 조금 시무룩해 보였다. 그러다 한숨을 쉬고 고개를 돌렸다.

그녀의 불편한 마음을 감지한 나는 곤란한 상황에서 벗어날 수 있도록 얼른 다음 주제로 넘어가고 싶었다. 심지어 "자, 이제 다 끝났습니다. 좋은 하루 보내세요!"라고 말해 그녀를 완전히 해방시켜 주고 싶은 생각까지 들었다. 하지만 지금 개입한다면, 그녀가 꼭 해야 할 말을 들을 기회를 분명 놓치게 된다. 그래서 다음 질문을 던지는 대신 기다리기로 했다. 5초가 10초로 늘어났고, 10초가 다시 20초로 늘어났다. 영원히 끝나지 않을 침묵처럼 느껴졌다. 호흡에 집중하며 숨을 들이마셨다가 내뱉었다. 들이마시고, 내뱉고. 그러면서 조금 더 기다렸다. 샬럿이 고개를 돌려 나를 봤을 때 나는 부드럽게, 그리고 조용히 그녀와 시선을 맞췄다. 더는 못 참겠다 싶을 만큼 상황이 어색해지고 나서야 그녀가 입을 열었다.

"우리 가족이 원하는 재정 상태를 어떻게 달성할 수 있을지 잘 모르겠어요. 집을 사고 싶지만, 지금은 가격을 비교하면서 저렴하게 장을 보는 것만으로도 벅차거든요. 그 이상은 무리예요. 더 알뜰하게 예산을 잡아봤자 바뀌는 게 있을지 모르겠어요."

말을 멈췄지만, 할 말이 더 있는 것 같았다. 그래서 나는 그녀의 말을 소리 내 요약했다. "당장 필요한 것과 앞으로의 꿈, 둘 다 만족시키는 일이 매우 어려운 균형 잡기처럼 느껴지겠군요."

"상상도 못 할 만큼요." 이어서 샬럿은 두려움과 좌절감을 털어놓기 시작했다.

진심을 듣기 위해 꼭 필요한 도구

나는 지난 10여 년간 미국 실리콘밸리에서도 손꼽히는 몇몇 IT 기업에서 UX(User Experience, 사용자 경험) 리서처이자 매니저, 그리고 멘토로 일하며 경청의 기술을 연마해 왔다. 모바일 애플리케이션에서부터 웹사이트, 가정용 기기, 이동형 서비스까지 회사에서 다양한 제품을 개발하면, 제품을 이미 사용 중이거나 언젠가 사용할 사람들을 만나 그들의 솔직한 생각과 마음을 읽어내는 것이 내 일이다. 처음 보는 낯선 이들과 바로 가까워져야 하고, 가끔은 내키지 않는 주제를 다룬다. 인터뷰의 거의 대부분은 우리 대화를 지켜보는 청중이 있다. 우리 대화를 통해 제품을 어떻게 사용하는지, 어떤 기능을 어려워하는지, 어떤 목적으로 제품을 사용하는지 등 다양한 사용자 경험을 조사하여 제품에 반영하고자 하는 이들이다. 청중 앞에서 대화를 이끌기란 쉽지 않다. 하지만 훌륭한 UX 리서처라면 모든 과정을 쉽고 자연스럽게 만든다.

　UX 리서처로 수많은 인터뷰를 진행했지만, 인터뷰할 때마다 샬럿과 겪었던 순간을 또다시 경험한다. 사용자가 뭔가 중요한 내용을 공유하려는 순간, 감정이나 집중력이 흔들리는 상황을 만나거나 타고난 기질 또는 타인을 만족시키려는 욕구가 훼방을 놓는다. 그러면 사용자는 마음도 입도 꼭 다물어 버린다. 그럴 때는 주제를 바꾸거나 상황을 종료해서 이 불편한 상황으로부터 모두를 구제하고 싶은 마음이 정말 굴뚝같아진다.

　그러나 나에게는 해야 할 일이 있다. 우리 회사의 제품이 좋을 것 같다는 가능성이 아니라 실제로 유용하도록, 리서치를 통해 구체적인 통찰력을 발견하는 것이 내게 주어진 임무다. 즉, 사용자의 진짜 생각을 읽어내야 한다. 그래서 모바일 카풀 앱 이용자의 경험을 알아보기 위해 실제 서비스 이용자를 따라다니기도 한다(사용자가 계속해서 운전자의 위치를 추적하는지, 아니면 휴대전화를 주머니나 가방 속에 집어넣고 그냥 기다리는지, 왜 이런 행동을 하는지). 여행자가 숙소에 대한 정확한 기대치를 설정할 수 있도록, 예약할 때 본 숙소와 실제 숙소 모습이 다르면 어떤 생각이 드는지 묻기도 한다(부정확한 정보의 기준은? 허위 정보와 단순 실수의 차이는?). 개선 방향을 알기 위해 여러 명의 사용자에게 우리 회사에서 만든 앱이나 웹사이트를 써 보게 한 후 평가하도록 할 때도 있다(개선점이 있다고 보는 회사의 의견에 앱 사용자도 동의하는지? 그렇다면 어디서부터 시작해야 하는가?).

나는 불편함에 익숙해지는 요령을 익혔다. 껄끄러운 상황을 받아들이고 상대방의 이야기에 관심을 표현하는 방법도 배웠다. 방금 들은 내용을 제대로 이해했는지 확인하는 법, 나아가 상대에게 진심으로 다가가야 진심을 들을 수 있고, 그러려면 대화에 능동적으로 참여해야 한다는 점을 깨달았다. 급하게 서두르거나 내 의견에 동의하도록 설득하는 대신, 대화 내용을 세심하게 듣고 상대가 한 말과 하지 않은 말, 그리고 그 순간 느껴지는 분위기 등을 놓치지 않아야 한다. 적극적인 참여와 관심, 격려 없이 그저 그 자리에 앉아 있는 것만으로는 부족하다.

나는 사람의 이야기에 관심이 많은 편이다. UX 리서처가 된 것도 그 때문이다. 그동안 터득한 요령과 기술 덕분에, 샬럿을 비롯해 셀 수 없이 많은 이들이 생전 처음 보는 나에게 마음의 문을 열고 다양한 주제에 대한 의견을 솔직하게 이야기할 수 있는 환경을 만들 수 있었다. 이 일을 처음 시작할 때만 해도 UX 리서처로서 배우는 기술들이 연구실 밖에서도 도움이 된다는 사실을 알지 못했다. 인내심을 갖는 법, 자유로운 대답을 이끌어내는 주관식 질문을 던지는 법, 대화를 순조롭게 이끄는 법 등 그간 습득한 기량들은 동료와 후배, 가족, 사랑하는 이들과 더 좋은 관계를 맺는 데도 유용했다.

사실 대부분의 사람이 타인의 말을 잘 들어 준다. 하지만 신경 써서 듣지 않으면 꽤 중요한 사각지대를 놓칠 수 있다. 상대의 이야기를 일부만 듣거나 전체를 자기 마음대로 해석해 버리기 쉽다. 원활하지 않은 의사소통으로 오해가 쌓이면 평범한 상황이 부정적으로 바뀌기도 하고, 심각한 분위기가 더 악화되기도 한다. 대화에서 놓치는 부분이 작든 크든, 일단 구멍이 생기면 대화 후 친밀감 대신 단절과 거리감이 남는다.

더군다나 기기를 통해 소통하며 인간관계를 맺게 되는 요즘에는 직접 얼굴을 마주하고 대화할 때 느껴지는 따스함과 솔직함을 찾아보기 어렵다. 사회적 유대감은 희미해지는데 불안은 계속해서 자라나고, 외로움은 더욱 깊어진다. 심지어 전 세계를 휩쓴 예기치 못한 전염병 사태로 인해 서로 간에 문화적 거리뿐만 아니라 물리적 거리를 두게 되었다. 이럴 때일수록 교감을 나누는 것이 더없이 중요하다. 상대방의 말에 귀 기울이는 것이야말로 우리가 한 발짝 앞으로 나아가는 방법이다.

우리는 의사소통을 잘하기 위해 내가 무슨 말을 어떻게 할 것인가에만 주로 집중한다. 내가 말하고자 하는 메시지가 잘 전달된다면 일이 쉽게 풀릴 것이라고 생각하면서 말이다. 그래서 같은 메시지를 표현만 살짝 바꿔서 다시 말하거나, 혹은 같은 말을 좀 더 큰 목소리로 강조해서 이야기한다. 하지만 나를 연사라고 여기고 내 전달력에만 초점을 맞추면, 대화 상대를 동등한 위치의 협력자가 아니라 그저 내 말을 듣는 청중으로만 여기는 실수를 범하게 된다. 상대방의 신뢰는커녕 공감조차 살 수 없다.

타인의 행동과 동기, 세상을 바라보고 이해하는 방식을 차근차근 알아가기 위해서는 다른 방법이 필요하다. 바로 귀를 열고 경청하는 것이다. 어떤 주제에 대한 누군가의 진솔한 의견을 듣고 싶거나 상대가 무엇을 원하는지 알고자 한다면, 경청을 통해 상대방이 편하게 이야기할 수 있는 환경을 만들어야 한다. 논쟁을 벌이거나 가치관과 믿음이 완전히 다른 사람과 이야기를 나누는 상황이라도, 신중하고 세심하게 듣는다면 서로를 밀어내는 대신 열린 마음으로 다가앉게 된다. 정말로 효과적인 경청은 다른 사람으로 하여금 내 잘못이나 실수를 솔직하게 이야기하게 만든다. 제대로 경청하는 방법을 배움으로써 대화할 때마다 타인을 이해하고 교감하는 기회로 만들 수 있다.

UX 리서처로 일하면서 일상 대화를 바라보는 내 시각이 크게 두 가지 면에서 바뀌었다. 먼저 듣는 습관을 좀 더 의식하기 시작했다. 타인의 말을 듣는 데 있어 내 관심이나 감정이 방해가 되지 않는지 살피고, 혹시 그렇다면 그 자리에서 바로 고치려 한다. 두 번째로 UX

리서처로서의 자질을 발휘해서 경청을 잘하는 사람들을 관찰하기 시작했다. 실제로 경청에 탁월한 능력을 보이는 사람들은 호기심, 공감 능력, 상대방을 배려하면서 실문하는 능력 등 UX 리서처가 훈련받는 여러 자질을 가지고 있었다. 이는 매우 유익한 발견이었다. 우리가 대개 타고난다고 여기는 성향들, 특히 원래 남의 말을 잘 듣지 못하는 성격이어서 아무리 노력해도 불가능하다고 여겼던 특징들도 얼마든지 바꿀 수 있다는 점을 깨달았다.

이 책을 읽고 있는 당신은 아마도 좀 더 깊은 유대감을 형성하고 싶은 사람이 있을 것이다. 동반자와 더 단단한 관계를 쌓고 싶을 수도 있고, 아이와 더욱 가까워지길 원할 수도 있다. 대화 기술을 직장에서 활용하여 신뢰받는 직장 동료이자 협업하는 관계로 거듭나고 싶을 수도 있다. 진실한 친구를 찾고 싶을 수도 있다. 그 이유가 무엇이든, 당신이 이 책을 펼쳐 주어 감사하다. 우리가 함께 살펴볼 경청의 기술들은 방금 이야기한 시나리오뿐만 아니라 다른 상황에서도 얼마든지 적용할 수 있다. 신중함과 배려심을 가지고 노력한다면 어떤 환경에서든 타인의 말을 경청하는 사람이 될 수 있다.

내가 UX 리서처이자 관리자로서, 또 언니이자 딸, 아내, 친구로서 보다 깊이 있는 경청 훈련을 하며 직접 배운 것들을 정리하여 책으로 엮었다. 잘 경청하는 사람이 되기 위한 내 로드맵이자 처음 보는 이들과 몇 시간이고 나눈 대화, 경청 전문가와의 심도 있는 인터뷰, 개인적 경험 등을 모은 결과물이다. 대화 상대가 누구든, 당신이 살면서 인간관계라는 거대한 바다를 항해하는 데 도움이 되길 바란다.

나는 상대의 말을
제대로 듣고 있는 걸까?

이 책 곳곳에 경청 실력을 향상하는 방법이 소개되어 있다. 먼저 현재 자신의 경청 실력을 점검하기 위해 아래 문제를 풀어 보자.

1. 형제 또는 자매가 별로 관심 없는 주제에 대해 장황하게 설명 중이다. 이때 당신은?

   A. 휴대폰을 확인한다.

   B. 대화 주제를 바꾼다.

   C. 그 주제에서 호기심을 가질 만한 내용을 찾는다.

   D. 의무적으로 고개를 끄덕여 준다.

2. 배우자가 본인이 정한 개인적인 미션을 달성할 생각에 매우 들떠 있다. 이때 당신은?

   A. 내가 푹 빠져 있는 미션이나 일에 대해 이야기한다.

   B. 저녁 메뉴를 고민하기 시작한다.

   C. 배우자의 감정을 공유하고 함께 기뻐한다.

   D. 배우자가 훌륭한 미션을 골랐음을 재차 확인시켜 준다.

3. 팀원이 퇴사 의사를 밝혔다. 이때 당신은?

   A. 나도 퇴사하고 싶다고 말한다.

   B. 직원이 내린 결정의 배경 정보를 최대한 많이 얻는다.

   C. 직원의 감정을 이해하려고 노력한다.

   D. 다른 주제로 넘어간다.

4. 친구가 연인과의 관계가 어렵다고 토로한다. 이때 당신은?

    A 나는 친구의 편이라고 말해 준다.

    B. 연인 관계를 개선할 방법에 대해 조언한다.

    C. 친구가 감정을 마음껏 털어놓을 수 있도록 들어 준다.

    D. 친구의 연인이 느끼고 있을 감정과 그 이유를 짐작해 설명한다.

이제 채점 시간이다! 대부분 C를 선택했다면, 경청 실력이 매우 탁월하니 바로 10장으로 넘어가도 좋다. A, B 또는 D를 주로 골랐다고 해도 걱정할 필요는 없다. 지금부터가 진짜 시작이다.

C O N T E N T S

PART 1

잘 듣기 위한 준비

PART 2

속마음을 끌어내는 대화 요령

PART 3

대화가 힘이 들 때 대처 요령

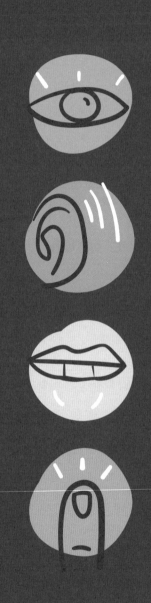

잘
듣기 위한
준비

경청은 잘 듣겠다는
마음가짐에서 시작한다

우리 팀원이었던 이브가 UX 리서처로서 첫 현장 연구를 진행했을 때의 일이다. 이브의 멘토였던 미아가 함께 자리했다. 두 사람의 목표는 우리 회사의 온라인 플랫폼에서 일어나는 사이버 폭력 문제를 해결하는 방안을 찾기 위해 그 실태를 더욱 자세히 이해하는 것이었다. 이브와 미아는 사이버 폭력 가해자의 단골 타깃인 연예인이나 유명인들과의 인터뷰를 '현장'에서, 즉 연구실이 아니라 촬영장, 사무실, 경기장, 심지어 그들이 사는 집 등 인터뷰 대상자가 편안함을 느끼는 장소에서 진행했다.

처음 몇 번의 인터뷰는 아무런 문제가 없었다. 그런데 3회차 인터뷰에서 참여자가 악성 댓글로 괴롭힘을 당했던 이야기를 설명하기 시작하자, 이브는 리서치할 때 지켜야 할 가장 중요한 규칙을 어기고 그의 말을 가로막았다. "그러니까 당신에 대해서 나쁜 말들을 쓰는 사람들을 당신은 그냥 무시하는 거네요, 그렇죠?"

마케팅 조사를 할 때 흔히들 이런 말을 한다. 1회차 인터뷰에서는 모든 사람이 나와 같지 않다는 점을 배운다. 2회차에서는 모든 사람이 첫 번째 참여자와 같지 않다는 점을 배운다. 5회차쯤 가서야 해당 질문에서 들을 수 있는 답변들을 모두 듣게 되고, 욕구나 동기, 감정 등 태도적 속성의 패턴이 보이기 시작한다는 것이 일반적인 정설이다.

이브는 세 번째 인터뷰에서 두 번의 인터뷰를 통해 들었던 답변, 즉 모욕적인 악플에 대처하는 올바른 방법은 그저 무시라는 발언을 그대로 옮겨 말했다. 지금 인터뷰하는 사람이 우리 플랫폼에서 만나는 악플러에 어떻게 대처하는지 아직 대답하지 않았는데도 말이다. 상대의 말을 끊고 끼어들었을 뿐 아니라, 눈앞에 있는 사람이 한 말이 아닌 앞서 자신이 들었던 말들을 토대로 답변했다.

"그게, 사실 좀 그렇네요." 참여자가 말했다. "물론 악플러를 무시할 수 있다면 저한테도 훨씬 건전한 방법이겠지만, 그러기 쉽지 않아요."

이브는 참여자의 대답을 절반만 들으며 대충 넘겼다. "그렇군요, 그래서 아예 무시하는 거군요. 그게 맞죠." 이렇게 말하며 다음 질문으로 넘어가려 했다.

답변과 그 저변에 깔린 감정을 충분히 듣지 않았다는 점을 알아차린 이브의 멘토 미아가 개입했다. "잠깐 되돌아가 보죠. 인터넷에서 괴롭힘을 당하면 어떤 기분이 드나요?" 참여자는 잠시 머뭇거리더니 이내 자신의 이야기를 쏟아냈다.

"사람들은 제가 스포트라이트를 받는 입장이니 남들이 뭐라 하던다 감수해야 한다고 생각해요. 마치 제가 감정도 없는 사람처럼요. 하지만 저 역시 나쁜 말을 들으면 당연히 상처받아요. 특히 저를 팔로우하는 이들까지 공격하면 더욱 그래요. 제가 상처받는다고 해도, 팔로워들을 보호하는 게 제 일이라고 느껴져요."

악플이 한 사람뿐만 아니라 그가 속한 공동체 전체에 영향을 미친다는 점은 우리로서는 처음 듣는 사실이었다. 하지만 이는 향후 반복해서 관찰된 매우 중요한 주제였다. 만약 이때 참여자의 관점이 무시되고 제대로 대화하지 않았다면, 이토록 중요한 사실은 언급되지 않고 그냥 넘어갔을지 모른다. 그랬다면 결과적으로 우리 제품의 전략, 나아가 사용자 경험을 디자인하는 데 있어 이 문제가 개선되지 못할 것이다.

누구나 한 번쯤 대화 중 상대방이 자신의 말을 제대로 듣고 있지 않다고 느낀 적이 있을 것이다. 반대로 상대방이 전하려는 메시지를 읽는 데 실패하기도 한다. 이브가 그랬던 것처럼 말이다. 대화 상대가 무슨 말을 할지 안다고 생각하거나('이 사람은 참 파악하기 쉬워'), 과거 경험을 통해 어떤 반응을 보일지 이미 알고 있다고 생각하거나('이 사람은 항상 선의의 비판자 역할을 하니까'), 상대방이 이렇게 반응해야 한다고 생각하기 때문에('당연히 "예스"라고 대답해야지!') 우리는 종종 상대방의 말을 제대로 듣지 않는다. 심지어 타인의 경험이 나와 똑같다고 넘겨짚고 나처럼 반응할 것으로 생각하기도 한다('지난번 일도 있으니까 나라면 이 프로젝트를 절대 맡지 않을 거고, 그녀도 마찬가지겠지'). 하지만 대화 상대의 말에 집중하지 않고 내 생각과 의견에만 의존한다면 상대방이 정말로 하고자 하는 말을 놓치게 된다.

더욱 중요한 점은 상대방과 공감대를 형성하거나 신뢰를 다지는 기회를 잃게 되고, 이로 인해 관계가 어긋날 수 있다는 것이다. 이러한 이유로 어떤 팀은 팀워크 훈련을 아무리 해도 호흡이 맞지 않고, 어떤 형제자매는 피를 나눈 사이인데도 친해지지 못하며, 어떤 이웃은 평생 옆집에 살아도 사소한 이야깃거리를 찾는 데 애를 먹는다. 아무리 좋은 마음을 가지고 있고 심지어 가까이 붙어 있어도, 상대방의 의도나 진짜 감정을 읽지 못한다면 어떤 사람인지 파악할 수 없을 뿐 아니라 가깝다고 느낄 수 없다.

우리가 바라는 대로 상대방의 말을 잘 듣고 마음을 알아차리는 사람이 되려면, 무엇이 효과적인 경청인지 구분해야 한다.

표면적 듣기는
상대를 외롭게 만든다

이브가 그랬던 것처럼 수동적인 태도로 듣는 것을 가리켜 '표면적 듣기'라고 부른다. 이는 말 속에 담긴 감정을 배제한 채 문자만 그대로 받아들이는 것을 말한다. 사실 늘 바쁜 현대인에게 표면적 듣기는 효율적인 것처럼 받아들여진다. 마치 자동 주행 모드를 켜고 가는 것처럼, 우리는 대화를 지속하고, 일을 처리하고, 친구와 근황을 나누고, 이웃 또는 가게 주인에게 예의를 지키는 데 딱 필요한 만큼만 듣는다.

문제는 이 모드를 너무 자주 사용한다는 것이다. 온전히 집중하지 않은 상태에서 대충 듣는 것이 바로 표면적 듣기다. 수박 겉 핥기식으로 들으면, 우리는 상대방이 하는 말의 진짜 의미나 욕구에 반응하는 대신, 남들이 나를 이렇게 생각해 주었으면 하는 모습을 토대로 반응한다. 예를 들어 우리는 종종 다른 사람에게 도움이 되고 싶은 마음에, 상대방은 원하지 않는데도 마음대로 직언을 하고 문제를 해결하려고 나선다. 또는 타인의 기분을 좋게 하고 싶은 마음에 굳이 응원이나 격려가 필요 없는 사람의 행동이나 경험을 칭찬하고 인정하기도 한다. 상대방이 흔치 않은 상황을 겪고 있는데도 공감을 잘한다는 인상을 주고 싶어서 이와 유사한 나의 경험을 억지로

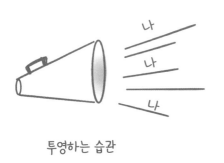

투영하는 습관

공유할 때도 있다. 좋은 의도에서 우러나온 행동이지만, 상대방은 당신과 진실된 대화를 나누고 싶지 않게 된다.

표면적으로 들을 때 가장 흔히 저지르는 실수는 내 감정, 생각, 경험을 다른 사람에게 투영하는 것이다. 예컨대 유사한 나의 경험을

나누면 유대감이 깊어지고, 상대도 이 상황에서 나처럼 생각하고 느낀다고 여긴다("어릴 때 반려동물을 키웠다고요? 저도 그래요. 정말 좋았어요. 안 그런가요?"). 그러나 나의 생각이나 의견은 지극히 개인적인 경험에서 비롯되므로, 자칫 잘못하면 나와 전혀 다른 상대방의 생각을 못 들을 수 있다("네, 어렸을 때 고양이를 키웠어요. 그런데 정말 끔찍했어요. 고양이 알레르기가 있었거든요").

한 번에 여러 일을 처리하는 멀티태스킹, 다른 사람이 말하는데 끼어드는 행동, 아무 생각 없이 멍하니 듣고만 있는 습관, 내가 이야기하고 싶은 주제로만 대화를 유도하는 것 모두 표면적 듣기에 포함된다. 상대가 표면적 듣기 모드라는 느낌이 들면 외롭다는 감정이 든다. 형제나 자매에게 어려운 상황을 힘들게 털어놓았는데 다른 곳에 정신이 팔린 듯한 인상을 받는다면, 오히려 '말을 꺼내지 말 걸' 하고 후회할 수 있다. 만족스러운 결과나 성과를 배우자와 나누고자 했는데 충분히 알아주지 않는다면, 축하받지 못한 기분이 들거나 외롭다고 느낄 수 있다. 이런 일이 반복해서 쌓이다 보면 자존감과 소속감이 서서히 무너지고, 거절감과 상실감이 중심에 자리 잡는다. 나아가 자신을 있는 그대로의 모습으로는 인정받을 수 없고, 타인으로부터 소중하게 대우받을 필요가 없는 존재라고 여기게 된다.

내가 언제 표면적 듣기 모드가 되는지 정확하게 파악해 보자. 그래야만 어떤 점을 개선할 수 있는지 알 수 있다.

단절된 관계를 풀어 줄 강력한 기술, 공감적 듣기

대화 상대를 한층 더 잘 이해해 상대의 니즈를 읽어내고, 상대방의 독특한 화법이나 제스처 속에 담긴 의미를 알아채기 위해서는 다른 방식의 경청 기술을 익혀야 한다. 이를 가리켜 나는 '공감적 듣기'라고 부르는데, 간단하지만 매우 강력한 듣기 기술로 이 책을 통해 자세히 살피게 될 것이다.

공감적 듣기의 핵심은 유대감이다. 유대감은 일부러 속도를 줄이고, 타인의 내면을 들여다보고자 노력할 때 만들어진다. 사람 대 사람으로, 상대가 하는 말과 하지 않는 말까지 모두 들으면서 이해해 주고 받아들이는 것이 바로 공감적 듣기다. 우리가 공감하며 들을 때 상대방은 편안해할 뿐 아니라 자신의 말이 인정받고 있다고 느낀다. 하지만 그저 들리는 말에 귀 기울여서는 상대방에게 이런 확신을 줄 수 없다. 대화 속에 숨은 진짜 의미를 알아채고 나아가 상대방의 감

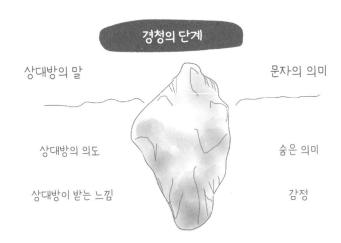

경청의 단계

상대방의 말   문자의 의미

상대방의 의도   숨은 의미

상대방이 받는 느낌   감정

정까지 짚어내야 한다. 공감적 듣기를 통해 우리는 팀원이 프로젝트를 자신 있게 마무리하기 위해 무엇이 필요한지 파악할 수 있다. 배우자가 응원이나 지지를 원하는 순간이나, 친구가 무언가를 털어놓고자 할 때를 놓치지 않을 수 있다.

공감적 듣기는 말하는 사람과 듣는 사람 모두 열린 마음으로 솔직하게 대화할 수 있는 단단한 토대를 다지게 만든다. 그렇게 쌓아 올린 토대 위에서 상대방은 자신을 있는 그대로 보여 주어도 괜찮다는 확신을 얻는다. 이러한 유대감과 친밀함이 쌓이는 선순환을 가리켜 나는 '경청의 고리'라고 부른다. 경청의 고리 안에서 내 감정을 상대방에게 온전히 맡기면, 상대방 역시 나를 믿고 마음을 연다. 한층 더 깊은 대화를 통해 내가 바라고 기대하는 상대방이 아니라, 그 사람의 진짜 모습을 듣고 보는 것은 매우 기분 좋은 일이다. 상대방에게 집중할수록 상대방 역시 나에게 더욱 집중할 수 있다. 공감적 듣기는 단절된 관계를 풀어 줄 가장 강력한 처방이다.

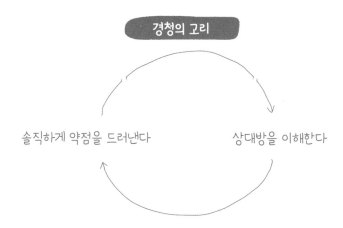

경청의 고리

솔직하게 약점을 드러낸다   상대방을 이해한다

[자기 평가]

표면적 듣기와 공감적 듣기 중에 나는 어떤 습관을 가지고 있을까?

아래 도표를 참고해 평소의 듣기 습관을 알아보자.

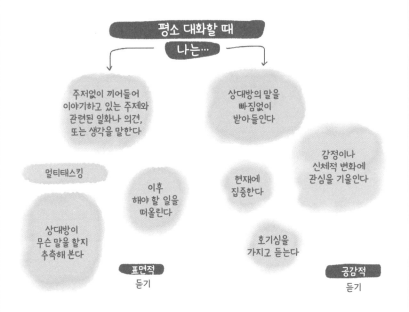

생각보다 표면적 듣기를 많이 하고 있다면: 이 책에서 경청의 기술을 다지는 방법을 배우게 될 것이다.
예상보다 공감적 듣기를 잘 실천하고 있다면: 첫 단추를 잘 꿰맨 셈이다!
표면적 듣기와 공감적 듣기 사이를 오가며 갈피를 못 잡고 있다면: 책 후반부에서 요령을 배울 수 있다.

나를 버리고 열린 마음으로 다가간다

이제 우리는 (주로 사용하게 되는)표면적 듣기와 (교감하는 데 가장 효과적인)공감적 듣기를 구분할 수 있다. 지금부터는 공감하며 듣는 경청 실력을 갈고닦을 차례다.

먼저 올바른 마음가짐을 갖춰야 한다. 대화 상대를 온전히 받아들이고 공감하며 교류하겠다는 의지를 갖고 대화에 임하는 것이다. 내 머릿속을 채우는 생각이나 나에게 필요한 것에 집중하는 대신, 어떠한 기대도 없이 상대방에게 기꺼이 다가간다는 의미다. 공감, 겸손, 호기심으로 이루어진 열린 마음을 바탕으로 대화에 참여한다. 이러한 요소 하나하나가 우리의 초점을 나 자신에서 타인으로 옮기는 데

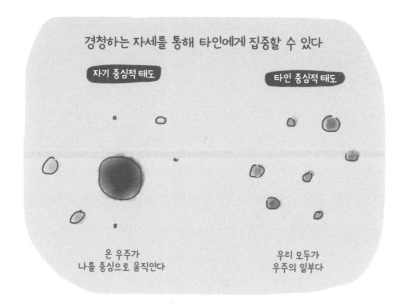

경청하는 자세를 통해 타인에게 집중할 수 있다

자기 중심적 태도

타인 중심적 태도

온 우주가
나를 중심으로 움직인다

우리 모두가
우주의 일부다

도움이 되므로, 올바른 마음가짐부터 갖추어야 공감적 경청을 실행하고 진실된 관계로 나아갈 수 있다.

공감, 타인의 입장에 서야 마음이 열린다

UX 리서처로 일한 지 얼마 안 되었을 때, 소프트웨어 개발자를 상대로 업무에 필요한 다양한 도구의 장단점에 대해 리서치한 적이 있다. 참여자를 모아놓고 보니 나와 그들 사이에 아무런 공통분모가 없어 보였다. 다양한 유형의 참여자로 구성하려고 노력했지만, 대부분 실리콘밸리에서 흔히 볼 수 있는 전형적인 엔지니어들이었다. 주로 조곤조곤하고 차분한 말투에 내성적인 남성들로, 비디오게임이나 코딩 등의 취미를 갖고 있었다. 반면 나는 비디오게임을 해 본 적이 손에 꼽을 정도로 적고, 외향적인 여성이었다. 한눈에 봐도 나와 그들은 어울리지 않는 조합이었다. 사무실에서 비슷한 유형의 엔지니어들과 여러 번 어색한 대화를 나눈 적이 있던 터라 인터뷰가 순탄하지 않을 것이라고 예상했다. 서로 접점이 없으니 깊이 있는 대화를 나누기는 어려울 듯했다. 나와 그들 사이의 다른 점들로 인터뷰를 망치지 않도록 평소보다 배는 노력해야 한다는 사실을 직감했다.

그러나 나는 그들을 이해하고 공감하는 방법을 발견해 나갔다. 내게 코딩은 익숙하지 않은 주제였지만, 무에서 유를 창조하며 느끼는 기쁨은 알 것 같았다. 내가 글을 쓰며 생산적으로 하루를 보내고 난 후에 드는 기분이 떠올랐다. 또 주어진 시간 안에 문제를 풀지 못할 때 찾아오는 좌절감도 가늠할 수 있었다. 물론 개발자들이 하는 일에 대해 정확히 모르지만 말이다. 며칠을 끙끙대며 매달린 문제의 원인을 발견했을 때 느끼는 쾌감 또한 공감할 수 있었다. 개발자에게는 귀찮고 성가신 코드 속 버그가 나한테는 쉽게 이해되지 않는 책 속의 까다로운 한 챕터로 이해되었다.

수많은 차이점에도 불구하고 나는 내가 원하는 대로 '대화를 주도하지' 않고도 그들이 느끼는 스트레스와 실망감, 성취감에 공감할 수 있었다. 대화를 주도한다는 것은 인터뷰 도중 참여자가 코딩 프로젝트가 드디어 결실을 맺었다고 이야기하면, 내가 경험한 비슷한 이야기를 말하며 끼어들거나, 함부로 조언하거나, 전문적인 부분에 대해 좀 더 자세히 말해 달라고 부탁하고 그러한 성과를 칭찬하는 식으로 개입하는 것이다. 상대방의 이야기 흐름에서 벗어나지 않음으로써 나는 유용한 질문을 더 많이 할 수 있었다. 표면적인 질문 대신("프로젝트는 얼마나 걸렸나요?") 대화를 통해 알게 된 사실을 응용해 질문을 조금씩 바꿨다("프로젝트가 실패했을 때 기분이 어땠나요? 어떻게 극복했죠?"). 공감과 이해를 바탕으로 대화를 이어나가자 참여자들은 솔직하게 털어놓아도 좋다는 신호로 받아들였다("솔직히 말해, 전부 다 수포로 돌아가는 것을 지켜보기가 괴로워요"). 공감하며 들을수록 참여자들을 잘 알게 되었고 한층 더 알맞은 질문을 던질 수 있었다. 나아가 참여자들도 더욱 마음을 터놓고 인터뷰에 임했다.

공감이란 타인의 감정을 마치 내 일처럼 상상하고 느끼는 능력을 말한다. 다른 사람의 경험이나 배경이 인격이나 신념, 행동에 어떤 영향을 미쳤는지 이해하는 데 도움이 된다. 여러 면에서 공감은 타인에게 나를 투영하는 습관을 바로잡는 해독제다. 공감의 핵심은 상대방이 겪은 일을 직접적으로 공유하는 것이 아니라 그저 상상하는 것이기 때문이다.

물론 타인의 입장을 더욱 잘 이해하기 위해 나의 이전 경험을 떠올릴 수 있다. 하지만 내가 아닌 상대방에게 초점을 맞추는 것이 중요하다. 내 위주의 대화에서 벗어나 진심으로 타인의 입장에서 공감한다면 겉으로 오가는 말뿐만 아니라 그 밑에 가려진 감정까지 세세하게 읽게 된다. 공감을 바탕으로 한 대화를 통해 다른 방식으로는 얻을 수 없는 끈끈한 친밀감을 형성할 수 있다.

아래 요령을 참고해 공감하는 대화를 직접 실천해 보자.

- **상대에게 주도권을 넘긴다.** 대화 상대와 관련된 구체적인 질문들을 던지고 더 많은 개인적인 이야기를 하도록 유도하면 대화 상대의 살아온 경험을 자세히 이해할 수 있다.
- **내가 주인공이 아니라는 점을 기억한다.** 상대방의 이야기를 듣는 도중 '나라면 다르게 반응했을 텐데'라는 생각이 들더라도 최

선을 다해 그 생각을 한쪽으로 치워둔다. 나였다면 어떻게 했을지 생각하는 대신 대화 상대가 왜 그런 결정을 내렸는지에 초점을 맞추지.

- **감정에 집중한다.** 상대가 말하는 경험이나 상황을 완전히 이해할 수 없더라도 주고받는 말 속에 담긴 감정에 이입하려 노력해야 한다.

공감과 함께 대화를 시작한다면 상대방에게 한 발짝 더 가까이 다가갈 수 있다.

겸손, 모든 답을 안다는 생각 버리기

인터뷰를 시작할 때마다 나를 '중립국 스위스'라고 소개한다. 상대의 생각이나 견해를 판단하지 않을 것이며 모든 생각을 있는 그대로 듣고 싶다는 의지를 표현하기 위해서다. 먼저 "무슨 말을 해도 제 기분이 상하는 일은 없을 거예요"라고 말한 다음, 좋은 이야기와 나쁜 이야기, 심지어 이상한 이야기까지 모두 말해 달라고 덧붙인다. 또 나는 모든 답을 알지 못하며 틀릴 준비가 되어 있다는 점을 인정한다. 어떻게 보면 상대에게 스승이 되어 달라고 부탁하는 셈이다. 그들이 가르치는 모든 교훈을 배우고 받아들이겠다는 약속도 잊지 않는다.

말을 전하는 데는 1분밖에 걸리지 않는다. 그러나 이렇게 인터뷰를 시작하면 훨씬 더 진솔한 답변을 들을 수 있다. 실제로 대부분의 사람이 이런 말을 듣고 나면 눈에 띄게 편안해한다. 한 번도 만나 본

적 없는 나와 한 시간 동안 대화하며 본인의 생각을 공유하기 위해
온 사람들이다. 대화 주제나 내가 대변하는 회사를 모른 채 인터뷰
에 참여하는 경우도 있다. 사용할 수 없을 정도로 엉망인 설계 내용
을 보고 오히려 내가 기분 나빠할까 봐 걱정하는 사람도 있고, 특정
기능을 쓰는 방법을 모른다는 사실을 절대 인정하지 않으려 애쓰는
사람도 있다. '틀린' 말을 내뱉는 것이 두려워서 아예 입을 꼭 다물기
도 한다. 하지만 인터뷰 초반에 겸손하겠다는 내 의지를 밝히는 순
간, 상대는 이러한 걱정을 잠시 접고 제품이나 기능, 아이디어에 대
한 솔직한 의견을 좀 더 수월하게 말한다.

겸손하려면 마음가짐을 바꿔야 한다

전문가 → 학생

사실 이러한 부분은 UX 리서처로서 매우 중요한 점을 스스로 상
기하는 기회이기도 하다. 회사에서는 눈 감고도 수행할 만큼 쉽다고
확신하는 기능인데 정작 사용자는 애를 먹거나 헤매는 경우가 있다.
이럴 때 나는 문제가 '그들'에게 있다고 넘겨짚는 대신 '우리'가 잘못
디자인한 것일 수도 있다는 가능성을 고려하고 그 이유를 고민한다.

만든 사람 입장에서야 쉽고 명확한 일이겠지만 사용자에게는 어려울 수 있다. 아주 가끔 쓰는 사람이 아니라 매일같이 일상에서 활용하는 사람이 설계한 것이기 때문이다. 혹은 회사에서 매우 기본적인 부분을 잘못 만든 것일 수도 있다.

인터뷰할 때 나는 두 가지를 목표로 두는데, 바로 배움과 객관성이다. 하지만 인터뷰와 달리 일상 대화에는 우리를 올바른 방향으로 인도하는 가드레일이 존재하지 않는다. 현실에서 대화할 때 겸손한 자세로 경청한다는 것은 마음대로 평가하지 않으며 모든 답을 안다는 생각을 버린다는 의미다. 그래야 상대방의 생각과 의견을 열린 마음으로 받아들일 수 있다. 겸손이 뒷받침된 경청은 특히 불편한 주제에 관해 이야기하거나 남으로부터 비판받을 때 도움이 된다. 우리가 겸손한 태도를 보일 때 상대방은 '틀린' 말을 할지 모른다는 걱정 없이 자유롭게 진짜 생각을 말할 수 있다. 이렇게 생겨난 서로 간의 솔직함과 친밀감은 궁극적으로 유대 관계를 더욱 강화한다.

예를 들어 겸손하게 듣지 않는다면 비판적인 의견을 말해야 하는 동료의 입장이 얼마나 난감할지 가늠하기 어렵다. 분위기가 불편해질 수 있는데도 방해 요인에 대해 있는 그대로 말하려면 얼마나 큰 결심이 필요한지 이해할 수 없을지도 모른다. 혹은 정치적 견해가 서로 다른 친구가 싸움을 걸기 위한 것이 아니라 우정을 깊이 신뢰하고 있기 때문에 까다로운 주제를 기꺼이 꺼내는 것이라는 사실을 알아차리지 못할 수도 있다. 내가 매우 기대하고 있는 일에 대해 반문을 하고 부정적 견해를 던지는 배우자 역시 최대한 일이 잘되기를 바라는 마음을 갖고 있다는 점도 놓치기 쉽다. 결국 겸손이 없다면 서로를 한층 더 이해하는 길이 완전히 막혀 버린다.

고정관념 같은 것들로 보고 듣는 데 방해를 받거나, 기존의 경험들로 객관적인 시야가 흐려질 때도 겸손이 도움이 된다. 자신이 잘 안다고 생각하는 주제에 관해 대화할수록 사회적 유대감은 위험에 처할 수 있는데, 감정이나 생각이 확고할수록 마음을 열고 다른 관점을 받아들이기 어렵기 때문이다.

상대방이 모욕을 퍼붓고 선을 넘는데도 가만히 참으라는 말이 아니다. 내 의견과 관점을 티끌처럼 작게 줄이는 대신, 타인의 견해가 틀렸더라도 잘 듣겠다는 마음가짐을 가지라는 것이다. 겸손은 참 어려운 과정이다. 물론 상대방과 내 의견이 근본적으로 다를 수 있다. 이러한 의견 충돌이 밖으로 드러나기도 한다. 하지만 겸손은 우리가 섣부르게 행동하지 않도록 돕는다. 모두가 공평하게 자기 생각을 발언할 기회를 얻기 때문이다.

아래 요령을 활용해 겸손하게 경청하는 자세를 훈련해 보자.

- **선입견을 버린다.** 자신의 오랜 생각과 선입견을 내려놓아야 타인의 관점을 받아들일 수 있다. 상대방의 이야기를 내가 원하는 대로 해석하거나 마음대로 넘겨짚는 대신 있는 그대로 듣게 될 것이다.
- **비판하지 않는다.** 의견 차이는 말 그대로 다르다는 뜻일 뿐, 한쪽이 더 좋거나 나쁜 것이 아니라는 점을 기억한다. 나와 생각이 다르다고 해서 상대방을 완전히 배제하는 실수를 피할 수 있다.

- **전문가와 마주하고 있다고 생각한다.** 대화 상대가 직접 겪은 경험을 바탕으로 자기 분야에서 고유한 전문성을 가진 사람이라고 이해한다. 그래야 상대방의 관점이 나와 다를 때에도 보다 수월하게 받아들이고 존중할 수 있다.

호기심, 상대에 대한 관심이며 최고의 초대장이다

호기심을 느낀다는 것은 곧 하나의 주제나 아이디어, 또는 사람에 대해 더 많이 배우고 알아가려는 열린 자세를 말한다. 원래는 관심이 전혀 없더라도 말이다. 때로는 하기 싫은 일처럼 느껴지기도 한다. 그러나 호기심에는 많은 이점이 따른다. 작가이자 심리학자 토드 카시단에 따르면 호기심이 강한 사람은 낯선 이와 더욱 잘 어울린다. 또한 그렇지 않은 사람에 비해 타인으로부터 후한 점수를 받는다. 다양한 사람들과 잘 지내거나 깊은 사회적 유대감을 형성할 가능성도 더 크다. 우리는 호기심이 많은 사람에게 더욱 친근함을 느낀다.

카시단은 말한다. "유대 관계를 형성하고 유지하는 데 있어 상대방의 흥미를 유도하는 것보다 상대방에게 관심을 보이는 것이 훨씬 중요하다. 그래야 대화가 지속되기 때문이다."[1] 호기심은 상대방에게 더 많은 이야기를 들려달라는 초대장이나 다름없다.

나아가 호기심은 더욱 깊은 대화를 끌어낸다. 우리가 대화 상대에게 관심을 표현하면, 상대방은 자신이 가치 있는 존재라고 느껴 보다 적극적으로 대화에 참여한다. 결과적으로 상대방에 대해 더욱 잘 알게 되고 친밀한 관계를 쌓을 수 있다. 어쩌면 그렇기 때문에 우리는 더 말해 주세요!

물론이죠!

토크쇼나 팟캐스트 인터뷰 출연자 중에서도 호기심이 많은 사람에게 매력을 느낀다. 이들은 마치 아무 일 아니라는 듯 손쉽게 속 이야기를 털어놓으며 친밀감을 느끼게 한다. 그뿐만 아니라 타인의 생각과 감정에 대한 남다른 통찰력을 선보인다.

이제 반대 경우를 생각해 보자. 상대방에 대한 호기심을 표현하지 않으면 상대방은 마음을 열 기회도 없고 대화할 생각도 사라질 수 있다. 우리 역시 같은 입장에 처하기도 한다. 지난 주말에 한 일을 말하고 있는데 상대의 표정이 시큰둥하거나, 개인적인 고민을 털어놓고 있는데 친구가 휴대폰을 힐끔거릴 때처럼 말이다. 물론 일부러 한 행동이 아니더라도 거절감이 든다. 이러한 상황이 되면 대화 상대가 내 이야기에 관심이 없다는 생각에 대화를 서둘러 끝내고 만다. 청자의 흥미를 끄는 데 실패했는데 더 말해 봤자 무슨 소용이겠는가?

[경청 기술을 다지는 훈련]
나는 호기심이 얼마나 강한 사람인가?

대화할 때 내가 얼마나 호기심이 강한 사람인지 알아보자. 흥미 있는 주제를 이야기할 때는 누구나 호기심을 느낀다. 따라서 이번 연습은 평소에 관심 없던 주제를 다룰 때 내 호기심의 기준선은 어느 정도인지 파악하는 데 초점을 둔다. 다음 상황을 생각해 보자.

1. 직장 동료와 점심을 먹는 중인데, 직장 동료가 얼마 전 다녀온 캠핑에 대해 이야기한다. 그런데 그녀는 등산화 치수와 아침 메뉴 등 매우 자세한 부분까지 하나도 빼먹지 않는다. 이때 당신은?

   A. 대화에 끼어들어 우리 동네에 있는 브런치 맛집에 대해 이야기한다. 캠핑과는 관련 없지만 맛집이니까 상관없다.

   B. 이번 주말에 끝내야 하는 잡다한 일들을 머릿속으로 정리한다.

   C. 메일 수신함이 재촉하므로 아무 핑계나 대고 자리에서 일어난다.

   D. 직장 동료에게 캠핑을 시작한 계기와 캠핑의 매력을 물어본다.

2. 남동생이 입양한 강아지가 최근에 말썽 피운 사건에 대해 이야기하고 있다. 이때 당신은?

   A. 어젯밤 우리 집 개가 했던 우스꽝스러운 행동을 떠올리고 바로 이야기한다.

   B. 새로운 알림이 없는지 휴대폰을 확인한다. 장담하건대 전에도 비슷한 이야기를 들은 적이 있다.

   C. 남동생네 강아지보다 훨씬 더 잘 훈련된 우리 집 개라면 어떤 행동을 했을지 상상해 본다.

   D. 남동생네 강아지가 이번에는 어떤 말썽을 피웠는지 집중해서 듣는다. 어쩌면 남동생의 생일 선물에 대한 힌트를 얻을지도 모른다.

3. 저녁 식사 자리에 초대받았다. 이야기를 나누다 보니 어느새 정치로 주제가 바뀌었다. 또 다른 손님이 열변을 토하며 특정 선거 후보자 편을 들고 있다. 이때 당신은?

   A. 손님이 한 말이 사실인지 확인한 후 언제든 정정할 준비를 한다. 요즘에는 정말이지 사람들이 말하는 '뉴스'의 출처를 믿을 수 없다.

   B. 핸드폰 메일 수신함을 열고 광고성 메일을 모두 수신 취소한다.

   C. 집주인을 도와 설거지를 하고 식탁을 치운다. 자리를 벗어날 수 있다면 무엇이든 한다.

   D. 손님에게 무슨 이유로 선거 후보자를 지지하는지 물어본다. 지지 결정을 한 배경이 궁금하다.

A를 가장 많이 선택했다면, 자기 중심적 성향이 강한 사람이다.
당신은 습관적으로 대화의 초점이 당신에게 맞춰지도록 대화 흐름을 바꾼다. 종종 새로운 아이디어나 이야기를 전달하기 위해 또는 상대방이 틀린 부분을 정정하기 위해 대화에 끼어든다. 이미 머릿속에 내가 할 말이 가득하므로, 상대방이 하는 말을 놓치기 쉽다.

B를 가장 많이 선택했다면, 산만한 성향이 강한 사람이다.
당신은 대화가 흥미롭지 않을 때면 매우 창의적인 방법으로 주의를 돌리는 데 능숙하다. 그 결과 대화 내용을 띄엄띄엄 듣게 된다.

C를 가장 많이 선택했다면, 회피하는 성향이 강한 사람이다.
당신은 관심 없는 이야기가 계속될 때 굳이 감추려고 하지 않는다. 그렇다면 이러한 상황을 벗어나기 위해 어떤 방법을 선호할까? 바로 자리를 피하는 것이다! 물리적으로 탈출할 수 없을 때는 상상 속 세상으로 피한다.

D를 가장 많이 선택했다면, 모험심이 강한 사람이다.
당신은 타인의 생각과 입장을 이해하는 편이다. 또한 상대방의 독특한 특징을 자세하게 기억한다는 평가를 받는다. 선천적으로 공감적 경청 능력이 뛰어나다.

유대 관계를 위한 호기심을 키우는 방법

경청 기술을 다지는 훈련을 통해 호기심의 기준선을 파악했으니, 이제 대화로 호기심을 키우는 방법에 대해 알아보자. 앞으로 소개될 내용을 통해 알게 되겠지만, 호기심 훈련은 타인과의 유대 관계를 형성하는 데 있어 매우 중요하다. 다음의 요령을 참고하면 어떠한 상황에서도 호기심을 자극하는 요소를 찾을 수 있다.

흥미의 실 끝을 찾아서

남편과 나는 대화 스타일이 완전히 반대다. 대화를 나눌 때 남편은 사실에 중점을 두는 편이고 나는 사회적 요소와 대인 관계를 중요시한다. 나는 남편에게 말을 걸 때 친구나 직장 동료의 경험담으로 시작하는 반면, 남편은 사실과 통계를 나열하며 대화를 이어나간다. 우리가 다르다는 사실을 쉽게 잊어버리지만, 서로에게 보내는 교감의 신호를 놓쳐 자신도 모르는 사이에 상대방을 무시하지 않도록, 남편과 나는 각자 흥미의 실 끝을 찾아 당기려는 노력을 기울인다.

'흥미의 실 끝을 잡아당긴다'는 것은, 딴생각을 하는 대신 상대의 말에서 놀랍거나 재미있는 부분에 관심을 기울인다는 의미다. 대화에 계속 집중할 수 있고 나중에 그 부분에 대한 질문을 던질 수도 있다. 사람들은 대부분 호기심을 자주 경험하지만, 일상 대화에서는 잘 써먹지 않는다. 예컨대 새로운 사람을 만나거나 이직 면접을 볼때, 첫 데이트 등을 떠올려 보자. 무엇이든 처음 경험할 때는 궁금한

점 투성이다. 이제 매일 보는 직장 동료와 친구, 가족에게도 똑같은 호기심을 가질 수 있는지 생각해 보자. 쉽지 않겠지만, 모든 것이 반짝거리고 흥미로우며 새롭게 다가오는 그 느낌을 불러와야 한다. 이때 '입구'를 찾으면 훨씬 수월하다. 즉, 자연스럽게 관심이 가는 부분을 발견한 다음, 실 끝을 잡아당기듯 꽉 쥐는 것이다. "그 일은 어땠어?" "그런 건 어디서 배웠어?" "아까 말했던 그 일에 대해 더 이야기해 줘." 이렇게 말을 걸면 상대방과 함께 호기심의 토끼굴 속으로 들어갈 수 있다.

예를 들어 남편이 농구 통계에 대한 말을 꺼낼 때, 나는 딴생각을 하는 대신 관심이 가는 부분의 끝자락을 잡아당겨 선수들과 그들의 성격에 대해 질문한다. 농구장 안팎에서 벌어지는 극적인 일들이나 독특한 팀 전통을 고수하는 감독들에 대해 듣기도 한다. 농구 게임이 끝나면 팀 선수들을 미슐랭 식당으로 데리고 간다는 그렉 포포비치 감독처럼 말이다. 남편은 자신이 가장 좋아하는 농구에 대한 이

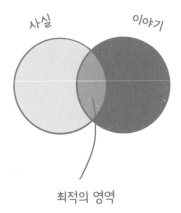

사실　　이야기

최적의 영역

야기를 나와 공유할 수 있고, 나 역시 내가 관심을 갖는 사람들을 주제로 대화할 수 있다.

'또 다른 건 없을까?'

그동안 나는 수많은 소규모 자영업자를 상대로 인터뷰를 진행해 왔다. 그렇기 때문에 그들이 경험하는 가장 큰 어려움들이 무엇인지 잘 안다. 예컨대 내가 알고 있는 것들은 이러하다. 여러 소상공인이 시간 관리에 애를 먹는다. 사업 확장에 필요한 자원과 전문성이 부족하다. 대개 산만하지만 기업가 정신이 뛰어나고 부지런하며, 자신의 열정을 남들과 나누고자 하는 강한 의지와 열의를 원동력으로 삼는다.

이러한 점들을 잘 알고 있는 내 입장에서 보면, 이미 대답을 예상할 수 있으므로 더는 소상공인과 인터뷰할 필요가 없다고 느낄 수 있다. 그러나 여기서 멈춘다면, 작은 규모의 사업을 운영하는 이 흥미로운 집단에 대해 더 깊은 지식을 쌓을 수 없다. 미처 발견하지 못한 중요한 사실을 간과할 수도 있다. 결과적으로 우리 회사에서 이들을 겨냥해 훨씬 더 훌륭한 제품을 만들 기회를 놓치는 셈이다.

그래서 나는 이러한 과정이 내가 이미 아는 것들을 목록으로 정리해 하나씩 체크해 나가는 과정이라고 생각하는 대신, 미처 몰랐던 부분을 발굴해 소규모 사업에 관한 내 보편적 지식을 한층 더 넓힐 기회라고 여긴다. 예를 들어 나는 대부분의 소상공인에게 시간은 늘 부족한 자원이라는 점을 알고 있다. 그렇다면 이들의 일과는 정확히 어떤 모습일까? 일 년 중 가장 바쁜 날과 매출이 평균 수준인 날, 유독 장사가 잘 안 되는 날의 운영 방식은 어떻게 다를까? 중요한 행사가 있거나 기념비적인 순간을 겪고 나면 어떤 감정적 변화가 일어날까?

이미 많은 지식을 습득한 분야라도 호기심을 잃지 않으면 서로를 더 깊이 있게 이해할 수 있다. 주제에 대해 잘 안다고 해서 더는 관심을 두지 않는 것은 바람직하지 않다. 대신, 자신에게 질문해 보자. 사소한 부분을 놓치고 있지는 않은가? 새롭게 배울 수 있는 부분은 뭘까? 주제에 대한 내 이해 수준이 부족하지는 않은가?

이유를 찾는다

직장 동료가 팀명을 정하기 위해 회의를 소집한 적이 있다. "팀을 부르는 이름이 너무 많아서 모두가 혼란스러워하고 있습니다." 그녀는 총 다섯 명의 관리자급 간부를 회의에 초대했다. 일분일초가 소중한 사람들이 30분이나 할애해서 새로운 팀명을 정하고 사내 발표 방식을 의논해야 했다.

시간 낭비라는 생각이 들었다. 안 그래도 바쁜데 내가 속하지도 않은 팀의 이름을 정하기 위해 굳이 모여야 할 필요가 있을까?

이내 생각이 잦아들고 궁금해지기 시작했다. 무엇이 이 대화의 원동력일까? 왜 동료는 팀명처럼 사소해 보이는 일에 이렇게나 열정적일까? 세심하게 관찰하는 동시에 예리한 질문 몇 개를 던진 끝에 ("어떤 결과를 얻기 위해 노력하는 건가요? 현재 진행 중인 일들과 비교했을 때 우선순위가 어떻게 되죠?"), 그녀는 팀원 모두가 팀의 목표, 프로세스, 심지어 팀원 이름까지 정확하게 파악하는 것을 중요하게 생각한다는 사실을 알 수 있었다. 처음에는 동료의 접근 방식과 의도를 이해할 수 없었지만, 결국 나는 만족스러운 결과를 얻으려면 모든 일이 명확하고 분명해야 한다는 열띤 주장에 동의하게 되었다.

이러한 교훈은 나중에도 큰 도움이 되었다. 얼마 후 우리 팀원과 그녀의 팀원이 갈등을 겪게 되었는데, 그녀가 정립된 프로세스와 명확성을 중요시하는 관리자라는 사실이 떠올랐다. 두 사람 사이에 호흡이 왜 잘 안 맞는지에 초점을 맞추는 대신, 오히려 두 팀이 더욱 효율적으로 협업할 기회이며 이를 위해 공통 프레임워크와 모범 협업 사례를 공유해야 한다고 설득했다. 명확한 기준을 바탕으로 서로의 업무 방식을 정렬해야 할 필요성을 강조해 우리 팀과 일하고 싶게 만든 것이다. 덕분에 두 직원 사이의 갈등을 해결했을 뿐만 아니라 두 팀 사이의 협력 관계를 더욱 공고히 다질 수 있었다.

상대방이 고른 대화 주제를 통해 그 사람에 대한 어떤 점들을 알 수 있을까? 왜 대화 상대가 이 주제에 관심이 많은지 질문함으로써 우리의 오랜 친구인 '투영하는 습관'을 버릴 수 있다. 아래 예시를 참고하면 첫발을 내딛는 데 도움이 될 것이다.

- 대화 상대에게 해당 주제가 얼마나 중요한가?
- 상대방이 어떤 부분에 대해 대화할 때 특히 열정적인가? 반대로 어떤 부분에서 소극적인가?
- 상대방이 이 주제에 대해 [열의, 좌절, 실망]을 보이는 이유가 무엇인가? 이 주제를 선택한 감정적 이유, 맥락적 이유, 개인적 이

유, 경험적 이유가 있는 것은 아닐까?

- 상대방은 무엇 때문에 대화에 이렇게 반응했을까? 개인적인 경험과 관련 있지는 않을까?

'충분히 감당할 수 있어'

나이가 들수록 취향, 선호도, 관심사가 더욱 뚜렷해진다. 특정 주제가 흥미롭지 않다고 해서 잘못된 것은 아니다. 내가 좋아하는 몇 가지를 계속 즐기는 동시에 얼마든지 타인의 관심사를 존중할 수 있다.

궁금하지 않은 분야나 공통분모가 없는 사람과의 대화를 피하는 대신, 간단한 응원과 격려를 통해 지루함을 적극적으로 물리쳐 보자. 그러려면 가장 먼저 지금 나누고 있는 대화가 흥미롭지 않다는 사실을 인정해야 한다. 예컨대 직장 동료가 최근에 읽은 책에 대해 이야기하고 있다. 그러나 나로서는 누군가 시키지 않는다면 절대 펼칠 일 없는 책이다. 또는 조카가 공상 소설에 나오는 등장인물들의 복잡하고 난해한 설정을 장황하게 설명 중이다. 태어나서 한 번도 들어본 적 없는 이름들이라 따라가기 벅차다. 아니면 난처하게도 저녁 식사 모임에서 정치 이야기가 오가고 있다.

이런 상황에서 대화 주제가 내 관심사 밖이라는 점을 인지했다면, 스스로를 다독인다. '내가 제일 좋아하는 주제는 아니지만, 참을 수 있지.' '이야기가 지루하지만, 충분히 감당할 수 있어.' 그런 다음 상대방의 말을 건성건성 듣는 대신 좀 더 적극적으로 대화에 참여하도록 노력해 보자.

지금 마주한 순간에
집중하라

유능한 UX 디자이너인 프랜과 UX 리서처인 마르커스는 몇 달 전부터 서로의 탁월한 재능을 모아 '여행의 미래'라는 프로젝트를 진행할 방법을 찾고 있었다. 그리고 마침내 두 사람 모두 여건이 갖춰졌다.

어느 월요일 아침, 첫 프로젝트 회의에 참석한 프랜은 의욕이 넘쳤고 당장이라도 시작할 준비가 되어 있었다. 미리 준비한 안건 목록을 하나씩 체크하며 대화를 이어갔다.

프랜이 말했다. "먼저 범위부터 이야기하죠. 이번 프로젝트는 신경 쓰지 않으면 금세 복잡해질 수 있어요. 우선 프로젝트를 여러 단계로 나누어서 접근할 수 있겠군요. 운송 수단을 기준으로 비행기부터 시작해서 다음으로 자동차, 기차, 자전거, 도보 여행 순서로요."

마르커스는 하품을 하며 고개를 끄덕였다. "아니면 여행하는 이유를 기준으로 리서치를 설계할 수도 있어요. 먼저 출장부터 살펴본 다음 관광으로 넘어가는 식으로요." 프랜의 제안에 마르커스는 커피를 저으며 "그러게요"라고 대답했다. 프랜이 덧붙였다. "아니면 차라리 방법론을 기준으로 하는 건 어때요? 대규모 조사를 먼저 해서 시장 전반에 대해 알아본 뒤에 심층 인터뷰를 진행하는 거예요." 마르커스가 답했다. "그것도 한 방법이죠."

프랜은 마르커스의 미적지근한 반응을 이해할 수 없었지만 일단 대화를 이어나갔다. 하지만 프랜은 이내 인내심을 잃기 시작했다. "마르커스." 프랜이 천천히 노트북을 닫으며 말했다. "당신에게 이번 프로젝트가 중요한가요? 전 당신과의 공동 프로젝트가 매우 기대되었어요. 당신도 마찬가지라고 생각했죠. 그런데 좀 혼란스럽네요. 혼자만의 생각이었다는 기분이 들어요."

마르커스가 대답했다. "미안해요. 프로젝트에 전념하겠다고 약속해요. 다만 내가 아침형 인간이 아니라서 그래요."

프랜은 마르커스가 공동 연구에 관심이 없어서 문제라고 생각했는데, 그게 아니었다. 그저 마르커스가 아침에는 집중하기 어려워한다는 것이 문제였다. 월요일 아침 9시, 두 사람은 각각 스펙트럼의 양쪽 끝에 서 있었다. 프랜은 안정을 되찾았다. 프랜과 마르커스는 서로가 희망하는 협력 관계를 형성하려면 둘 다 온전히 집중할 수 있는 늦은 오전과 이른 오후 사이에 회의를 잡아야 한다는 사실을 배웠다.

공감적 경청을 실천하려면 반드시 현실에 집중해야 한다. 눈앞에 마주한 순간에 온 마음을 쏟을 때 우리는 상대방에 대한 더 많은 정보를 얻게 된다. 단순히 상대방의 말뿐만 아니라 비언어적 의미까지 이해할 수 있고, 나이기 진짜 감정을 읽을 수 있다. 여러 명이 있는 상황이라면 눈에 보이지 않는 서열이나 미묘한 신호를 감지해 암묵적 동의, 혼란, 심지어 의견 충돌로 이어질 수 있는 팽팽한 긴장 상태 등을 파악할 수 있다. 일대일 관계에서는 독특한 몸짓이나 순간적인 망설임, 대화 상대의 말에 담긴 어조에 집중하면 좋다. 이렇게 연습하면 상대방이 원하는 것을 더욱 예리하게 짚어낼 수 있다. 현실에 집중함으로써 대화 상대로 하여금 존중과 관심을 받는다고 느끼고 솔직한 마음을 이야기하도록 유도할 수 있는 것이다.

대화를 건성으로 듣다가 "네?"라고 되물어야 하는 상황이 온다면, 가벼운 인상을 줄 뿐만 아니라 능력이 부족하다고 여겨질 수도 있다. 중요한 자리에서 "다시 한번 말해 줄래요?"라고 질문하는 행동 역시 산만하고 자기 중심적으로 보인다. 현재에 집중하지 못하면 문제 해결이 더디고 질문에 잘못 답하거나 상대방의 입장을 잘못 해석하기도 쉽다. 마르커스와 프랜의 경우처럼 서로 거절당했다는 느낌을 받기도 한다. 상대방의 말을 끝까지 듣고 어떤 사람인지 알아가는 대신 막무가내로 앞서 나가거나 상대방이 듣고자 하는 대답을 마음대로 추측하는 실수를 저지르게 된다. 이런 일이 여러 번 반복되면 상대방은 나를 무관심하고 신뢰할 수 없으며 인내심이 부족한 사람으로 여길 것이다. 심지어 무시당했다고 느낀다. 대화나 인간관계를 가장 빨리 망치는 방법은 바로 산만해 보이는 것이다.

상대방의 말을 경청하고 대화에 집중하게 만드는 세 가지 기술을 소개한다. 서로 토대가 되므로 하나를 습득하면 자연스레 다른 기술도 익힐 수 있다. 어떤 순간에도 주변에서 일어나는 일을 인지하는 능력이 뒷받침되어야 한다.

'자기 인식'은 개개인이 현재에 집중하고 나아가 타인과의 대화에 적극적으로 참여하려면 무엇이 필요한지 스스로 파악하도록 돕는다.

'신뢰' 역시 중요한 내용을 잊어버리거나 상대방의 요점을 놓치지 않을까 걱정하는 대신 지금 이 순간에 집중하고 다른 사람을 편안하게 받아들이는 밑거름 역할을 한다.

'인내'는 대답하는 속도를 늦춰 다른 사람이 말을 마칠 때까지 기다리도록 한다. 생각할 시간이 충분하므로 상대방은 지금까지 나눈 대화를 천천히 되새겨볼 수 있다.

현재에 집중하기: 커닝 페이퍼

침착하게 기다리기

중요한 부분을 기억할 수 있다고 믿기

집중력이 흐려질 때를 파악하기

앞으로 나아가기 위한 기초 토대

자기 인식, 내 상태를 먼저 이해한다

일대일 인터뷰를 연달아 진행한 지 3일째 되는 날이었다. 뇌가 빠르게 꺼지는 기분이었다. 좀 더 효율적으로 인터뷰를 소화하기 위해 일정을 무리하게 잡은 탓에 집중력이 흔들리고 있었다. 대화를 나눌 때마다 참여자 개개인의 도전 과제, 성격, 그 외 세세한 부분들로 가득한 새로운 세계에 뚝 떨어지는 듯했다.

나와 같은 팀에서 일하던 후임 릴리가 자신이 주관하는 프로젝트의 어려움에 대해 이야기하고 있었다. 릴리는 처음으로 대규모 연구를 계획 중이었는데, 적절한 대상자를 찾는 데 애를 먹고 있었다. 그런데 그녀의 설명을 듣는 내내 집중하기가 매우 어려웠다. 머릿속에는 온통 방금 끝난 회의 생각뿐이었다. 이전 회의에서의 갈등을 해결할 방법을 머릿속에 그리기 바빴다.

그때 릴리가 물었다. "제가 어떻게 하는 것이 좋을까요?" 아무리 노력해도 어떤 맥락의 대화가 오가고 있었는지 기억나지 않았다.

나는 원래 팀원들에게 일방적으로 지시하기보다는 스스로 해답을 찾도록 유도하는 편이기에 "일단 릴리 생각을 말해 보세요"라고 대답했다. 물론 릴리의 문제를 파악할 시간을 벌기 위한 목적도 있었다.

"말씀드린 것처럼 너무 까다로운 문제라서 어디서부터 시작해야 할지도 모르겠어요." 그녀가 말했다. 안타깝게도 나는 궁지에 내몰리고 말았다. 나도 모르게 딴생각을 했다는 사실을 받아들일 수밖에 없었다. 흔들린 집중력에 대한 죄책감이 들었다. 내가 그녀의 말을 진지하게 받아들이지 않는다고 생각하지 않기를 바랐다. 그녀의 연구가 흥미롭지 않거나 중요하지 않다는 오해도 원치 않았다. 또 릴리의 신뢰를 잃거나 잘못된 조언을 하고 싶지 않았다.

'좋아, 이제 집중하자'라고 되뇌었다. 그런 다음 "미안해요. 제가 그 부분을 잘 이해하지 못한 것 같아요. 조금만 뒤로 돌아가 볼까요?"라고 말하며 잘못을 인정했다. 다행히 릴리가 잘 이해해 주었고 무엇이 문제인지 다시 이야기했다. 의도적인 집중이 뒷받침되자 훨씬 더 생산적인 대화를 나눌 수 있었다.

상대방을 존중하면서 제대로 듣고 이해하려면 자신의 상태를 인식하는 것이 매우 중요하다. 자기 인식을 바탕으로 경청한다면 잠시 집중력이 흔들려도 보다 잘 대응할 수 있다. 자신을 먼저 이해해야 타인을 위해 마음을 쓸 수 있다.

다음 요령을 참고해 자기 인식 기술을 다듬고, 잡념에서 벗어나 현재에 집중해 보자.

현재 상황에 이름표를 붙인다

바로 전 회의로 인한 스트레스와 심란함, 걱정 등과 릴리와 대화하면서 내가 경험한 것을 솔직하게 인정하는 간단한 과정이 다시 현재로 돌아와 그녀가 마주한 진짜 문제를 파악하는 데 도움이 되었다.

심리학에서는 이러한 훈련을 가리켜 '라벨링labeling' 또는 '네이밍naming'이라고 부른다. 지금 느끼는 감정을 보다 효율적으로 통제하기 위해 구체적인 말로 표현하는 것을 말한다. 경험을 말로 옮김으로써 그에 대한 반응을 선택할 기회를 얻게 된다. 특히 격렬한 감정 때문에 현재에 집중하지 못할 때 유용하다.

예컨대 엄청난 스트레스에 시달릴 때 "불안해서 이런 생각이 드는 거야" 또는 "나는 지금 드는 이 감정에 과하게 반응하고 있어"라고 스스로를 다독이면 현재로 돌아오는 데 도움이 된다. 감정을 말로 표현한 후에는 그 순간의 상황을 명확하게 직시하고('두려움이 추한 모습을 드러내는 거야') 통제할 수 있다('지금 내가 느끼는 두려움은 과도한 상상에서 비롯된 것이고, 당장 신경 쓰지 않아도 돼'). 이 과정은 감정에 동요하지 않고 차분하게 거리를 유지하며 실시간으로 기분을 다스리도록 돕는다.[1]

라벨링 훈련은 불안처럼 강렬한 감정을 느끼는 순간뿐만 아니라 내가 그랬던 것처럼 이전의 일을 곱씹거나 해야 할 일들을 마음속으로 정리할 때도 응용할 수 있다. 저녁 메뉴를 고민하거나 주변 상황을 관찰할 때도 마찬가지다. 현재 대화에 온전히 집중할 수 없는 상황이라면 언제든지 라벨링 훈련을 시도할 수 있다.

다른 생각이 머릿속을 비집고 들어올 때, 지금 일어나는 일을 말로 설명해 보자. "또 딴생각을 하고 있었네." "나도 모르게 샛길로 빠지고 말았어." 이렇게 간단한 문장이면 충분하다.

그런 다음에는 "이제 생각은 멈출 거야" 또는 "이쯤에서 진짜 주제로 돌아가 보자"라고 속으로 말하는 것만으로도 대화에 다시 집중하는 데 도움이 된다.

어지러운 생각을 있는 그대로 설명한 후에는 어떻게 처리할지 스스로 선택할 수 있다. 이런저런 생각이 지금 이 순간을 방해하도록 내버려 두어도 될까? 대화에 도움이 되는 생각인가, 아니면 그저 방해 요인인가? 후자의 경우라면 준비될 때까지 잠시 생각을 접어두는 것이 바람직하다.

몸의 변화를 읽는다

생각의 변화보다 몸의 변화를 라벨링하는 것이 더 쉬울 때도 있다. 신체적 반응에 초점을 맞추면 대화에 온전히 집중할 수 있는 상황인지를 파악할 수 있는 중요한 단서를 얻을 수 있다. 인사 고과 평가를 앞두고 있거나 방어적이고 감정적으로 반응할 확률이 높은 민감한 주제를 다룰 때면 대화 전이나 도중에 더욱 신경 써서 몸의 상태를 살핀다.

예를 들어 지금 몸을 전혀 움직이지 못하도록 양팔을 가슴 위로 고정하고 다리는 힘주어 꼬고 있다면? 이는 타협보다는 방어 자세에 가깝다. 대화 상대로부터 최대한 멀리 떨어져 앉아 있는 경우는 어떨까? 내가 먼저 가까이 다가가지 않고서는 다툰 친구와 화해할 수 없다. 호흡이 가파르거나 깊을 때는? 긴장한 상태여서 상대방이 하고자 하는 말에 집중하기 어렵다. 상대방의 시선을 피하고 있다면? 대화에서 내가 맡은 역할을 회피하고 있을지도 모른다. 머리를 좌우로 흔드는 동작은 어떤 뜻일까? 상대방의 말을 다 듣기도 전에 거절이나 반대를 표하는 것일 수 있다.

수용적 자세와 방어 자세	
수용적 자세	방어 자세
양팔을 풀거나 벌리거나 뻗은 상태	팔짱을 낀 상태
발끝이 상대방을 향한 상태	발끝이 출구를 향한 상태
규칙적인 눈맞춤	최소한의 눈맞춤

    신체적 변화를 잘 감지하면 나의 반응을 조절할 수 있다. 팔짱을 풀고 대화 상대 쪽으로 몸을 돌리면 집중을 흩트리는 긴장을 완화하고 상대방에게 더 많은 이야기를 나눌 준비가 되었다는 신호를 보내게 된다. 잔뜩 경계한 상태일 때는 호흡을 깊게 내쉬어 심장박동수를 낮출 수 있다. 자꾸만 시선이 다른 곳을 향한다면 의도적으로 상대방과 눈을 맞추려고 노력해 보자. 대화 상대를 향해 수용적인 자세를 취하면 상대방의 말에 귀 기울이는 데 큰 도움이 된다. 생각이 마음대로 통제되지 않을 때 몸의 상태를 조절하면 좀 더 손쉽게 현재에 집중할 수 있다.

성공을 위한 환경을 만든다

내가 키우는 개 무스를 처음 만났을 때, 무스는 다섯 살이고 유기견이었다. 유기견 대부분이 그렇듯 무척 귀엽지만 동시에 예측할 수 없었다. 시간이 지나면서 무스가 감당하지 못하는 몇몇 자극을 알게 되었는데, 안경을 낀 노신사나 곰처럼 보일 정도로 몸집이 큰 개, 우리 집 대문을 향해 하루에 세 번씩 신이 나서 짖어대는 이웃집 개를 특히 못 견딘다(이웃집 개에 관한 이야기는 너무 길어서 생략한다). 무스는 이러한 자극을 접할 때마다 매번 이성을 잃는다. 수많은 훈련을 시도했지만 소용없었다. 간식으로 긍정적 행동을 유도하는 것 역시 통하지 않는다. 그 순간에 무스는 훈련 코치가 '한계점 이상'이라고 부르는 상태에 빠지는데, 이때는 스스로 제어할 수 없고 우리가 하는 말도 듣지 못한다. 하지만 이러한 자극이 눈앞에서 사라지고 나면 언제 그랬냐는 듯 상냥한 본 모습으로 돌아온다.

사람 역시 한계점 이상의 상태에 빠질 수 있다. 특정 상황에서 유독 당황하고 현재에 집중하지 못하거나 공감을 바탕으로 한 생산적인 대화를 나누는 데 실패한다. 다행히도 이러한 순간에 스스로 행동을 조절하는 요령을 배울 수 있을 뿐만 아니라 처음부터 아예 이성을 잃지 않도록 훈련할 수 있다. 먼저 최악의 모습을 드러내게 만드는 자극과 원하는 것을 모두 갖춘 차분하고 가장 모범적인 상태를 위한 조건 등 자신에 대해 알고 있는 점들을 토대로 필요한 것을 가장 잘 충족할 수 있는 환경을 조성해야 한다. 몇 가지 요령을 참고하면 현재에 집중하고 올바른 환경을 만들기 위해 어떤 것이 필요한지 파악하는 데 도움이 된다.

에너지 조절하기

흔들림 없이 대화에 집중하기 위한 필수 요소 중 하나는 바로 대화에 필요한 에너지를 확보하는 것이다. 그런데 여기에 고려해야 할 여러 가지 걸림돌이 있다.

음식을 예로 들어보자. 식사는 우리의 에너지 수치와 대화 집중력에 영향을 미친다. 허기로 인해 집중력이 흔들리기도 하고 간식을 먹고 기운이 넘치기도 한다. 식곤증이 찾아올 때도 있다.

시간 역시 현재에 집중하지 못하도록 방해하는 요소다. 늦은 오후 시간에 발표하거나 발표를 들은 적이 있다면, 아무리 흥미로운 주제라도 오후의 나른함을 쫓아내지 못한다는 사실을 잘 알 것이다. 대부분의 사람이 좀 더 이른 시간에 훨씬 잘 집중하고 대화에 적극적으로 참여한다. 사람마다 조금씩 다를 수 있지만, 보편적인 공통점도 있다. 예컨대 2011년 미국국립과학원회보에 실린 연구 결과에 따르면, 판사는 다른 시간대에 비해 일과를 시작하는 아침 시간 또는 점심을 먹고 돌아온 직후에 훨씬 더 너그러운 판결을 내린다.[2] 아마도 판사가 충분한 커피와 식사, 휴식을 취했기 때문일 것이다. 반면 상대적으로 에너지가 떨어지는 늦은 시간대에 열리는 재판에서는 관대한 처분을 판결하는 비율이 낮았다.

에너지 고갈, 나아가 집중력 저하의 가장 큰 주범은 바로 수면 부족이다. 잠이 부족하면 뇌에서 투쟁 도피 반응을 관장하는 편도체가 활성화된다는 연구 결과도 있다.[3] 피로가 누적될수록 싸움을 걸거나, 긍정적 부분보다는 부정적 경험에 주목하게 된다.

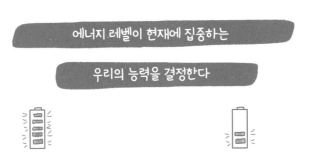

배터리 완전 충전 = 집중 가능성 높음   배터리 방전 직전 = 집중 가능성 낮음

집중을 위한 적정 환경 알기

배고픔, 시간대, 수면 부족은 집중력을 방해하는 가장 흔한 주범이다. 그러나 이 외에도 사람마다 고려해야 할 다른 요소들이 있다.

어떤 사람은 친구와 콘서트를 즐기며 에너지를 충전하지만, 어떤 사람은 시끄러운 장소를 힘들어하며 조용한 분위기를 선호한다. 연이은 모임에도 활기가 넘치는 친구가 있는 반면 약속을 하나 끝내고 나면 기진맥진해하는 친구도 있다. 대화에서 벗어나지 않고 집중하려면 먼저 내게 맞는 환경은 무엇인지 파악해야 한다. 그뿐만 아니라 상대방이 원하는 것도 전략적으로 고려할 필요가 있다.

간단한 예를 들자면 아침 9시 회의를 잡기 전에 팀원들이 아침형인지 올빼미형인지 확인하고 정한다. 나처럼 배우자도 종일 일한 후 만났을 때 저녁 데이트를 나가기 원하는지, 아니면 주말 데이트가 좋은지 알아본다. 쇼핑몰이나 공원, 도심, 시골 등 특정 환경이 상대방의 기분에 어떤 영향을 미치는지 알아두었다가 나중에 진지한 대화를 나눠야 할 때 참고할 수 있다.

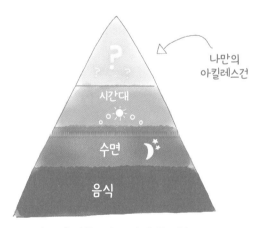

현재에 집중하기 위한 욕구 계층

방해물로부터 자유를

마지막으로 자신이 여러 가지 일을 훌륭하게 해내는 슈퍼히어로라고 굳게 믿고 있을 수 있다. 대화에 진정으로 집중하려면 이러한 믿음을 버려야 한다. 맥락을 전환하거나 여러 일을 한꺼번에 처리하고, 또 다양한 방해물 사이를 오가는 행동으로 인해 집중력이 크게 떨어질 수 있다. 휴대폰과 같은 방해물을 멀리하는 노력을 기울여 보자. 중요한 일정을 잇달아 잡지 않는 것이 좋다. 어렵지만 반드시 해야 하는 과제에 집중하려면 뇌에게 먼저 경험한 것을 인지하고 소화할 시간을 준 다음 기어를 바꿔야 한다.

집중력을 방해하는 요소들

대화에 집중하는 데 방해가 되는 자극을 제어하고 에너지를 조절하기 위해 다음을 시도해 보자.

- **배를 채운다.** 친구가 여는 파티에 빈손으로 가거나 오후 내내 진행되는 행사에 배고픈 채 참석하는 실수는 피해야 한다. 내가 주최한 행사가 아니므로 음식이 얼마나 준비되어 있는지 알 수 없다. 장시간 등산을 준비하듯, 긴 회의나 오래 걸리는 행사라면 에너지를 보충할 수 있는 간식을 챙긴다. 허기 대신 상대방에게 집중할 수 있다.

- **건강한 몸에 집중하는 마음이 깃든다.** 가장 최고의 모습으로 현재에 집중하려면 건강을 가장 우선순위에 두어야 한다. 몸살이 난 채로 무리해서 근무하는 것은 바람직하지 않다. 규칙적으로 충분한 잠을 자는 것도 중요하다. 상대방의 말을 듣기 위해 아무리 노력해도 탈진한 상태라면 소용없는 일이다. 먼저 자신을 돌봐야 남에게 도움을 줄 수 있다.

- **나와 상대방에게 가장 좋은 시간을 노린다.** 오붓하게 대화하고 싶다면 나와 상대방이 온전히 집중할 수 있는 시간에 하는 것이 좋다. 예를 들어 TV를 보거나 요리할 때는 피해야 한다. 스트레스가 극에 달하는 마감을 앞둔 시기 역시 상대방이 힘들어할 수 있다.

[경청 기술을 다지는 훈련]
나의 에너지 체크하기

대화에 집중하려면 어떤 전제 조건이 충족되어야 할까? 답을 찾으려면 시간대별로 에너지 레벨을 측정해 보자. 멍하니 있거나 집중력이 떨어질 때를 주목해야 한다. 대화를 나누다가 다른 생각이 들 때 역시 놓치지 않아야 한다. 일과를 끝낸 후 스스로에게 다음의 질문을 던지고 패턴을 찾아보자.

- 멍하니 있거나 집중력이 흔들린 시간은?
- 집중이 잘된 시간은?
- 대화가 즐거웠던 주제는?
- 대화가 힘들고 피곤했던 주제는?
- 같이 있을 때 활기가 넘쳤던 사람은?
- 같이 있을 때 진이 빠졌던 사람은?

질문에 대한 답을 살펴보고 대화를 나누는 순간에 온전히 집중하려면 어떤 조건이 필요한지 정리해 보자.

필요하다면 잠시 쉰다

필요한 환경을 갖추고 집중하기 위한 모든 노력을 기울였는데도 지금 공감적 경청을 실천하기 어렵다면, 다음 기회에 대화하는 것이 가장 좋은 선택일 수도 있다. 이때 솔직함이 가장 훌륭한 도구다. 왜 대화를 미루고 싶은지 상대방에게 설명하고 대안을 제안해 보자.

- 컨디션이 100퍼센트인 상태에서 대화하고 싶습니다. 아침에 다시 이야기합시다.
- 이 문제가 매우 중요하다고 생각합니다만, 지금은 너무 급격하게 피로가 몰려오네요. 잠깐 요기하고 나면 훨씬 잘 집중할 수 있을 것 같습니다. 커피숍으로 이동해서 계속 대화해도 괜찮을까요?
- 난 모임이나 약속이 많으면 금방 지치는 편인데, 오늘만 벌써 약

속이 3개야. 우리 오늘 말고 내일 만나도 될까? 혼자만의 시간을 보내면 에너지를 충전할 수 있을 거야.

🖤 중요한 문제이니 충분히 생각하고 싶은데, 지금은 너무 피곤해서요. 잠깐 눈 좀 붙인 후에 전화해도 될까요?

신뢰, 나를 믿고 현재에 집중한다

사용자 경험을 리서치할 때 사용자가 하는 모든 말은 중요하다고 간주된다. 그래서 인터뷰에서 언급되는 이야기뿐만 아니라 관찰한 내용, 대화를 통해 발견한 아이디어, 심지어 아주 작은 영감까지도 실시간으로 기록하고 싶은 유혹에 빠진다. 하지만 받아 적으며 경청하기란 쉽지 않다. 무엇을 왜 적는지, 자신이 '올바른' 대답을 하고 있는지 궁금해하는 참여자와 질문자 사이에 벽이 생길 수 있다. 더군다나 적으면서 잘 듣기는 거의 불가능하다. 펜이 종이에 닿는 순간, 눈앞에서 벌어지는 일을 놓치고 만다.

이런 이유로 UX 리서처는 인터뷰를 녹음한다. 언제든 녹음한 내용을 다시 들을 수 있으므로 세세한 부분을 꼼꼼하게 적지 않아도 된다. 사실 많은 경우 녹음을 다시 듣지 않을 것이다. 인터뷰가 성공적으로 마무리되면 지금까지 들은 내용이 매우 명확하게 머릿속에 남기 때문에 굳이 녹음을 들을 필요가 없다. 개인적으로 녹음하는 진짜 목적은 안도감을 얻기 위함이라고 생각한다. 녹음 덕분에 차분하게 인터뷰에 임하게 된다. 참여자가 한 말을 놓칠 수도 있다는 걱정에 시달리는 대신, 대화에 온전히 집중할 수 있다.

우리는 종종 회의나 저녁 식사, 집, 사무실에서 대화할 때 무언가를 놓칠 수도 있다는 불안감에 시달린다. 인스타그램의 부작용인 포모 증후군(FOMO, 다른 사람이 누리는 기회를 나만 놓칠까 봐 걱정하는 증상—역자)을 말하는 것이 아니다. 중요한 점을 잊어버릴지도 모른다는 걱정에서 비롯된 감정이다. 대화 상대가 언급한 사소한 부분일 수도 있고, 기억할 가치가 있다고 생각되는 아이디어일 수도 있다. 아니면 회의에서 결정한 다음 진행 단계에 대한 내용일 수도 있다. 미처 다 듣지 못했거나 들었는데 잊을 수 있다는 두려움을 없애기 위해 UX 리서처처럼 모든 대화를 녹음할 필요는 없다. 대신 대화 중간에 간략하게 메모하거나("지금 이 부분을 해야 할 목록에 빠르게 추가할게요") 그 자리에서 바로 이메일을 보낼 수도 있다("제가 까먹기 전에 보내 놓을게요!"). 앞으로의 계획이나 대화 상대가 상기시켜 준 집안일을 머릿속으로 계속 그리며 '기록'하는 것도 가능하다('방금 그녀가 말한 책을 다음 달 생일 선물로 사주면 좋을 것 같아!').

이러한 방법은 열심히 참여한다는 보람과 생산적이라는 뿌듯함을 느끼도록 도와주기는 하지만, 현재에 집중하는 능력을 방해하고 대화 상대와의 관계를 가로막기도 한다. 기억하기 위해 애쓰거나 놓칠까 봐 전전긍긍하다가 오히려 상대가 하는 말을 놓칠 수 있다. 상대가 보기에는 시선을 피하고 자꾸 대화가 끊기므로 과연 집중하는지 의문이 들 수밖에 없다. 인터뷰든, 일대일 면담이든, 면접 자리이든 이러한 행동은 유대 관계를 망치는 지름길이다.

자기 인식이 남들을 돕기 위해 스스로를 이해하는 도구라면, 신뢰는 다른 일을 해야 한다는 충동을 다스리는 역할을 한다. 대개 신뢰라고 하면 사람 간의 신뢰나 집단 내 신뢰를 떠올리는데 이게 다가 아니다. 자신을 신뢰해야 한다. 필요한 내용을 기억하고 대화 속 신호를 제대로 짚어낼 수 있다는 믿음과 자신감을 가져야 한다. 중요한 통찰력을 놓칠 수 있다는 불안감과 걱정도 과감하게 버려야 한다. 자신의 능력을 신뢰해야 한다. 대화가 끝난 뒤에도 핵심을 기억할 수 있으므로 당장 무언가를 하지 않아도 된다고 자신을 믿으면, 상대방의 말을 차분하게 경청할 수 있다. 그 결과 보다 폭넓은 대화를 나누게 된다. '어쩌면' 중요할지도 모르는 점을 붙잡는 대신 '진짜로' 중요한 부분에 더 집중할 수 있기 때문이다. 대화의 요점을 기억하는 데 썼던 에너지를 이제 현재에 집중하기 위해 할애해 보자.

세부 내용보다 감정을 파악한다

상대방의 말 한마디 한마디를 모두 기억하려고 애쓰는 것보다 요점이나 전체적인 맥락을 이해하는 편이 집중력을 유지하는 데 효과적이다. 방해가 되는 세세한 부분은 과감하게 넘기고 더 중요한 점들을 담을 수 있는 공간을 마련하는 것이다. 예컨대 인터뷰를 진행할 때 나는 사용자가 프로토타입을 단번에 이해했는지 아니면 헷갈렸는지 주목한다. 사용자 입장에서 해당 기능이 쉬웠는지 어려웠는지, 그 이유가 무엇인지를 들여다본다. 사용자가 클릭하거나 자판을

칠 때마다 일일이 기록하지 않는다는 말이다. 한숨 쉴 때를 유심히 살펴보지도, 한 말을 정확하게 받아 적지도 않는다. '요점 기억 효과 verbatim effect'라고 부르는 현상 덕분인데, 우리는 세세한 부분보다는 의미를 위주로 기억한다. 여기서 말하는 의미란 결국 공감에서 비롯되는데, 타인의 감정과 신념, 경험을 인지하고 받아들여야 의미를 이해할 수 있다. 다행히 우리의 뇌는 세부 사항보다 감정을 더 효과적으로 기억한다.[4]

인간적 또는 감정적으로 동요할수록 더 오래 기억에 남는다. 아마 당신도 한 번쯤 경험한 적이 있을 것이다. 결혼 서약이나 선거 후보의 정치적 공약, 회사의 연간 고용 계획 등을 생각해 보면 (대개 별로 중요하지 않은)세부 내용을 떠올리는 것보다 (사랑에 빠진 친구나 특정 후보자를 열렬히 지지하는 지인, 직원 수가 부족할 것을 우려하는 CEO처럼)기저에 깔린 감정을 기억하기가 훨씬 쉽다. 마찬가지로 직장 동료가 현재 진행 중인 프로젝트 진행 상황을 공유할 때 상세한 내용보다는 한 발짝 뒤로 물러서서 업무를 버거워하는 그의 감정을 읽으면 대화 내용을 보다 잘 기억할 수 있다. 고된 한 주를 보낸 가족의 사소한 말 대신 스트레스에 시달리고 있다는 맥락을 파악할 때 역시 마찬가지다. 타인이 그 순간에 내뱉은 말과 달리 그 당시 느껴지는 감정은 쉽게 잊히지 않는다.

따라서 상대방의 말을 그대로 기억하기 위해 애쓰고 자신을 너무 몰아세울 필요는 없다. 인간의 본성과 직관적 기억력을 믿고 중요한 부분에 집중하는 것이 바람직하다.

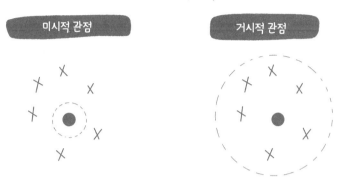

세부 사항에 지나치게 주목하다가
상대방의 말을 놓칠 수 있다

미시적 관점   거시적 관점

대화 후 정리할 시간을 마련한다

물론 대화하다 보면 꼭 기억하고 싶은 세세한 부분이 언급될 때가 있다. 이런 경우 받아 적거나 머릿속에 저장해 두고 싶은 충동이 들기 마련이다. 하지만 나중에 할 일을 신경 쓰느라 지금 대화하는 중요한 내용을 놓칠 수 있다. 그러므로 대화를 마친 후 세부적인 부분을 생각할 수 있는 시간을 별도로 확보하는 것이 좋다. 대화가 끝나자마자 잠깐 생각을 정리하여 기록하는 것이 도움이 된다. 아직 대화 내용이 생생하게 기억날 때 친구나 팀원과 복기하는 방법도 효과적이다. 전반적인 요점은 큰 노력 없이도 오래 기억되기 때문에 몇 분만 투자해도 충분하다. 나중에 정리할 시간이 있다는 것을 알고 있으면 안도감이 들어 대화에 온전히 집중할 수 있고 이야기 도중 스트레스 받는 일도 줄어든다. 특히 상대방이 하는 말을 하나도 놓치지 않으려고 노력할 때 이 방법이 도움이 된다.

내 생각이 중요하지 않을 수도 있다

가끔 상대방의 말이 아닌 내 생각을 기억하고자 할 때가 있다. 알찬 대화를 하다가 불현듯 놓치고 싶지 않은 흥미로운 아이디어나 가능성 있어 보이는 생각이 들 수 있다. 해야 할 일이 갑자기 기억나기도 하고 고무적인 대화 도중 개인적인 깨달음을 얻기도 한다. 이런 경우 당장 생각을 정리해야 할 것 같은 기분이 든다. 하지만 대화하다가 머릿속에 떠오르는 모든 생각에 주목한다면 상대방과 나누는 이야기에 집중할 수 없다.

사실 내가 하는 생각 대부분이 방해 요소에 지나지 않는다. 중요하다고 여기고 붙잡기 위해 애쓰는 생각이나 의견이 정말로 그럴 가치가 있는 경우도 물론 있다. 한동안 마음을 어지럽힌 문제에 대한 참신한 해결책이나 도전해 보고 싶은 새로운 레시피처럼 말이다. 그러나 대개는 메일 내용을 생각하거나 장 볼 물건들을 나열하는 등

생각 vs. 현실

매우 중요한 생각들

★★★★★
별 5개
수상 가능성
획기적이고 참신한
아이디어

집중을 방해하는 생각들

메일 작성
~라면?
할 일 목록
후회

나중에 해도 전혀 문제가 없는 사소한 일들이다. 대화하다가 갑자기 떠오른 잡다한 생각 역시 마찬가지다.

이야기를 나누는 동안 이런저런 생각이 드는 것은 지극히 당연하다. 그렇다고 해서 고삐 풀린 망아지처럼 잡념이 머릿속을 헤집고 다니도록 내버려 두면 안 된다. 모든 생각이 중요하지는 않다는 점만 기억한다면, 생각에 사로잡혀 집중력이 흔들리는 일을 피할 수 있다. 생각을 흘려보냄으로써 상대방과의 대화에 좀 더 주목할 수 있다. 그 결과 혼자 힘으로 발견하지 못한 관점이나 아이디어를 타인으로부터 듣고 이해하게 된다.

갑자기 든 생각에 귀 기울여야 할 것 같은 기분이 들 때 '정말 중요하다면 나중에 다시 생각날 거야'라고 되뇌어 보자. 실제로 중요한 일은 또 생각나기 마련이다.

[경청 기술을 다지는 훈련]
생각 점검하기

간단한 훈련을 통해 생각의 패턴을 파악해 보자. 또 언제 생각이 집중력을 방해하는지 알 수 있다.

- 섣부른 판단 없이 떠오르는 생각을 모두 떠올린다.
- 오래 맴도는 생각은 곱씹어도 괜찮다. 내가 어떤 생각을 오래 하는지 인지한다.
- 잠시 후 떠오르는 대로 생각 목록을 종이에 옮겨 적는다.
- 생각을 정리한 목록을 살펴본다. 머릿속에 떠올릴 당시에 느꼈던 것만큼

중요한 내용은 무엇인가? 반면 다시 보니 사소한 일이라고 여겨지는 생각은 무엇인가?

막상 목록으로 정리하고 보면 별로 중요하지 않은 경우가 대부분인데, 자연스러운 결과다. 우리는 수많은 생각을 하며 살아가지만, 그렇다고 매 순간 마음속 이야기를 우선순위로 둘 필요는 없다. 이러한 사실을 깨닫는 것만으로도 자유를 느끼게 될 것이다.

긴급 상황일 때 예외를 적용한다

아주 가끔이지만 방금 든 생각을 바로 처리해야 하는 경우도 있다. 오늘 새로운 직원들이 첫 출근을 한다는 이야기를 전달받아서 최대한 빨리 신입들을 자리로 안내해야 할 때처럼 말이다.

생각을 잠시 미룰 수 없을 때는 차라리 바로 처리하는 것이 가장 좋다. 상대방에게 친절하게 상황을 설명하고 급한 일을 정리하고 나면 다시 온전히 집중할 수 있음을 확실하게 전달한다. "방금 기억났는데 …을 해야 합니다. 잠깐 통화하고 오면 더욱 집중할 수 있을 것 같습니다." "…을 해야 하는데 깜빡 잊어버렸네요. 대화에 방해되지 않도록 잠깐 적겠습니다." 이러한 말과 함께 상대방의 이해를 구한다. 다른 생각을 하느라 대화 상대를 완전히 무시하거나 상대방의 말을 아예 듣지 못하는 실수를 피할 수 있다.

한 가지 주의할 점은 긴급한 사정으로 인해 대화를 중단할 때 매우 신중해야 한다는 것이다. 정말 긴급한 상황인지 아닌지를 솔직하게 검토하고 판단해야 한다. 정말 필요할 때만 예외를 적용하고 대

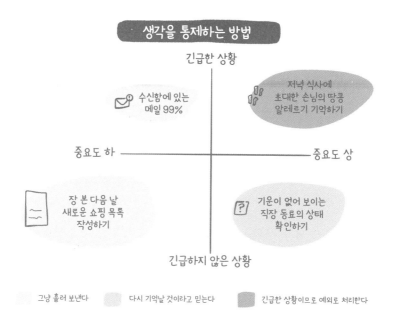

생각을 통제하는 방법

긴급한 상황

수신함에 있는
메일 99%

저녁 식사에
초대한 손님의 땅콩
알레르기 기억하기

중요도 하 ——————————————— 중요도 상

장 본 다음 날
새로운 쇼핑 목록
작성하기

기운이 없어 보이는
직장 동료의 상태
확인하기

긴급하지 않은 상황

그냥 흘러 보낸다   다시 기억날 것이라고 믿는다   긴급한 상황이므로 예외로 처리한다

화를 잠깐 멈추는 것이 바람직하다. 그렇지 않으면 상대방에게 주의가 산만하고 신뢰할 수 없는 사람이라는 인상을 줄 수 있다.

인내, 즉각 반응하지 않는다

일을 시작하고 얼마 지나지 않았을 때의 일이다. 팀 회의 중이었는데, 팀장이 팀원들에게 질문할 때마다 내가 가장 먼저 대답했다. 나는 세 명의 자매들과 자랐기 때문에 여러 명이 있을 때 목소리를 내거나 발언권을 두고 경쟁하는 데 익숙했다. 그뿐만 아니라 최대한 효율적으로 일하고 싶었다. 주어진 주제나 문제를 두고 의논하거나 브레인스토밍해야 할 때 일을 진행하는 가장 좋은 방법은 토론에 적극적으로 참여해 아이디어를 공유하는 것이다. 내 경우에는 늘 의견을 말할 준비가 되어 있었지만, 반대로 단 한 번도 자신의 생각을 공유하지 않는 팀원들도 있었다.

막 대학원을 졸업한 똑똑한 팀원 디에고도 그중 한 명이었다. 업계에 발을 들인 지 6개월밖에 되지 않았던 그는 매우 예리하고 이해가 빠른 친구였지만 회의에서 입을 연 적이 거의 없었다. 그러다 보니 주저하지 않고 의견을 먼저 내는 나의 의욕적인 태도 때문에 디에고를 비롯한 팀원들이 대화에 참여하지 못하는 것은 아닐까 싶었다. 그래서 서서히 뒤로 한 발짝 물러나 첫 발언 기회가 다른 사람에게 돌아가도록 신경 썼다. 어떨 때는 다른 할 일을 찾기 위해 시계 초침을 조용히 눈으로 좇아야 했다. 또 팀장이 던진 질문이 침묵 속에서 떠다니는 가운데 말해야 한다는 압박감이 들지 않도록 팀장의 시선을 피하기도 했다. 처음에는 견디기 힘들고 어색했지만, 이내 효과가 있었다. 디에고가 자신의 의견을 말하기 시작한 것이다.

디에고가 마침내 껍데기를 깨고 나오는 모습을 지켜보는 것만으로도 기뻤다. 그런데 더 뿌듯했던 것은 디에고를 통해 새로운 것을 배웠기 때문이었다. IT 분야는 처음인 데다 외국인이었던 디에고의 관점은 신선했고 독특했다. 그 결과 그는 장기간 근무한 직원들보다 획기적인 아이디어와 창의적인 솔루션을 제시했다. 시간이 지나 여러 명이 함께하는 회의에서 자신의 의견을 공유하며 성장한 디에고는 없어서는 안 될 중요한 팀원으로 자리 잡았다.

신뢰가 타인의 이야기를 온전히 받아들이는 데 필요한 밑거름이라면, 인내는 반대로 우리가 상대방에게 권하는 것이다. 신뢰와 인내 둘 다 궁극적으로 대화 상대의 말을 경청하도록 돕는 도구라는 점에서 매우 밀접하게 연결되어 있다. 인내하지 못하면 말해야 한다는 부담감이 더욱 커지고, 더 듣지 못하는 만큼 상대방과 유대 관계를 형성하는 데 어려움을 느낀다.

우리가 대화에 참여하는 동기는 다양하다. 아이디어를 제안하거나 일의 효율성을 높이기 위함일 수도 있고, 올바른 진행 방향을 확인하거나 참여 압박을 받기 때문일 수도 있다. 단순히 타인과의 친밀함을 원하기도 한다. 목적이 무엇이든, 상대방에게 생각을 표현할 기회를 줌으로써 상대방을 더욱 잘 이해할 수 있을 뿐만 아니라 대화에 깊이를 더하는 방향으로 반응할 수 있다.

상대방이 이미 결론에 도달하는 데 필요한 모든 준비물을 갖춘 경우가 있는가 하면, 결정을 내리기 위해 더 많은 정보가 필요한 경우도 있는데, 인내하면 어느 쪽인지 파악할 수 있다. 여러 명이 함께하는 상황에서도 인내는 다양한 관점을 반영하는 데 도움이 된다. 이를 통해 더욱 효율적으로 협업할 수 있고 모두를 위한 최적의 결정을 내릴 수 있다.

인내해야 할 때 다음의 기술을 참고해 보자.

뒤로 물러나 관찰한다

내 경우 앞서가는 것이 아니라 뒤로 한 발짝 물러나야 한다는 사실을 계속 되뇌는 것이 팀 회의에서 속도를 낮추고 느긋하게 기다리는 데 도움이 되었다. 공유하고 싶은 생각이나 질문에 대한 답변이 떠오른 순간 바로 내뱉는 대신 먼저 유심히 점검하는 과정을 거쳤다.

머릿속을 채운 생각을 찬찬히 문장으로 정리해 보자. 단, 생각들이 제멋대로 뻗어 나가지 않도록 주의해야 한다. 상대의 말에 즉각 반응하겠다는 마음을 멈출 때 우리는 비로소 상대방이 진정으로 하고자 하는 말에 초점을 맞출 수 있다. 또 진짜라고 믿거나, 짐작하거나, 바라며 마음속으로 만들어 낸 독백에 관심을 두지 않아야 대화에 집중할 수 있다. 타인과의 대화에서 한 발짝 물러나려면 그 순간 드는 생각들을 객관적으로 살펴야 한다. 그 생각에 머무르기보다 자연스럽게 흘러가도록 내버려 두는 것도 바람직하다. 그런 다음 대화에 다시 주목할 수 있도록 자신을 다독여 보자.

가만히 지켜본다

종종 우리는 이미 대화한 내용에 대해 재빨리 반응한다. 그런가 하면 아직 나오지도 않은 이야기에 미리 반응하기도 한다.

예전에 팀원들과 함께 응답자의 집을 방문해 평범한 한 끼 식사를 준비하는 과정을 관찰한 적이 있다. 새로운 도구(모바일 앱, 음성 인식 타이머 등)와 오래된 방식(요리책이나 여기저기에서 모은 조리법, 기억에 의존한 조리법 등)을 어떻게 조합해 응용하는지 보고 싶었다.

무언가를 발견하자마자 바로 관련 질문을 던지고 싶을 때가 여러 번이었다. 참여자는 평소에도 종종 파스타 박스 뒤에 나오는 조리 방법을 따를까? 본인의 스테이크 굽기 실력에 자신 있을까? 타이밍이 걱정되지는 않을까? 요리 시간을 줄이기 위해 지름길을 택하기도 할까? 하지만 그 자리에서 이런 질문들을 쏟아낸다면 매우 중요한 정보를 놓칠 수 있다. 그의 요리 과정을 방해해 필수 단계를 못 보고 넘어간 정도라면 다행이겠지만, 최악의 경우 참여자가 특정 조리법을 선택하도록 유도하거나 불안하게 만들고, 심지어 내가 원한다고 생각하는 방향에 따라 요리 과정을 수정하며 나를 위해 '연기'하도록 만들지도 모른다.

사용자 경험을 리서치할 때는 모든 것이 조심스럽다. 상대의 말을 섣불리 가로막았다가 진짜 하고 싶은 말을 들을 기회를 영원히 놓칠 수 있다. 이런 실수를 여러 번 반복한다면 데이터에 전부 편견이 들어갈 위험이 커진다. 그래서 당장 묻고 싶은 질문이 있어도 그의 행동에서 답을 찾고자 했다. 조용히 앉아 관찰하다 보니 참여자가 레시피를 보고 요리하는 데 어려움을 겪고 있는지 아니면 손쉽게 음식을 만들고 있는지 재빨리 파악할 수 있었다. 심지어 요리에 대한 열의를 불태우는 순간도 눈에 보였다. 또 요리책이 아니라 가장 선호하는 요리 앱을 사용하는 모습도 보였다. 벽에 붙은 파리처럼 그저 지켜보는 것만으로도 직접 질문할 때보다 훨씬 더 많은 정보를 얻을 수 있었다.

끼어들고 싶은 충동을 참기 어려울 때는 자칫 놓칠 수도 있는 정보를 고려해야 한다. 마음속으로 잠시 타임아웃을 외치고 그저 기다리면 된다. 열까지 센 다음 대화에 집중하고 상황을 관찰하는 것이다. 이 방법도 통하지 않는다면 몸의 움직임을 제한하는 것도 도움이 될 수 있다. 양손을 깔고 앉아도 좋고 의자 위에서 몸을 꼼지락거려도 좋다. 또 필요한 경우 아주 살짝 꼬집는 것 또한 잠시 뒤로 물러나 있는 시간을 견디는 데 도움이 된다.

독심술은 실패의 원인이 된다

흔히 가까운 사람들끼리는 서로 하려던 말을 대신 끝낼 수 있다고들 한다. 쌍둥이나 형제자매, 심지어 연인 사이에도 가능하다고 알려져 있다. 나 역시 종종 남편과 이야기할 때 비슷한 기분이 든다. 남편이 신문에서 읽은 내용을 분석하기 시작하면 질세라 끼어들어 문장을 마무리하는데, 정작 남편은 말을 멈추고 "내가 하려던 이야기는 그게 아니야"라고 지적한다. 아뿔싸!

어쩌면 우리는 더욱 깊은 교감을 나누고자 상대방의 말이 채 끝나기도 전에 마무리하는지도 모른다. 그러나 목적을 달성하는 경우는 거의 없다. 타인과의 대화가 즐거워서 불쑥 끼어들기도 하고, 상대방을 얼마나 잘 아는지 표현하고 싶은 마음에 개입하기도 한다. 하지만 상대방은 하려고 했던 말을 미처 끝내지 못한 상태다. 당하는 사람 입장에서 이러한 행동은 상처가 될 수 있다('이렇게 금방 말을 끊는 것을 보니 당신은 내 의견을 중요하게 여기지 않는군'). 특히 상대방의 말을 잘못 추측했을 때 더욱 그렇다("제가 그렇게 말할 거라 생각하다니, 당신은 저를 전혀 모르고 있네요"). 나아가 상대방이 완전히 마음을 닫아 버릴 수도 있다(우리 집의 경우 "됐어"라는 말이 나오면 조심해야 한다). 그 결과 상대방이 하려고 했던 말을 다시 시작하거나 더는 말하고 싶지 않다고 인정할 때까지 달래고 설득하느라 애를 먹을지도 모른다.

　타인의 생각을 대신 끝내고 싶은 충동을 다스리려면 사람마다 정보와 감정을 받아들이는 방법과 속도가 모두 다르다는 사실을 스스로 상기해야 한다. 상대방은 아직 생각을 정리하는 중일 수 있다. 따라서 나눌 준비가 될 때까지 시간을 주어야 한다. 게다가 내 예상과 달리 상대방이 전혀 다른 이야기를 하려던 것일 수도 있다. 앞으로도 비슷한 상황에서 상대방의 말을 마무리하고 싶은 마음이 굴뚝같을 때는 잃을 수 있는 것들을 생각해 보자. 자칫 잘못해 상대방과 사이가 멀어져도 진짜 괜찮겠는가?

관찰하라, 말과 행동은 다르다

자가 보고self-reported 데이터를 연구에 활용해 본 적이 있는 사람이라면 오류가 포함될 가능성이 크다는 것을 잘 알 것이다. 쉬운 예로, 매년 건강검진을 하러 병원을 찾으면 의사로부터 음주 습관에 관한 질문을 받는다. 이때 한 번이라도 거짓으로 대답한 적이 있는지 생각해 보자('사실은 밤마다 와인 세 잔을 마시는데, 부끄럽네. 그냥 한 잔만 마신다고 대답할까?'). 같은 이유로 사용자 경험을 리서치할 때 사용자의 답변을 있는 그대로 받아들이지 않도록 주의해야 한다. 의도나 바람, 착각("저는 매일 운동을 합니다")과 현실('헬스 이용권이 있긴 하지만 자주 가지 않아 죄책감이 들어')을 혼동할 수 있기 때문이다.

이러한 문제를 예방하기 위해 설문조사나 인터뷰를 통해 얻은 자가 보고 데이터를 사용자의 웹사이트 또는 앱 사용 기록에서 뽑은 관찰 데이터나 익숙한 환경에서의 행동을 통해 얻은 정보와 비교 분석한다. 사람들이 말로 표현하는 행동과 진짜 행동 사이에 차이점을 너욱 자세하게 이해알 수 있나.

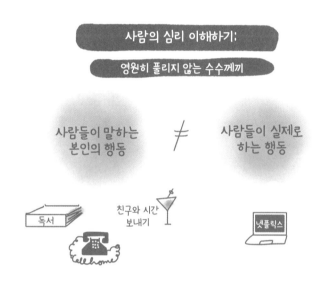

예컨대 사용자가 음악 스트리밍 서비스를 구독하고 있다고 가정해 보자. 인터뷰에서 사용자는 클래식 음악을 좋아한다고 답했다. 하지만 플레이리스트를 열어 보니 음원 차트 탑 40의 히트곡만 담겨 있다면, 문제를 좀 더 자세히 파고들어야 한다. 사용자가 스트리밍 플랫폼을 사용하는 진짜 방식과 음악 취향을 숨기려고 한 이유를 이해해야 하기 때문이다. 어쩌면 상대는 클래식 음악을 전혀 듣지 않지만, 왠지 들어야 할 것만 같은 부담을 느끼고 있는지도 모른다('클래식 음악을 즐겨 듣는다고 하면 좀 멋있어 보이잖아?'). 아니면 최신 히트곡을 좋아하는 자신이 부끄러워서 진실을 덮으려는 것일 수도 있다('나는 주로 음원 차트를 꿸 만큼 최신 가요를 즐겨 듣지만, 남들 앞에서 절대 인정할 수 없어'). 정말로 클래식 음악을 좋아하는데 생각만큼 자주 듣지 못하는 경우도 고려해야 한다('비발디의 〈사계〉를 마지막으로 들은 게 언제였더라? 그렇게 오래되었나? 참 좋아하는 곡이었는데').

　말과 행동이 일치하지 않는 데는 여러 이유가 있다. 나의 의도나 행동이 특정 문화 내에서의 분위기나 사회적 규범과 어긋날 때 수치심을 느낄 수 있다('여성은 야망을 품으면 안 된다고 하니까, 내 의욕과 야심을 숨겨야겠어'). 자신의 행동이 부끄러워 진실을 숨기는 것일지도 모른다('주말 내내 TV만 본다는 걸 알면 한심한 게으름뱅이라고 생각할 거야'). 현실을 부정하고 거짓말로 자신을 보호하기 위함일 수도 있다('내가 인정 안 하는 동안은 사실이 될 수 없어').

　그런가 하면 진실을 말하고 있다고 굳게 믿고 있지만 사실이 아닌 경우도 있다. 실제로 시간 간격을 정확하게 가늠하거나 미래를 예측하기가 어려우니 말이다. 과거에 일어난 일을 기억하거나 자신의 만족도를 조리 있게 전달하는 것 역시 마찬가지다. 예컨대 문제 해결을 위해 이미 소요된 시간 혹은 앞으로 필요한 시간을 실제보다 더 적게 말할 때도 있다. 자신의 능력을 과대평가한 상태에서 정해진 시간에 늦지 않겠다고 약속하거나 목적지까지 얼마 걸리지 않는다고 설명하기도 하고, 마감을 준수하는 데 아무런 문제가 없다고 확신하기도 한다.

상황을 정확하게 파악하고 이야기했으나 전달되는 과정에서 잘못 해석될 수도 있다. 사막으로 둘러싸인 미국 팜스프링에 사는 사람이 말하는 더운 날씨와 섭씨 20도도 덥다고 느끼는 샌프란시스코에 사는 사람이 생각하는 더운 날씨는 완전히 다를 것이다. 오해와 불상사는 화자에 의한 문제거나 청자에 의한 문제 두 가지 측면이 있다.

잘못된 해석:
상대방이 하는 말 vs. 상대방의 진짜 의도 vs. 내가 해석한 의미

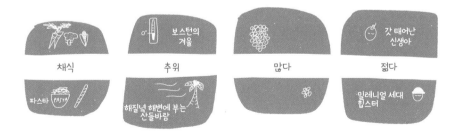

효과적인 공감적 경청의 핵심은 사람들이 하는 말과 행동 사이의 균형을 찾아내는 것이다. 상대방이 주장하는 행동뿐만 아니라 실제 행동까지 관찰해야 자신에 대한 인식과 욕구, 일상 루틴, 습관까지 이해할 수 있다. 나아가 관찰을 통해 내가 해석한 내용이 상대방의 의도와 일치하는지 확인할 수 있다. 솔직하게 의견을 말해도 잘못 전달되는 경우가 많은 만큼 제대로 관찰해야 한다.

제대로 관찰하지 않으면 전체적인 그림을 볼 수 없다. UX 리서처라면 이는 곧 부정확한 데이터를 기반으로 연구 결과를 도출한다는 의미다. 일상이라면 사실이 아닌 주장에 동의하거나("저도 클래식 음악을 좋아합니다!") 아예 공감하지 못하는 결과로 이어질 수 있다("안타깝네요, 저는 사실 톱 40 히트곡만 듣거든요").

집중해서 감정의 신호 읽기

상대방과의 교감이라는 목적을 달성하려면 감정을 읽고 이해하기 위해 관찰이 가진 힘에 집중해야 한다. 타인이 하는(또는 하지 않는) 말과 실제로 느끼는 감정을 비교해서 해독함으로써 친절한 겉모습, 경계심, 꾸며낸 성격 너머에 있는 진짜 모습을 만날 수 있다.

상대방의 감정을 그 자리에서 인지하면 그에게 더욱 가까이 다가가는 데에도 도움이 된다. 흥분한 상대방을 다시 대화의 자리로 데려와 진짜 문제가 무엇인지 파악하거나, 대화를 아예 중단하고 한 발짝 뒤로 물러나 잠시 쉬게 할 수도 있다. 대화 상대의 감정을 세심하게 읽을수록 그를 더욱 잘 이해할 수 있고 적절하게 반응할 수 있다. 그 결과 한층 더 단단한 유대 관계가 형성된다.

상대방이 현재 어떤 감정인지 파악하려면 몇 가지 중요한 요소에 주목하며 경청해야 한다. 비언어적 단서인 보디랭귀지와 단어 선택, 목소리의 높낮이와 어조 등이다. 각 신호는 상대방의 현재 감정에 대한 정보를 제공하므로, 이를 통틀어 '감정 신호'라고 부른다. 감정 신호를 읽는 방법을 배움으로써 감성 지능, 경청하는 습관, 공감 능력을 키워 보자.

보디랭귀지 + 단어 선택 + 목소리와 어조 ⟹ 감정의 신호

보디랭귀지와 단어 선택, 목소리와 어조를 감지하는 방법을 배우는 동안 한 가지 기억해야 할 점이 있다. 각 신호마다 의미가 있지만, 이는 반드시 전체적인 맥락을 고려해서 해석해야 한다. 예를 들어 말을 더듬는 행동의 경우, 사람에 따라 의미하는 바가 다를 수 있다. 불안할 때 말을 더듬는 사람이 있는가 하면, 언어 장애가 있는 사람도 있다. 그동안의 경험과 현재 상황을 모두 고려하여 상대방을 읽어 가야 한다.

단 하나의 정보   맥락에서 이해하기

보디랭귀지 읽기

UX 리서처로서의 나의 임무는 참여자가 자리에 앉는 순간부터 시작된다. 상대가 겉옷을 그대로 입은 채 의자에 털썩 앉아 양손으로 깍지를 끼고 테이블과 멀찍이 떨어져 있다면 나는 서먹서먹한 분위기를 깨고 그의 긴장을 풀어 주기 위해 특별히 신경 써야 한다. 그래야 이어지는 60분 동안 참여자가 실험 대상이 되거나 시험을 보는 것 같은 기분을 느끼지 않는다.

반면 자연스럽게 자리를 잡은 후 테이블 위로 가방과 재킷, 휴대폰, 물병 등 소지품을 꺼내 정리하는 참여자도 있다. 나를 정면으로 바라보기 위해 자세를 고쳐 앉고, 모든 사용자에게 권하는(대부분 거절하지만) 간식을 흔쾌히 받는다면, 인터뷰가 잘 풀릴 것 같다는 확신이 든다. 등장하는 순간부터 존재감을 뽐낸 참여자가 대화의 흐름을 마음껏 주도하는 경우라면, 대화를 올바른 방향으로 유도하는 정도의 노력만 기울이면 된다. 이렇듯 첫마디를 건네기도 전에 보디랭귀지를 통해 서로에 대해 많은 것을 알 수 있다.

대화 상대의 보디랭귀지에 주목하면 어떤 생각과 감정을 느끼는지에 대한 중요한 통찰력을 얻을 수 있다. 보디랭귀지는 단순히 대화 내용에만 집중할 때는 얻을 수 없는 정보나 상대방이 밝히고 싶지 않아 하는 부분까지 알려 준다. 특히 시선 처리, 손 또는 발의 위치, 모방 행동, 물리적 거리, 자세 등은 주제나 환경, 감정을 드러낸다. 또한 서로 우호적인 관계가 형성되었는지 아닌지를 알 수 있다. 지금 나누는 대화가 상대를 불편하게 만드는 주제인지, 전혀 아무렇지 않은 주제인지를 파악하는 데도 도움이 된다. 타인이 편안함을 느낄 때와 그렇지 않을 때를 말해 주는 일종의 척도가 되는 것이다. 당연한 말이지만, 말이 아닌 행동으로 나타나는 신호는 한 번 해석하고 끝나는 것이 아니다. 대화 내내 상대방의 몸짓을 관찰하면서 숨은 의미를 파고들어야 한다.

내 경우 신체 부위를 총 네 가지 영역으로 구분해 살펴보는데, 영역마다 보디랭귀지를 통한 신호가 다르다. 이 방법은 대화 상대의 진짜 의도를 정확하게 짚어내는 데 효과적이다.

- 영혼을 나타내는 영역
- 자제력을 나타내는 영역
- 관계를 나타내는 영역
- 교감을 나타내는 영역

이제 각 영역의 보디랭귀지를 이해하는 방법을 알아보자.

영혼을
나타내는 영역

자제력을
나타내는 영역

고감을
나타내는 영역

관계를
나타내는 영역

영혼을 나타내는 영역(눈)

표정에는 많은 의미가 담겨 있다. 포커페이스에 능한 사람들은 감정을 얼굴에 최대한 드러내지 않는다. 그런가 하면 자신의 의사와는 관계없이 투명한 유리처럼 생각이 훤히 보이는 사람도 있다. 미소나 찡그림, 울음 등 한눈에 감정을 알 수 있는 표정 외에 단순히 눈을 바라보기만 해도 상대방의 기분을 파악할 수 있다.

눈맞춤은 호불호가 명확하게 갈린다. 눈맞춤을 얼마나 오래, 강렬하게 견디는지는 사람마다 다르지만, 일단 시선을 맞추면 흥미로운 점들을 발견할 수 있다. 눈맞춤은 호기심과 열린 마음, 심지어 애정의 표현이다(연인들끼리 시선을 나누는 것을 떠올리면 쉽게 이해할 수 있다). 나와 상대방이 서로 대화에 집중하고 있다는 확신도 준다. 연구 결과에 따르면 눈맞춤은 타인의 감정과 의도를 처리하는 데 필요한 뇌 영역을 활성화한다. 다시 말해 더욱 폭넓은 공감을 가능하게 만든다.[1]

눈맞춤의 부재는 곧 신뢰 혹은 안정감의 부재를 뜻한다. 바로 옆에 앉은 동료가 시선을 철저하게 피한다면 주의를 기울여야 한다. 기분이 상한 이야기 대화 주제이든 대화 상대이든, 지금 동료는 매우 불편해하고 있다. 물론 대화하다 보면 종종 시선을 다른 곳에 두기도 한다. 어려운 이야기를 전달해야 할 때는 상대방의 눈을 보지 않는 편이 낫기도 하다. 그러나 아예 눈을 피하는 행동이라면 교감을 쌓기 위해 노력해야 한다는 신호로 봐야 한다.

자제력을 나타내는 영역(손, 목, 쇄골)

상대방이 생각보다 훨씬 더 긴장한 상태일 때도 있다. 겉으로는 미소를 짓고 있지만, 손의 움직임을 보면 솔직한 감정이 드러나기도 한다. 쉴 새 없이 펜을 달가닥거리기도 하고, 스트레스 해소용 공을 세게 쥐기도 한다. 손톱을 물어뜯거나 손가락으로 머리카락을 빙빙 돌리는 행동도 쉽게 관찰할 수 있다. 무의식적으로 목이나 쇄골 근처로 손을 가져가거나 셔츠 옷깃을 잡아당기기도 하고, 목걸이를 만지작거리거나 목덜미를 만지기도 한다. 따라서 상대방의 손이 바쁘게 움직인다면 집중해서 살피자. 긴장했거나 불편해서 진정하려는 행동일 수 있다. 아무 생각 없어 보이는 손장난이 복잡한 마음을 표현하는 신호인 셈이다.

물론 이러한 몸짓이 단순히 자동으로 나오는 반사 행동이거나 습관일 수 있다. 관찰한 신호를 정확하게 해석하려면 먼저 예측 가능한 패턴에 따라 행동이 나타나는지 살펴야 한다. 예를 들어 업무 평가 등 스트레스를 유발하는 특정 주제에 대해 이야기할 때 손을 과도하게 움직이는 경우가 있다. 면접과 같은 특수 상황이나 처가 또는 시댁 식구처럼 특정한 사람들과 같이 있을 때에만 위에서 설명한 행동을 하기도 한다.

스스로 진정하려는 몸짓 신호가 감지되면, 대화를 그대로 밀어붙이기보다 상대방이 불안의 벼랑 끝에서 뒤로 물러설 수 있도록 돕는 것이 바람직하다. 상대방의 불안을 말로 지적하라는 이야기가 아니다("긴장하셨어요? 그러지 마세요!"). 이는 오히려 불안을 부추길 수 있다. 특히 억지로 미소를 보이며 속마음을 숨기려고 애쓰는 상대방에게 이런 말을 건네면 상황이 더 악화되기 쉽다. 위협적일 수 있는 주제를 좀 더 가볍고 쉽게 접근하거나, 안정을 되찾도록 잠시 쉬는 것이 좋다. 상대방의 노력을 격려하기 위해 손을 살짝 잡아 주어도 효과적이다.

관계를 나타내는 영역(발)

대화하다 보면 상대방이 전혀 집중하지 못하는 것이 확연하게 보일 때가 있다. 멍하니 쳐다보거나 휴대폰에서 시선을 떼지 못 하는 행동 등을 통해 상대방의 무관심을 읽을 수 있다. 문제는 이러한 신호가 대개 감지하기 어려울 만큼 사소하다는 것이다. 대화가 지나치게 전문적으로 흘러가고 있는데도 말하는 사람은 미처 모르는 경우가 있다. 저녁 모임에서 선을 넘는 대화를 하거나, 친목 도모를 위한 행사인데 너무 디테일한 질문을 많이 던지기도 한다. 상대방과의 거리는 더욱 멀어지는데, 화자는 원인을 모르는 경우다. 도대체 어떤 신호를 놓친 것일까? 이럴 때 상대방의 진짜 생각을 읽고 싶다면 시선을 아래로 내려 보자.

전 FBI 요원이자 비언어 커뮤니케이션 전문가 조 내버로는 발을 '가장 솔직한' 신체 부위라고 말하며 발에서 상대의 진짜 의도가 가장 정확하게 나타난다고 설명한다.[2] 만약 대화 상대의 양쪽 발이 출입구를 향해 있다면, 사이 좋게 이야기를 나누고 있다고 하더라도 속마음은 당장 자리에서 벗어나고 싶은지 모른다. 대화하고 싶지 않은데 예의를 갖추는 것일 수도 있고, 회의에 늦었는데도 의무감 때문에 대화를 이어가는 것일 수도 있다. '싫어요'나 '저는 동의하지 않습니다'라는 말을 못 하는 성격일 수도 있다.

이들에게는 다른 사람의 충고나 접근 방식, 관점에 관심이 없거나 동의하지 않는다는 점을 인정하는 것보다 고개를 끄덕이고 미소 짓는 것이 훨씬 쉬운 것이다. 이러한 신호는 경우에 따라 한눈에 감지하기 어렵다. 한 발은 완전히 출입구 쪽으로 향해 있고 나머지 발은 같은 방향으로 살짝만 돌려져 있는 상태일 때처럼 말이다.

바로 느낌이 오는 경우도 있다. 길을 지나다 아는 사람을 만나 인사하는데 상대방이 발을 가던 방향을 향해 그대로 두고 상체만 살짝 돌려 인사한다면, 대화하기 썩 좋은 순간이 아닐 수 있다. 반대로 상대방이 나를 향해 발을 돌린다면 대화에 응할 마음이 있다고 봐도 좋다. 사람은 원래 즐겁거나 흥미로운 것을 향해 몸을 돌린다. 마찬가지로 관심 없거나 재미없는 일은 몸의 방향부터 외면한다.

상대방이 대화에 얼마나 집중하고 있는지 알고 싶다면 발의 방향을 살펴보자. 상대방의 몸이 보내는 신호와 말로 전달하는 메시지가 같은지 혹은 다른지 주목한다. 말과 행동의 불일치는 곧 상대방으로부터 끌어내야 할 이야기가 아직 남았다는 의미다.

교감을 나타내는 영역(골반, 상체, 모방 행동)

몇몇 비언어적 신호는 대화를 나누는 두 사람이 편안하고 친밀한 교감을 나누고 있는지 알려 준다. 심지어 서로를 존중하는지도 알 수 있다. 골반과 상체, 모방 행동 등 타인의 감정을 나타내는 다양한 신호를 하나씩 살펴보자.

친밀감의 표현, 모방 행동

모방 행동이란 거울에 비친 모습처럼 타인의 보디랭귀지를 모방하거나 흉내내는 행동으로, 인간의 무의식적인 습성이다. 모방 행동의 예는 다양하다. 새로 입사하여 신입 사원 교육을 받는 직원이 열의를 다해 웃는 모습을 보면 자연스럽게 미소를 띠게 된다. 사람들로 꽉 찬 극장에서 누군가 손뼉을 치기 시작하면 너도나도 따라 치는 것도 모방 행동이다.

많은 시간을 함께 보내는 사람과 몸짓이나 습관이 닮기도 하고, 생산적인 논의가 오가는 회의에서 동료의 자세와 비슷하게 앉기도 한다. 모방 행동은 집단 구성원 사이에 친밀한 유대 관계가 형성되었는지 아닌지를 말해 준다.

다른 사람과 대화할 때 상대방이 본인도 모르게 모방 행동을 하는지 살펴보자. 서로 간의 친밀도를 가늠할 수 있다. 무의식적인 모방 행동은 티가 잘 나지 않는다. 그래서 대부분은 모르고 지나친다. 그런데 반대로 상대방이 내 보디랭귀지를 적극적으로 따라 한다면, 오히려 속마음을 숨기고 있을 가능성이 크다. 자세를 바꿀 때마다 따라서 고치거나, '나처럼 해봐요' 놀이처럼 모든 동작을 흉내 내려고 할 때도 마찬가지다.

그런가 하면 상대방이 전혀 움직이지 않고 가만히 있다면 대화 상황을 불편해하는 것일 수 있다. 친밀감이나 유대감이 약하거나 아예 없다고 판단될 때는 상대방과 교감하기 위해 더욱 노력하고, 원하는 주제를 터놓고 이야기할 분위기를 만들어야 한다.

편안한 정도, 물리적 거리

두 사람 간의 물리적 거리를 통해 서로가 얼마나 편안한 관계인지 한눈에 알 수 있다. 이러한 신호는 매우 명확하게 드러나기도 한다. 회의 상황을 예로 들어보자. 서로 친한 사이라면 일부러 옆자리에 붙어 앉지만, 이렇다 할 친분이 없다면 반대쪽 끝자리를 선택한다. 그러나 친밀도를 나타내는 신호는 눈에 잘 띄지 않는데, 때에 따라 무의식적으로 일어나기도 한다.

따라서 교감을 나타내는 영역인 골반이나 상체에 주목하는 것이 가장 효과적이다. 단단한 유대 관계를 맺고 있는 두 사람이라면 상체가 서로를 향해 기울여 있을 확률이 높다. 이러한 행동이 단순히 스킨십을 통한 애정 표현은 아니라는 점에 주목해야 한다(물론 그런 경우도 있다).

상대방이 타인을 얼마만큼 편안하게 생각하는지에 따라 대화에 임하는 접근 방식이 달라진다. 예를 들어 나란히 앉은 팀원 두 명이 서로의 개인 공간을 조금도 침범하지 않겠다는 듯 몸을 잔뜩 웅크린 채 살짝 서로의 등을 지고 꼿꼿하게 앉아 있다면, 나중에 두 사람을 같은 프로젝트에 배정한다는 소식을 전해야 하는 상황일 때 조심스럽게 말을 꺼내는 것은 물론 부정적 반응이 나올 수 있음을 예상해야 한다. 내가 말하는 동안 상대방이 몸을 뒤로 기울이기 시작한다면 체력이 고갈되고 있다는 신호일 수 있으므로 서둘러 마무리하는 것이 좋다.

큰 그림으로 보기, 자세

보디랭귀지 영역을 하나씩 살펴보고 읽어 가면 대화에 도움이 되는 소중한 정보를 얻을 수 있다. 그러나 대화 상대를 가장 효과적으로 관찰하려면 큰 그림으로 봐야 한다. 머리부터 발끝까지의 전체적인 몸가짐을 가리켜 '자세'라고 한다. 상대방의 자세를 통해 생각, 감정, 의도를 보다 정확하게 파악할 수 있다. 대화 상대를 전체적으로 보지 못하면 결국 일부분만 이해하게 된다. 타인의 얼굴만 볼 수 있는 화상 회의에서 상대방의 '마음 읽기'가 어려운 것도 이러한 이유 때문이다.

자세에 담긴 의미를 읽는 손쉬운 방법은 그 사람이 차지하는 공간의 크기를 살펴보는 것이다. 신체적 크기가 아니다. 몸집이 작은 사람이라도 다리를 앞으로 쭉 뻗고 팔꿈치를 양옆으로 구부린 채 깍지 낀 양손을 목 뒤에 올리고 있다면 존재감이 더욱 크게 느껴질 것이다. 이러한 자세에서 편안함과 평정심을 읽을 수 있다. 반대로 원래 키가 크지만 어깨를 웅크리고 다리를 꼰 상태에서 팔짱을 단단하게 끼고 있다면 실제보다 작아 보인다. 오래전부터 자리 잡은 습관일 수 있지만, 자기 자신이나 아이디어에 대한 자신감이 부족하다는 신호일 수도 있다. 타인과 대립하는 상황을 피하고 싶다는 뜻일 수도 있다.

대화 상대의 자세를 집단 내 다른 사람들과 비교하는 것도 효과적이다. 예컨대 동료들은 모두 앉아 있는데 한 사람만 서 있다면, 어느 정도 힘을 가진 인물일 가능성이 크다. 저녁 모임과 같은 일상적인 상황에서도 관계성을 살펴볼 수 있다. 손님들이 자리에 앉아 있는 동안 집주인은 일어선 채로 자연스럽게 자신이 맡은 역할을 수행한다. 이렇듯 상대적으로 많은 공간을 차지하며 존재감을 드러내는 자세는 자신감, 확신, 통제력, 진지함을 나타내며 나아가 우세함을 과시한다.

자세에 담긴 의미 파악은 대화에 있어 굉장히 유용하다. 팀 회의나 친구들 사이에서 대화를 이끌어 나가야 할 때, 집단 구성원 간의 관계성을 이해한다면 더 효율적으로 논의를 주재할 수 있다. 의자에 등을 기대고 앉아 대화에 소극적으로 참여하는 사람에게도 의견을 말할 기회를 공평하게 줄 수 있다. 집단의 승인이나 결정이 필요할 때 힘이 있는 친구나 동료를 알아보고 손을 내밀면 다른 사람을 설득하는 데 도움이 된다. 대화 상대가 일관되게 존재감이 약해 보이는 자세를 취한다면, 마음을 열도록 더욱 노력해야 한다.

대화할 때 다음과 같은 비언어적 몸짓과 그 속에 담긴 일반적 의

비언어적 몸짓의 일반적 의미		
영역	**몸짓**	**감정**
영혼을 나타내는 영역	눈맞춤 미소 찡그림	유대감, 자신감, 집중 행복, 협조적, 친절함 슬픔, 혼란, 걱정
자제력을 나타내는 영역	목을 만지는 행동 쇄골 위에 올린 손 손톱 물어뜯기 꽉 쥔 주먹 손가락 움직임이나 손떨림	불안, 괴로움, 불편함 우려, 충격, 스트레스 지루함, 불안, 조바심 좌절, 분노, 자제 불안, 괴로움, 걱정
관계를 나타내는 영역	반대편을 향한 발끝 상대방을 향한 발끝	떠날 준비 완료, 흥미 없음 대화할 의지, 대화에 관심 있음
교감을 나타내는 영역	앞으로 기울인 자세 팔짱 양옆으로 벌린 팔 존재감이 '큰' 자세 (쭉 뻗은 팔이나 다리) 존재감이 '작은' 자세 (팔짱, 다리 꼬기, 구부정한 어깨)	편안함, 동의 방어적, 불안 열린 마음, 열의, 따뜻함 힘, 우세함 불안, 자신감 부족

미를 고려해 보자. 보디랭귀지를 읽는 일은 과학이 아니라 예술에 가깝다는 점을 기억해야 한다. 상대방에 대해 알고 있는 점과 현재 상황을 토대로 상대방의 말과 행동이 진짜로 의미하는 바를 최대한 이해하려는 노력이 필요하다.

사용하는 단어로 속뜻 읽기

직장 상사인 헨리로부터 처음 피드백을 듣게 되었을 때 나는 무척 신이 나 있었다(모범생이라고 흉봐도 좋다). 그 당시 나는 중견 IT 기업에서 UX 리서처로 일하는 중이었다. 입사 후 1년 동안 다양한 프로젝트를 도맡았지만, 헨리 팀장과 일한 지는 6개월 정도밖에 되지 않았다. 스타트업 기업이 으레 그렇듯, 1년도 채 안 되는 동안 팀장이 여러 번 바뀌어 헨리가 벌써 세 번째였다. 좋은 의도가 뒷받침된 피드백은 성장과 발달에 큰 도움이 된다고 굳게 믿고 있던 나였기에, 헨리로부터 내 역량을 갈고 닦을 방법을 빨리 듣고 싶었다.

헨리는 먼저 다양한 부서의 직원들이 모인 협업 팀으로부터 파악한 내 장점을 쭉 정리했다. 나와 함께 일하는 사람들로, 연구 관계자들이자 연구 결과를 활용하는 사용자들이기도 했다. 협업 팀에 속한 제품 담당자들은 중요한 업무를 우선순위에 두고 처리하는 배려심을 칭찬했다. 디자이너들은 UX 디자인과 관련한 나의 아이디어가 신뢰할 만하며 나를 좋은 파트너이자 협력자라고 생각했다. 엔지니어들은 내 노력 덕분에 누구를 위해 제품을 만들고 구축하는지 잘 이해하게 되었다고 대답했다. 전반적으로 나와 일하는 사람들 모두 내 능력에 만족하고 있었다.

이어서 헨리가 말했다. "다른 부서 직원들이 당신을 정말 좋아하는군요. 그런데 당신에 대한 리서치 팀 피드백은 뭐랄까, 조금 약하네요."

헨리는 말을 멈췄지만, 그의 말을 완전히 이해할 수 없었다. 약하다니? 도대체 무슨 뜻일까? 이건 팀 전체의 의견일까(제발 그렇지 않기를!), 아니면 특정인의 평가였을까? '친정'이나 다름없는 리서치 팀에서 나에 대해 부정적 피드백이 나왔다는 말에 걱정이 앞섰다. 타부서 사람들로 구성된 협업 팀이 친구라면, 매일 얼굴을 마주하고 같은 일을 하는 리서치 팀은 가족이나 마찬가지였다. 그래서 더더욱 리서치 팀을 실망하게 하고 싶지 않았다. 나는 헨리에게 좀 더 자세한 설명을 부탁했다. "그러니까, 대체로 리서치 쪽 의견이 살짝 더 물렁물렁해요." 여전히 무슨 뜻인지 짐작도 할 수 없었다.

결국 여러 번 대화가 오가고 난 후에야 팀원 한 명이 특정 프로젝트에 대한 내 접근 방법이 '살짝 공격적이었다'라는 비판적인 피드백을 남겼다는 말을 들을 수 있었다. 하지만 헨리는 여전히 자세한 내용을 덧붙이지 않았다. 한편으로는 조금이나마 더 듣게 되어 다행스러웠다. 개선의 필요성을 알게 되었기 때문이었다. 그러나 헨리로부터 전달받은 피드백은 전과 마찬가지로 애매해서 어떤 부분을 고쳐야 할지 감이 오지 않았다. 나는 더 많은 것을 알아내기 위해 끈질기게 매달렸다. 마치 정글을 헤치고 나아가는 탐험가처럼 헨리가 하는 말을 자르고 다듬었다. 피드백의 진짜 의미를 이해하고 성장의 밑거름으로 심기 위해 모호한 문장들을 모두 솎아내야 했다.

상대방이 어떤 단어를 쓰는지 잘 살펴보면 그 사람의 신념, 의견, 감정, 심지어 가치관까지 알 수 있다. 내 경우 새로운 상사에 대한 몇 가지 사실을 알게 되었다. 첫째, 헨리는 비판적인 피드백을 하는 것을 매우 껄끄러워한다. 둘째, 자신의 불편함을 해소하고 내가 상처받지 않게 하려고 최대한 애매하게 표현한다. 셋째, 구체적 내용이 없는 피드백이었지만 내게 도움이 될 것이며 행동을 개선하는 데 참고가 될 것이라고 믿었다.

만약 내가 헨리가 한 말과 그 내용에만 주목했다면, 아마도 잔뜩 당황한 채 피드백 회의를 끝냈을 것이다. 대신 헨리가 선택한 단어의 속뜻을 파헤침으로써 피드백 자체뿐만 아니라 헨리가 어떤 사람인지 보다 잘 이해할 수 있었다. 이후 헨리와 고과 평가에 관한 대화를 나눌 때면 자세하고 정확한 설명을 요청했다. 이는 피드백을 행동으로 옮기는 데 도움이 되었으며 헨리가 비판적인 내용도 계속 전달하도록 유도할 수 있었다.

일상의 흔한 표현이지만 상대방의 의중을 읽을 수 있는 것들을 살펴보자. 주로 아직 할 말이 더 남아 있다는 뜻을 담고 있다.

단어 선택 이해하기:

아직 할 말이 남았다는 신호

성의 없는 표현

"괜찮네요."

사과하면서
칭찬하는 표현

"제가 잘못 본 것일 수도
있는데…"

감정을 전가하는 표현

"당신은 항상…"

진심을 가장한 표현

"솔직히 말하자면…"

성의 없는 표현

"좋네요." "괜찮은 것 같아요." "그러세요." "뭐든 상관없습니다." 이러한 표현은 대개 아직 할 말을 다 하지 못했다는 신호다. 논란을 일으키고 싶지 않거나 타인에게 상처 주고 싶지 않아 솔직한 의견을 숨길 때 주로 쓴다. 대화 주제에 큰 관심이 없을 때도 자주 들을 수 있다. 상대방이 성의 없는 표현을 사용한다면 친절하게 좀 더 자세한 설명을 부탁해 보자. 이처럼 단어 선택에는 이미 많은 의미가 담겨 있다.

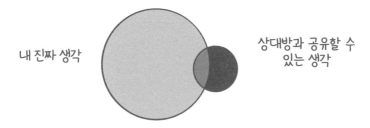

내 진짜 생각

상대방과 공유할 수
있는 생각

어떤 관계인지에 따라 다르겠지만, 대화 상대가 솔직한 의견을 털어놓도록 조심스럽게 유도해야 할 수도 있고, 직접적으로 명확한 설명을 요청하는 것이 효과적일 수도 있다. 적절한 접근 방법을 선택해야 한다. 다음과 같은 말을 건네는 것도 좋다.

- …라고 하셨는데, 어떤 의미인지 좀 더 설명해 주세요.
- …의 어떤 점이 좋은가요/싫은가요?
- 솔직한 느낌을 말씀해 주세요.

사과하면서 칭찬하는 표현

사용자 경험을 리서치할 때 종종 프로토타입 혹은 일부 기능만 공개한 제품을 사용자에게 주고 써 보게 한다. 일부러 말도 안 되는 아이디어를 섞어서 보여 주기도 하고, 앱을 실행하면 기본적으로 실행되는 메인페이지를 없애거나, 겉으로 보이는 시각 디자인을 바꾸기도 하고, 받은편지함의 아카이브 버튼처럼 사용자에게 익숙한 주요 버튼을 제거하기도 한다. 사용자들에게는 '콘셉트' 또는 '아이디어'라고 설명하지만, 연구자들 사이에서는 이렇듯 황당한 아이디어를 '도발'이라고 부른다. 사용자의 반응을 끌어내기 위해 의도적으로 터무니없는 시도를 하기 때문이다.

처참한 실패를 예상하며 이러한 도발을 사용자에게 보여 주는데, 실제로 대부분의 사용자가 주어진 과제를 제대로 수행하지 못한다. 주목할 점은 가장 최악인 아이디어 앞에서도 사용자들은 예외 없이 미안해하며 리뷰를 한다는 것이다. 우리가 만든 제품이 완전히 무용지물이라는 사실을 최대한 부드럽게 전달하려고 애쓰는 듯하다. "다른 사람들은 이 기능이 정말 유용하다고 생각할 겁니다. 아마도 제가 제대로 사용하는 법을 모르는 것 같네요." "이런 고급 설정을 쓰기에는 제가 음악 듣는 방식이 너무 단순하지만, 다른 사람들은 좋아할 거예요!"

성의 없는 표현과 마찬가지로 사과하면서 칭찬하는 표현에도 불편함이 숨어 있다. 타인을 기쁘게 하고자 하는 인간 본성도 영향을 미친다. 남을 실망하게 하거나 불쾌하게 만들 수 있다는 두려움에 '내가 문제겠지'라는 생각에 숨어 '이건 내가 이해할 수 있는 범위 밖이야'라고 합리화하는 것이다.

상대방이 사과하면서 칭찬하는 표현을 쓴다면, 상대방의 솔직한 관점을 빠짐없이 듣는 것이 왜 중요한지 다시 설명하는 것이 좋다. 예컨대 나는 사용자 경험을 리서치할 때 진솔한 대답을 듣기 위해 할 수 있는 모든 방법을 동원한다. 인간이라면 누구나 타인을 만족시키고 싶어 하는 경향이 있다는 점을 알기 때문이다.

만약 상대방이 "나한테는 큰 도움이 안 되었지만, 다른 사람들에게는 엄청 효과가 좋을 것이라고 생각합니다"라고 말한다면, 나는 무엇보다 상대방의 의견이 제일 중요하다는 점을 전달하기 위해 "저는 당신이 이 플랫폼을 사용하는 방식이 정말 궁금합니다. 그러니 당신의 의견을 좀 더 들려주세요!"라고 대답한다. 진심 어린 관심을 전달하면 상대방은 마음을 활짝 열고 마침내 어떤 부분이 부족한지 정확하게 설명한다.

이러한 후속 질문을 하지 않고 그냥 넘어간다면 우리는 상대방의 진짜 생각을 영원히 알 수 없을지도 모른다. 상대방이 사과하거나 칭찬하는 표현을 쓰며 속마음을 감추려고 할 때 다음 문장을 응용해 보자. 문제의 본질을 파악하는 데 도움이 될 것이다.

- 저는 이 문제에 대한 당신의 관점이 중요하다고 생각합니다. 주저하지 말고 말해 주세요.
- 당신의 솔직한 의견이 저에게는 매우 의미가 큽니다. 또 어떤 생각이 드나요?
- 당신의 아이디어를 보고 늘 많이 배우고 있습니다. 좀 더 듣고 싶습니다.
- 당신의 조언이 대단히 유용합니다. 이 부분이 어떤지 의견을 말씀해 주세요.

시간 끌기

시간 끌기란 어떠한 목적을 가지고 대화 진도를 더디게 하거나 두루뭉술하게 말해서 아예 흐름을 깨는 행동을 말한다. 주로 대답을 생각하고 아이디어를 떠올릴 시간을 벌고 싶거나, 결정을 미룰 때 시간 끌기를 사용한다. 질문을 받거나 아이디어를 들으면 그에 대한 답변을 준비하려고 자연스럽게 시간을 끈다. 솔직하게 대답하면 나쁜 사람처럼 보이거나 예의 없고 불친절해 보일까 봐, 또는 충분히 고민하지 못해서 진심을 이야기하지 않는 경우도 있다. 이렇듯 진실로는 부족하다고 판단될 때 우리는 시간 끌기 기술을 응용한다.

예를 들어 사용자에게 출시 가능성이 있는 제품을 보여 주고 "이 제품에 대해 어떻게 생각하세요?"라고 질문하자 "이 제품에 대해 어떻게 생각하냐고요?"라고 되묻는다면, 이후 이어지는 말은 십중팔구 좋은 내용은 아니다. 내가 던진 질문을 그대로 반복하면서 자신의 솔직한 감정을 파악하거나 정중한 답변을 준비하고, 심지어 질문 자체를 이해할 시간을 버는 것이다. '아주 좋아요!'처럼 분명하고 긍정적인 의견이라면 시간을 벌 필요가 없을 것이다. 대답에 대한 확신이 있고 이를 남들에게 말하는 데 아무런 문제가 없다면, 우리는 생각나는 대로 의견을 전한다. 반면 그렇지 않다면, 시간 끌기 작전을 쓴다.

시간 끌기는 일상 대화에서도 쉽게 볼 수 있다. 면접을 보는 입사 지원자를 예로 들어보자. 시간을 끌며 어려운 질문에 대한 답을 생각하거나 거짓말을 그럴싸하게 포장할 수 있다('전 직장에서 해고당했다고 말할 수는 없으니, 어떻게 말하면 좋을지 생각해 봐야지'). 강연이나 콘퍼런스에서 발표하는 사람 역시 청중으로부터 예상하지 못한 질의를 받거나 대답하기 곤란할 때 시간 끌기를 통해 질문 방향을 티 나지 않게 바꾸고 위기를 모면하려 한다('이 질문은 내 전문 분야가 아니지만, 청중의 신뢰를 얻고 싶어. 내가 설명할 수 있는 주제로 질문을 바꿀 방법을 찾아야 해'). 어려운 상황으로부터 우리 자신 혹은 타인을 보호하고자 할 때도 시간 끌기를 응용할 수 있다('기념일을 잊어버렸다고 인정하면 말다툼만 하게 될 거야. 어떻게 재빨리 넘어가지?').

보호하는 대상이 자신이든 다른 사람이든, 시간 끌기는 망설임을 의미한다. 상대방이 시간을 끈다면 솔직한 대화를 주저하는 것일 수도 있다.

시간 끌기 행동에는 무엇이 있는지 살펴보자.

- **동의하기**. 질문에 바로 대답하는 대신 방금 한 말 자체를 수긍하는 것을 말한다. "정말 좋은 질문이군요." "굉장히 흥미로운 관점입니다."
- **따라 말하기**. 내가 인터뷰한 사용자가 그랬던 것처럼, 질문을 토씨 하나 틀리지 않고 다시 묻는 것을 말한다. 매우 부자연스럽기 때문에 듣자마자 알 수 있다.
- **동문서답하기**. 질문과 상관없는 대답을 내놓는 것을 말한다. 정치 토론에서 자주 쓰인다. "미국의 교육 정책에 대해 질문해 주셔서 기쁩니다. 제가 아직 어린 소년이었을 때…"

대화 도중 상대방이 시간 끌기나 진심을 가장한 표현을 쓴다면 그냥 넘기지 말고 주목해야 한다. 상대방과의 관계에 따라 접근 방법이 달라진다.

대화 상대와 나 사이에 이미 신뢰가 형성되어 있다면, 다음의 말들을 응용해 터놓고 이야기할 수 있도록 격려해도 좋다.

- [망설임, 회피, 미심쩍음 등]의 감정이 느껴집니다. 기분이 어떤지 저에게 솔직하게 이야기해 주세요.
- 주제를 놓고 에둘러가고 있는 것 같습니다. 정말 솔직한 의견은 어떤가요?
- 이 부분에 대해서 아직 하지 않은 이야기가 있는 것 같아요. 지금 어떤 생각을 하고 있는지 말해 주세요.
- 당신이 주저하고 있다는 느낌이 드는데요. 진짜 속마음은 어때요?

반면 친하지 않은 사이라면 이러한 독려가 선을 넘거나 비난하는 것처럼 들릴 수 있다. 이럴 때는 상대방이 혼자 힘으로 하고 싶은 말을 꺼낼 수 있도록 시간을 주는 것이 효과적이다. 따스한 미소를 보내거나 인내심을 갖고 기다린다면 상대방은 자신만의 방식으로 속마음을 털어놓게 된다. 누구나 한 번쯤은 서둘러 말해야 한다는 압박감, 불안, 혼란을 느낀 적이 있다. 또 진짜 하고 싶은 말을 애써 감춘 경험도 있기에, 상대방의 입장을 배려하고 공감하는 것이 얼마나 중요한지 알 것이다.

별다른 개입 없이 상대방의 행동을 관찰한 후 다음번 대화에 참고하는 것이 유리할 때도 있다. 예를 들어 상대방이 대화할 때 계속해서 시간을 끈다면, 신뢰가 부족하거나 속마음을 이야기할 만큼 가깝다고 느끼지 않아서일 수 있다. 따라서 당장 그 자리에서 문제를 해결하기보다는 시간을 투자해 친밀함을 쌓는 것이 더 생산적이다.

진심을 가장한 표현

많은 감정을 오랫동안 속에 담아두고 지내다가도 언젠가는 남에게 털어놓게 된다. 감정을 솔직히 인정하고 이야기할 때 우리는 "솔직히 말해서" "진실을 말하자면" "꾸미지 않고 말하면" "확실하게 말하자면"과 같은 표현을 쓴다. 그뿐만 아니라 현재 입장을 재차 강조하거나 오해의 소지를 바로잡을 때도 이러한 표현이 등장한다. 지금까지 이런저런 우려에 말을 아꼈지만, 이제는 앞으로 나아갈 용기가 생겼을 수도 있다('내 입으로 말하기 참 어려운 피드백이지만, 내 의견을 당당하게 전달해야 해'). 인내심을 발휘하거나 예의를 갖추기 위해 솔직한 마음을 감추었는데, 지금부터는 일을 빨리 진행하려고 진짜 생각을 나누고 싶은 것일 수도 있다('여태 그에게 말할 기회를 충분히 주었어. 이제는 그의 방식에 정중하게 반대해야 해'). 좋은 의도를 갖고 있다면 사실 이런 표현을 쓸 일이 드물다. 그래서 이 표현을 알아채기가 더욱 쉽기도 하다.

상대방이 이러한 표현을 지나치게 자주 쓴다면 주의를 기울여야 한다. 자신의 솔직함을 강력하게 주장하지만 사실은 그 반대의 신호일 수 있다. 《속임수의 심리학*Liespotting*》의 저자 파멜라 마이어는 이를 "진심을 가장한 표현"이라고 부른다.[3] 자신을 보호하기 위해 진실을 감추거나('이 일에 필요한 역량이 부족하다고 솔직하게 인정할 수 없으니, 끝날 때까지 대충 둘러대야지'), 다른 사람과 호의적인 관계를 쌓기 위해('그녀가 듣고 싶은 말을 하면 내 생각에 동의할 거야') 진심을 가장한 표현을 쓴다. 타인에게 상처 주고 싶지 않거나('그와의 관계가 행복하지 않다고 솔직하게 이야기하는 것보다 다 괜찮다고 말하는 편이 훨씬 쉬워') 성장 과정에서 정직함을 제대로 배우지 않았을 때도('이런 일은 거짓말이 좀 필요해') 마찬가지다. 상대방이 진심을 가장한 표현을 반복해서 사용한다면, 잠시 대화를 멈추고 상대방의 말이 온전한 진실인지, 아니면 아직 못다한 말이 있는지 살펴봐야 한다.

대화 도중 진심을 가장한 표현이 들린다면 다른 신호들도 함께 고려해야 한다. 보디랭귀지, 목소리나 어조, 상대에 대해 기존에 알고 있던 정보들을 모아 왜 이런 표현을 쓰는지 파악하자. 물론 습관처럼 튀어나온 말일 수 있고, 정말로 용기를 내서 속마음을 전달하려는 것일 수도 있다. 하지만 의도적으로 속마음을 숨기려는 의도일 수도 있다.

감정을 전가하는 표현

잘 맞지 않는 룸메이트와 함께 살아본 적이 있다면, 며칠이고 설거지를 싱크대에 그대로 두는 것이 얼마나 거슬리는지 공감할 것이다. "넌 항상 부엌을 더럽게 쓰더라." 이 말에 화가 난 룸메이트가 "넌 한 번도 쓰레기통을 안 비웠잖아!"라고 쏘아붙이는 상황이 벌어지기도 한다. 어쩌면 함께하기 어려운 두 사람이 함께 살아서 생긴 일일 수 있지만, 이러한 말다툼이 정말 집안일 때문이라고만 봐야 할까?

"당신은 ~라고 하는데" "당신은 항상~" "당신은 절대~"와 같은 표현 역시 주목해야 한다. 이를 가리켜 나는 '감정을 전가하는 표현'이라고 부른다. 나에 대한 기분을 타인에 대한 기분으로 확대할 때 쓰이기 때문이다. 다른 사람을 향한 비난의 화살 뒤에는 종종 더 깊은 감정이 숨어 있다. 분노, 실망, 외로움, 두려움은 혼자서 감당하기 어려운 감정이어서, 이런 감정들을 다른 곳으로 돌려 표출하는 것이다. 내가 느끼는 감정과 그 원인을 진지하게 살피기보다 다른 사람의 잘못이라고 치부하기가 훨씬 쉽기 때문에, 우리는 생각보다 자주 이런 표현을 쓴다. 특히 룸메이트나 가족, 배우자 등 친하고 가까운 사이일수록 그렇다.

앞서 살펴본 룸메이트와의 말다툼으로 돌아가 보자. 누가 설거지를 하고 누가 쓰레기통을 비우느냐는 시작에 불과하다. 대개 이러한 말다툼의 진짜 원인은 다른 곳에 있다. 마음속 더 큰 불만이 말다툼으로 번지는 것이다. 회사에서 힘든 하루를 보낸 후라 제대로 인정받지 못하고 무시당한다고 느낄 수 있다. 아니면 그저 진이 빠진 상태일지도 모른다. 이유가 무엇이든 이내 말다툼이 시작되면 내 감정을 상대방을 향해 모두 쏟아내고 만다.

감정을 전가하는 표현을 듣는 순간 무시하거나 반박하고 거부하고 싶은 충동이 들 것이다. 그러나 오히려 상대를 더 잘 이해하고, 내면의 감정을 읽는 기회로 삼을 수 있다. 상대방의 말을 들리는 대로만 듣고 계속 부딪힌다면, 감정의 골이 깊어져 결국 사이가 멀어질 것이다.

상대방이 자신의 감정을 전가한다고 판단될 때 다음과 같은 말을 건네 보자. 대화를 이어가면서 상대방 마음속 깊이 숨어 있는 진짜 생각을 파악할 수 있다. 단, 신중하게 접근해야 한다. 내면의 감정일수록 더 예민하고 연약하기 때문이다.

- 지금 우리의 문제가 진짜 [설거지, 기한을 넘긴 마감, 마지막으로 고지서를 처리한 사람 등]에 대한 건지 잘 모르겠어. 혹시 다른 문제가 있는 건 아닐까?
- 대화가 과열되는 것 같은데 이것이 문제인가요, 아니면 다른 원인이 있나요?
- 제가 당신을 화나게 했을 수도 있지만, 우리가 더 이상 ~에 관해 이야기하고 있는 것 같지 않습니다.
- 이 문제를 의논하는 게 당신에게 중요하군요. 당신 입장에서 이해해 보고 싶어요. 좀 더 이야기해 주세요.

목소리와 어조로 현재 상태 읽기

여느 사람들처럼 나도 울음이 터져 나오기 직전이면 목에 작은 응어리가 맺힌다. 그리고 이내 목소리가 떨리고 살짝 갈라진다. 이러한 신체적 변화는 시작되는 순간 금방 느낌이 오는데, 대화 상대의 변화도 조금만 관심을 기울인다면 쉽게 알아차릴 수 있다. 나도 모르게 나타나는 몸의 반응은 부끄러운 것이 아니다. 다만 마음대로 통제가 안 될 뿐이다. 내가 원하든 원하지 않든, 목소리를 통해 감정은 고스란히 드러난다.

마찬가지로 말하는 속도, 높낮이, 크기는 상대방의 의도와 기분을
말해 주는 훌륭한 단서다.

만약 동료가 평소보다 큰 목소리로 말한다면, 좌절감이나 불만의
신호일 수 있다. 배우자가 속사포처럼 말을 내뱉는다면 감정을 급하
게 표출해야 하기 때문일 수 있다. 목소리가 떨린다면 친구가 화가
난 상태임을 알 수 있다. 나아가 표정이 보이지 않는 전화 통화를 할
때도 미소의 크기는 목소리를 통해 고스란히 전달된다. 말을 전혀

감정의 소리 해석하기	
긍정적인 감정 (기쁜, 연의, 차분한)	부정적인 감정 (두려움, 슬픔, 분노, 혐오)
밝고 경쾌함 듣기 좋음 부드럽고 일정함	어둡고 침울함 귀에 거슬림 떨리고 툭툭 끊김

하지 않을 때도 예외가 아니다. 콧노래에서도 많은 정보를 읽을 수 있기 때문이다. 기쁨부터 슬픔에 이르기까지 우리가 느끼는 다양한 감정이 목소리와 어조를 통해 밖으로 표출된다.

말하는 속도

나와 함께 일하는 넬은 한 마디 한 마디를 매우 신중하게 고르는 성격이다. 그래서 넬과 대화할 때는 절대 서두르면 안 된다. 사소한 단어까지 모두 실시간으로 처리한 정보를 바탕으로 신중하게 선택하며 대화에 임하기 때문이다. 이러한 대화 방식에는 많은 시간이 소요되므로 넬과의 일대일 면담은 대개 길어진다. 처음에는 넬의 화법에 적잖이 당황했다. 하지만 시간이 지나면서 점차 적응했고, 이제는 넬이 정보를 학습하고 소통하는 스타일과 같은 맥락으로 대화한다는 점을 잘 알고 있다. 하지만 넬과 이야기를 나누다가 깜짝 놀라고는 한다. 말하는 속도가 엄청나게 빨라질 때가 있기 때문이다. 잠시 쉬었다가 생각을 깔끔하게 정리한 문장으로 말하는 대신, 긴 문단에 달하는 문장들을 속사포처럼 연달아 단숨에 내뱉을 때다.

말하는 속도의 변화는 여러 감정을 시사한다. 상대방이 갑자기 말을 천천히 한다면 신중히 고민할 필요가 있거나 찬찬히 생각하고 싶은 것일 수 있고, 상황을 통제할 수 있다는 자신감과 안정감의 표현일 수도 있다. 까다로운 주제를 다룰 때 단어를 신경 써서 고르기 위해 잠깐 말을 멈추어 본 적이 있다면 공감할 것이다. 그러나 발화 속도가 급격하게 느려지는 것이 짜증이나 우월감의 신호일 수도 있다.

불안하고 긴장해도 말이 빨라진다. 낯선 사람으로 가득한 장소에서 포트폴리오를 발표해야 하는 입사 지원자의 상황처럼 말이다. 빠른 속도의 발화가 흥분의 신호일 수도 있다. 갑자기 좋은 아이니어가 떠오른 순간, 열심히 생각을 말로 옮길 때를 예로 들 수 있다. 원래 말하는 속도가 느리거나 일정한 사람이 갑자기 빨리 말한다면 특히 주목해야 한다. 평소와는 다른 무언가가 일탈 행동을 유발한 것이므로 좀 더 자세히 살펴볼 필요가 있다.

넬과 여러 번 대화를 나눈 후에, 원래는 천천히 신중하게 말하는 습관이 있는데 비판적인 피드백을 받을 때는 넬의 발화 속도가 빨라진다는 점을 알게 되었다. 상황을 감당하기 힘들거나 화가 날 때 속사포처럼 빠르게 말하는 것이다. 그럴 때는 오히려 내 쪽에서 속도를 줄이고 이성적으로 이해하는 대신 감정적으로 공감하려고 노력한다. 넬에게 필요한 것이 바로 이러한 반응이라는 점을 넬의 목소리가 말해 주었기 때문이다. 그 결과 면담이 끝난 후 넬이 도망가고 싶은 충동이 아니라 열심히 일하겠다는 의욕을 다질 수 있도록 부담을 주지 않으면서 대화하는 방법을 익힐 수 있었다.

목소리의 높낮이

말하는 속도가 그러하듯 사람마다 타고난 목소리의 높낮이가 있는데, 높낮이가 평소와 달라진다면 감정적 변화가 있음을 알아채야 한다. 인터뷰 초반에는 활발하던 사용자의 목소리가 갑자기 단조롭게 바뀌는 경우가 종종 있다. 대화 주제나 사용자의 체력, 심지어 대화 상대인 나까지 다양한 요소 때문에 대화 흐름의 맥이 끊긴 것이다. 이럴 때 나는 질문 속도를 늦추거나 대화를 잠깐 멈추었다가, 나중에 다른 방식으로 주제를 꺼내 대화를 이어나간다.

일상에서도 목소리 높낮이의 변화는 많은 것을 말해 준다. 첫 데이트가 잘 진행되고 있는지 아니면 상대방이 지루해하는지 가늠할 수 있고, 대화 상대가 전할 말이 좋은 소식인지 나쁜 소식인지 유추할 수도 있다. 상대방이 나를 보고 반가워하는지 아니면 나와 함께 있는 것을 그저 참고 견디는 중인지도 파악할 수 있다.

목소리의 높낮이는 감정뿐만 아니라 의도를 읽을 수 있는 신호가 되기도 한다. 예컨대 산모는 갓 태어난 아기를 달랠 때 본능적으로 밝은 목소리를 낸다. 중요한 대화를 앞둔 직원 역시 힘 있고 의젓해 보이려고 일부러 목소리 톤을 낮춘다. 영향력 있다고 판단되는 인물 앞에서 무의식적으로 목소리의 높낮이가 달라지기도 하는데, 평소보다 고분고분하고 순종적으로 들리는 높은 음정으로 말한다.[4]

이제 상대방의 감정을 말해 주는 몇 가지 일반적인 신호를 알아보자. 대화 도중 상대방 목소리의 높낮이가 갑자기 바뀐다면, 원인이 무엇인지 잘 살펴야 한다. 성급하게 결론을 내리기 전에 먼저 몇 분 정도 주의 깊게 귀 기울여 보자. 대화 상대가 원래 목소리 높낮이를 되찾을 때까지 기다리다 보면 변화의 원인을 보다 정확하게 파악할 수 있고 우연히 목소리가 높아지거나 낮아진 경우인지 구분할 수 있다.

목소리 높낮이에 주목하기	
높낮이	**의미**
낮은 목소리	권위적, 우세함
높은 목소리	밝음, 순종적
날카롭거나 징징거리는 듯한 목소리	불안정, 미성숙함, 불안
단호한 목소리	위엄, 경직
표현력이 뛰어난 목소리	집중, 열의
단조로운 목소리	무관심, 지루함

목소리 크기

대화할 때의 목소리 크기는 물리적 요소의 영향을 받는다. 동시에 자신에 대한 생각과 타인을 향한 감정, 대화 주제와 관련된 의견에 따라 목소리가 커지기도 하고 작아지기도 한다. 예를 들어 부끄럽거나 불안하고 집중력과 자신감이 부족할 때 목소리가 작아진다. 대화 상대의 목소리가 작다면 자신에게 관심이 집중되지 않도록 최대한 눈에 띄지 않게 행동하려는 것일 수 있다.

혹은 어려운 문제와 씨름하느라 진이 빠졌거나 평소처럼 말할 힘이 남아 있지 않아서일 수도 있다. 반면 상대방의 목소리가 평소보다 크다면 자신감과 우월감, 심지어 적개심과 같은 감정을 느낄 가능성이 크다. 자신의 의견을 효과적으로 전달하거나 마주한 문제를 나서서 해결하고, 대화 도중 자신의 입지를 지켜야 한다는 압박 때문에 큰 목소리로 말하려 한다.

리서치를 진행하다 보면 만난 지 단 몇 분 만에 처음 본 사람의 원래 목소리 크기를 알 수 있다. 상대의 목소리 크기에 변화가 생긴다면, 변화를 감지하자마자 유심히 귀 기울여야 한다. 때로는 특정 주제에서 불편함을 느껴 목소리 크기가 달라지기도 한다. 의견에 대한 감정 변화가 이유일 때도 있다. 여러 명이 모여 있을 때 더욱 그럴 수 있는데, 집단 구성원 간의 관계와 대화 분위기에 따라 남들 앞에서 자신의 생각을 말하는 것이 부담스럽거나 반대로 편할 수 있다. 따라서 목소리 크기의 변화는 상대방의 감정과 그 원인을 파악하는 데 매우 효과적인 단서가 된다.

상대방의 목소리가 커지거나 작아지기 직전과 직후에 일어난 일을 잘 살펴봐야 한다. 혹시 의도치 않게 민감한 부분을 건드려 상대방이 방어적으로 목소리를 높인 것은 아닐까? 자신감 넘치던 입사 지원자의 목소리가 갑자기 작아진 이유가 연봉 협상이 불편해서는 아닐까? 자신의 의견을 계속해서 퇴짜 놓는 동료 때문에 집단 구성원의 말수가 줄어든 것은 아닐까? 대화 상대를 잘 모를 때에도 목소리 크기가 어떻게 바뀌는지 관찰하고 변화의 원인이 되는 감정을 파악하는 것이 중요하다.

[경청 기술을 다지는 훈련]
예리한 귀 만들기

상대방이 어떤 사람인지 잘 이해하기 위해 말하는 습관에 주목해 보자. 상대방의 평소 목소리는 어떤가? 다음 요소들을 잘 관찰하면 상대방의 현재 상태를 보다 정확하게 파악할 수 있다.

- **높낮이**: 목소리가 얼마나 높거나 낮은가?
- **속도**: 상대방이 얼마나 천천히 또는 빨리 말하는가?
- **크기**: 상대방의 목소리가 원래 크거나 조용한가?
- **표현력**: 활기 넘치고 활동적인가, 아니면 단조로운 목소리인가?
- **리듬**: 말할 때 본인만의 리듬이 자연스럽게 드러나는가?
- **톤**: 화법의 전반적인 특징은 무엇인가?

상대방의 '원래' 목소리를 확인한 후에는 대화 도중 목소리가 변하는지 귀 기울인다. 평소와 다른 목소리가 감지되면 더욱 집중해야 한다.

- 앞서 살펴본 요소들이 상황에 따라 어떻게 변하는가?
- 평소 목소리와 어떻게 다른가?
- 어떤 감정 때문에 이러한 변화가 일어났는가?
- 누구와 있을 때 목소리가 달라지는가?
- 어떤 주제를 다룰 때 목소리의 변화가 명확한가?
- 목소리의 변화가 전반적으로 어떤 의미인가?

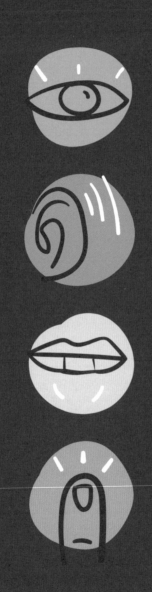

PART 2

속마음을
끌어내는
대화 요령

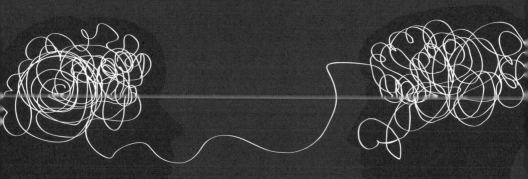

어떤 역할의
리스너가 될 것인가

아침을 먹으러 자주 가는 동네 식당에서 본 일이다. "여동생 때문에 짜증 나 죽겠어." 한 여성이 들어오더니 이렇게 말하며 친구 세 명이 있는 자리에 미끄러지듯 앉았다. "우리 딸 생일을 깜빡 잊어버렸대. 자기 조카 생일인데, 하나밖에 없는 조카인데!"

"엄청 실망했겠네!" 한 친구가 대답했다. 다른 친구가 덧붙였다. "너무 무심하다."

여성이 말했다. "특별한 하루를 보내게 해 주고 싶었는데…. 이모가 왜 전화를 안 했는지 변명거리를 찾느라 애먹었어. 챙겨야 할 조카들이 많은 것도 아니고, 딱 한 명뿐인데."

팬케이크가 올려진 접시를 앞에 두고 상황을 지켜보던 세 번째 친구가 입을 열었다. "잊은 건 잘못이지만 일부러 그런 건 아니겠지. 그

때 뭔가 중요한 프로젝트 마감으로 바쁘다고 하지 않았어?" 세 번째 친구의 말에 나머지 두 친구가 눈을 휘둥그레 뜨며 '저기요? 대체 왜 그러는 거야?'라는 표정으로 그녀를 쳐다봤다.

대화에는 다양한 역할이 존재한다. 각자 타고난 성격대로 큰 고민 없이 자신의 역할을 수행한다. 친구나 동료가 겪고 있는 골칫거리가 무엇이든 문제 해결을 도울 준비가 된 타고난 해결사형도 있고, 팀원이 어려운 프로젝트에 계속 매진할 수 있도록 격려하는 방법을 정확하게 알고 있는 지지형도 있다. 반면 내가 식당에서 봤던 세 번째 친구처럼 달가워하는 사람이 없을 때마저도 늘 타인의 입장에서 객관적으로 생각하는 유형도 있다. 이렇듯 대화에는 여러 배역이 있지만, 대개 한 가지 역할을 주로 맡는다.

나는 이를 가리켜 '듣기의 기본 모드'라고 부른다. 이는 주로 타고난 성격과 사회적 경험, 문화적 요구에서 영향을 받는다. 대부분은 어린 시절부터 타인과의 관계나 주변 상황에 영향을 받아 듣는 태도가 자리잡힌다. 이후 시간이 지나면서 더욱 강화되어 평생 유지된다.

때로는 듣기의 기본 모드가 대화에 걸림돌이 되기도 한다. 대화하다 보면 상대방에 대한 존중이나 예의(직장 선후배 관계), 문화적 요구나 규범(자신의 주장을 내세우거나, 연장자의 의견을 따르거나), 주제(매우 즐겨 하는 취미거나, 잘 모르는 분야거나), 필요성(코칭이나 지침이 필요한지) 등 다양한 상황과 대화의 흐름에 따라 듣기 모드를 적절하게 섞어서 사용해야 한다. 듣기 모드를 상황에 맞게 조절하지 못하면 원활하지 못한 의사소통, 어색한 분위기, 갈등과 같은 문제가 생기게 되고,

이는 상대와 깊은 유대 관계를 형성하는 데 방해가 된다. 그저 업무 진척 상황을 보고하려는 팀원에게 요청하지도 않은 충고를 늘어놓는다면 팀원은 오히려 팀장의 간섭이 지나치다거나 자신을 믿지 못한다고 느낄 수 있다. 마찬가지로 지지와 응원을 아끼지 않는 지지형 대신 선의의 비판자 역할로 우정에 금이 간다면, 관계를 다시 회복하고 신뢰를 쌓는 데 많은 노력이 필요하다.

듣는 태도와 습관을 상대방의 필요와 일치시키는 것이 매우 중요하다. 그래야만 상대방과 발맞춰 대화를 이어나갈 수 있다. 팀원의 미진한 업무를 지적하는 대신 그간의 성과를 축하하여 응원할 때인지 파악할 수 있고, 힘든 하루를 보낸 가족에게 내 경험을 토대로 어쭙잖은 조언을 하기보다 가만히 귀 기울이는 것이 더 효과적일 때가 있음을 배우게 된다. 룸메이트가 위로를 필요로 하는지, 혼자만의 시간을 가지고 싶어 하는지 구분할 수 있다. 엄숙한 회의 중 언제 유머 감각이 필요한지, 혹은 구성원 간의 단결을 위해 언제 공감을 표현해야 하는지 직감적으로 알게 된다. 시간이 지나고 대화 성공률이 올라가면 자연스럽게 상대방과의 관계도 한층 더 단단해진다.

타인의 말을 효과적으로 경청하려면 먼저 나의 기본 모드는 무엇인지 살펴야 한다. 상대방이 대화에서 무엇을 원하는지 감지해 그에 맞게 적절한 대화 모드로 바꾸는 것 역시 중요하다. 이번 장에서는 이를 위한 몇 가지 요령을 알아보고자 한다.

흔히 볼 수 있는 듣기 모드

사용자 경험을 리서치하는 나의 임무는 중립적이고 객관적인 청자가 되는 것이다. 다년간 훈련한 결과, 과장되거나 가식적이지 않은 친절함, 거리감이 느껴지지 않는 공정함, 특정 대답을 유도하지 않는 선에서의 격려 등 인터뷰에 임하는 기본자세를 습득했다. 이는 참여자가 질문의 본질을 이해해 자신의 경험을 진솔하게 풀어내도록 인도하는 데 매우 유용하다. 우리는 평소에 성격이 다른 수많은 사람과 다양한 주제로 대화한다. 지극히 평범한 대화에서도 잘 살펴보면 듣기 모드가 몇 가지로 나뉜다는 점을 알 수 있다.

주변에서 흔히 볼 수 있는 듣기 모드에 대해 알아보자. 타인과 대화할 때 나는 어떤 모드를 주로 사용하는지 생각해 보자.

분석형. 어떤 상황에서도 객관적 입장에서 답하려는 유형이다. 특히 타인의 감정에 있어서 이들은 모든 것을 간파했다고 자부한다("방전된 기분이라고요? 그건 과로를 당연하게 생각하는 문화 때문에 그래요"). 물론 이들의 타당하고 합리적인 의견은 내가 미처 생각하지 못한 부분에 대한 새로운 시각을 제시하고 현재 느끼는 감정으로부터 거리를 두는 데 도움을 줄 수 있다. 하지만 대화의 목적이 언제나 감정에 대한 객관적 분석만은 아니므로, 대화할 때 선을 넘지 않는지 주의해야 한다. 지나치게 객관적 입장만 고수한다면, 시야가 좁고 상대방을 무시하는 것처럼 보일 수 있다.

지지형. 이들과의 대화는 늘 기분 좋은데, 특히 신경 쓰이는 일이 있을 때 지지형인 사람과 대화하면 기분이 한결 낫다("맞아요, 잘못한 건 저쪽이죠! 저들이 당신을 이해 못 하는 거예요!"). 타고난 지지형인 사람들은 항상 내 편을 들어준다. 그러나 그가 하는 말을 곧이곧대로 받아들인다면 자신감에 넘치다 못해 객관적인 시각이 흐려지거나 성장에 오히려 방해가 될 수 있다.

자기중심형. 상대방이 말한 경험을 자신의 경험에 빗대어 다시 설명하면서 동질감을 끌어내는 유형이다. "무슨 말인지 전적으로 공감합니다." "나도 그런 기분이 들었던 적이 있어!" "저의 경험과 똑같네요." 이런 대답을 들으면 나 혼자만 겪는 일은 아니라는 생각이 들기 마련이다. 그러나 모든 사람이 그렇게 동일시하는 표현을 좋아하지는 않는다. 오히려 과하게 동일시하다 보면 유대감이 깨질 수 있다. 듣는 사람 입장에서는 이 유형의 사람이 대화에 집중하는 대신 오로지 자기 이야기만 하고 있다고 느끼기 때문이다.

해결사형. 어떤 일이든 해결책을 제시하려 한다. 일을 진척시켜야 하거나 아이디어를 개선해야 할 때 만나면 더할 나위 없이 좋다. 주의할 점은 이들이 존재하지 않는 '문제'까지 해결하려고 한다는 것이다. 별 뜻 없이 한 말인데 의욕 넘치는 해결사형은 우리의 한마디 한마디를 수정, 해결, 수습하려고 한다.

간호사형. 항상 본인보다 타인의 필요를 먼저 생각한다. 아무리 늦은 시간에도 상대를 대신해서 심부름하거나 아프다고 하면 만사 제쳐두고 정성스럽게 보살핀다. 그러나 일방적으로 도움을 받을수록 상호 관계의 균형이 무너지기 쉽다. 한없이 잘해 주는 마음이 부담스러울 수 있고, 간호사형의 극진한 돌봄을 받은 만큼 제대로 보답하기도 어렵다.

위기완화형. 재치 있는 농담 등으로 심각하거나 불편한 분위기를 푸는 데 능숙하다. 살짝 긴장을 풀어야 하는 상황에서 이들의 유머 감각이 빛을 발한다. 반면 맥락을 고려하지 않고 분위기를 띄우려고 한다면 상대방으로서는 가까워지기 어렵다. 특히 맥락에 맞지 않는 농담이라면 더더욱 그렇다.

중재자형. 이들은 모든 관점에서 문제를 살피려고 하며 타인의 선의를 믿는다. 갈등을 해소하는 데 탁월한 능력이다. 하지만 앞서 살펴본 세 번째 친구처럼, 모두의 입장을 고려하려다 상대가 선뜻 속마음을 털어놓지 못하게 만들 수 있다.

공감형. 상대방의 감정적 경험에 귀 기울이는 재능이 남다르다. "요즘 기분이 안 좋아 보입니다. 별일 없나요?"와 같은 말로 내가 미처 깨닫지 못한 감정까지 발견하여 공감할 때도 있다. 이들의 따뜻한 말 한마디를 들으면 마음이 저절로 편안해진다. 가장 좋은 효과를 내기 위해 공감형은 상대방이 보내는 신호를 신중하게 파악하고 서로를 향한 신뢰를 형성해야 한다. 만약 상호 간에 신뢰가 없다면 상대방은 공감형의 사람이 자신을 꿰뚫어 보는 것 같아 불편해지고 심지어 수상쩍게 생각될 수 있다('어떻게 나에 대해서 많이 알고 있지?').

끼어들기형. 늘 남들보다 한 발짝 앞서 나간다. 적어도 그들은 그렇게 생각한다. 긍정적으로 보면 이들은 의욕 넘치고 활발한 대화 상대다. 그러나 최악의 경우 대화하는 것만으로도 피곤하고 진이 빠진다. 말이 채 끝나기도 전에 불쑥 끼어드는 바람에 다른 사람은 대화에서 차단된 듯한 기분이 들기도 한다.

질문형. 대화 상대에게 많은 질문을 던진다. 진심 어린 호기심이 담겨 있어 상대방은 존중받는다는 생각이 든다. 그러나 질문이 너무 많으면 대화가 아니라 취조처럼 느껴질 수 있다. 질문자 입장에서도 끊임없이 질문하느라 자기 이야기를 할 기회가 없다. 결과적으로 상대방은 질문자가 어떤 사람인지 제대로 파악할 수 없다.

산만형. 대화 도중 종종 다른 생각에 빠진다. 풍부한 상상력이나 불안한 마음 때문일 뿐, 일부러 딴생각을 하는 것은 아니다. 하지만 상대방은 자신을 대화할 가치가 없는 사람으로 취급한다고 오해하기 쉽다. "방금 뭐라고 했나요?"라는 질문을 자주하다 보면 이 질문이 지겨운 후렴구처럼 들릴 수 있다.

이렇듯 다양한 대화 모드가 있다. 타인이 어떤 모드로 대화에 임하고 있는지 파악하면 그가 어떤 사람인지 좀 더 쉽게 알 수 있다. 예컨대 상대방이 전형적인 해결사형이라고 가정해 보자. 내가 굳이 묻지도 않은 일에 자문을 하고 있어도 원래 그런 성향이라는 점을 알고 있으므로 이상하게 받아들이지 않게 된다.

나아가 내가 어떤 모드로 듣는지 인식해야 대화를 나눌 때 필요한 반응을 효과적으로 통제할 수 있다. 또한 나도 모르게 적절하지 않은 모드로 돌입하는 순간을 알아차리고 바로잡는 데 도움이 된다.

[자가 진단]
나의 듣기 모드 파악하기

상대방과 대화할 때 어떤 식으로 대답하는지 알아보기 위해 방금 배운 듣기 모드를 확인하고 다음 질문에 답해 보자.

● 내 기본 모드는 무엇일까?

흔히 볼 수 있는 듣기 모드

분석형 — 그게 왜 그러냐면

지지형 — 당신 말이 맞아요

자기중심형 — 나도 그런 적 있어요

해결사형 — 이렇게 하면 됩니다

간호사형 — 전부 다 괜찮을 거예요

위기 완화형 — 농담 하나 할까요?

중재자형 — 그 사람은 그런 의미로 한 게 아닐 거예요

공감형 — 너 힘들겠다. 어려운 상황이구나

끼어들기형 — ! —!

질문형 — —? —? —?

산만형 — ～～

나는 어디에 해당하는가?

● 내 친구들은 나를 어떤 유형이라고 볼까? 부모님은? 직장 동료는?

● 만약 기본 모드가 바뀌는 때가 있다면, 어떤 상황에서일까?

상대의 숨은 필요를 찾는다

원격 업무로 일을 진행할 때 효과적으로 협업하는 방법을 연구한 적이 있다. 개인뿐만 아니라 여러 팀이 함께 일하는 데 유용한 툴을 설계하는 것이 목적이기에, 일반적인 일대일 인터뷰가 아니라 같은 팀에 속한 세 명의 참여자를 불러 인터뷰를 진행했다.

"현재 일하면서 어떻게 협업하고 있는지 설명해 주세요." 나의 질문에 팀장인 제스가 답했다. "협업은 저희 팀의 가장 뛰어난 장점 중 하나입니다. 전화, 공유 파일, 이메일, 채팅 등 다양한 방법으로 아이디어를 나누고 대화하는 것을 매우 중요하게 생각합니다."

곧이어 제스의 상사인 야엘이 덧붙였다. "팀원들이 어디에 있든 같이 일할 수 있도록 제스가 훌륭하게 팀을 구성해 주었어요."

나는 두 사람의 말에 고개를 끄덕인 다음, 그룹의 세 번째 참여자이자 가장 직급이 낮은 팀원에게 시선을 돌렸다. 이제 막 학교를 졸업한 레아는 인터뷰 내내 조용한 편이었다. 제스나 야엘과 달리 그는 자신에게 직접 질문을 던져야만 의견을 말했다.

"레아는 어떻게 생각하나요? 레아의 역할이 제스와 야엘과는 조금 다르다고 알고 있어요. 레아가 생각하기에 다른 팀원과의 협업이 어떤가요?" 내가 물었다.

"이 팀에서 같이 일하는 게 매우 만족스러워요. 제스 덕분에 모두 원활하게 소통하고 있습니다. 가상 협업이 때로는 벅차지만, 그건 아마도 제가 시간 관리를 잘하지 못해서 그럴 거예요. 계속 배워 나가고 있습니다."

레아의 말을 듣다 보니 몇 가지 핵심 사항을 알 수 있었다. '아마도 내 잘못'이라는 사과 표현은 이 문제가 자기 책임이라고 보는 레아의 생각을 말해 주고 있었다. 어쩌면 제스가 세운 운영 전략의 문제를 지적하고 싶지 않은 것일 수 있고, 다른 사람들은 다 잘하고 있으니 자신의 잘못이라고 여기는 것일 수도 있다. '계속 배워 나가고 있다'는 답변은 현재 레아의 업무 루틴이 일정하지 않으며 개선이 필요하다는 점을 짐작하게 했다. 협업이 때에 따라 '벅차다'라는 말은 협업해서 업무를 처리하는 데 기복이 있고, 가끔 좋지 않은 결과가 나오기도 한다는 뜻을 담고 있었다.

물론 이런 의미를 직접 드러내지는 않았지만, 레아가 힘들어하고 있는 것처럼 들렸다. 내가 파악한 신호와 더불어 직급이 낮은 레아가 팀을 이끄는 상사들 앞에서 솔직한 의견을 공유해야 하는 상황, 나서서 이야기하기보다는 다른 사람이 먼저 말할 때까지 기다리는 그녀의 성향을 모두 취합하자 직감적으로 아직 드러나지 않은 부분이 있다는 생각이 들었다.

그런데 레아가 자신의 의견을 말한 그 순간, 제스와 야엘이 레아의 대답에 대한 진단을 내리기 시작했다. 제스가 말했다. "나도 자주 똑같은 일을 겪었어요. 시간 관리에 도움이 되는 좋은 기사를 보내줄게요." 야엘도 덧붙였다. "레아에게 할당된 분량을 줄일 방법에 대해 나중에 따로 이야기합시다."

레아는 그들에게 정중하게 감사의 뜻을 표한 다음 재빨리 다시 내 쪽으로 주목했다. 이후 그녀는 말이 없었다. 우리는 레아처럼 함께 일하는 팀원 모두에게 유용한 제품이 되기 위해 어떤 도움이 필요한지 파악해서 제품에 적용해야 했고, 그러려면 레아의 관점을 자세히 이해할 필요가 있었다. 그렇다고 그녀에게 부담을 주고 싶지는 않았다. 선임들 앞이므로 더욱 그랬다. 대신 나는 '마법의 지팡이' 질문을 던졌다. 인터뷰에서 흔히 쓰이는 도구로, 타인의 기분을 나쁘게 할지도 모른다는 걱정 없이 진솔한 피드백을 털어놓도록 돕는 데 매우 효과적인 질문이다. 선임들의 의견과 상관없이 자기 생각을 이야기할 기회를 주기 위해 레아에게 먼저 질문했다.

"당신에게 마법의 지팡이가 있다고 상상해 보세요. 그걸로 당신은 이상적인 재택 근무 환경을 설계할 수 있습니다. 어떤 환경을 만드시겠어요?"

이 질문에 레아가 생각나는 대로 말하기 시작했다. "사무실에서 일할 때는 암묵적인 규칙이 있었습니다. 누군가 이어폰을 끼고 있다면 바쁘다는 의미였고, 그러면 사람들이 방해하지 않았죠. 그런데 지금은 각자 집에서 일하다 보니 늘 '접속' 상태를 유지해야 합니다. 이어폰을 끼는 규칙은 더 이상 유효하지 않아요. 제가 생각하는 가장 이상적인 환경은, 제가 집중하고 있는 상태라는 것을 다른 사람이 알 수 있고, 마찬가지로 저도 다른 사람을 방해하면 안 될 때를 아는 것입니다."

레아에게 말할 기회와 충분한 격려를 해 주자, 그녀는 재택근무의 중대한 단점을 정확하게 짚어냈다. 온라인 협업을 용이하게 만드는 도구들이 오히려 일에 온전히 집중하는 데 걸림돌이 된다는 점이었다. 그녀에게 필요한 것은 공감이나 문제 해결을 위한 도움이 아니라, 목소리를 낼 수 있는 약간의 틈이었다. 그 틈을 발견한 레아는 우리 회사의 제품과 그녀의 업무 흐름을 개선할 수 있는 좋은 아이디어를 쏟아냈다.

우리는 생각보다 자주, 대화할 때 자신의 필요를 정확하게 드러내지 않는다. 이유는 다양한데, 의사 표현이 두렵거나 어색하거나 약점일 수 있다. 문제 인식이 부족해서일 수도 있다. 레아처럼 자신에게 엄격한 성격이라면 자기 탓으로 돌릴 가능성이 크다. 자신의 필요를 무시하거나 타인으로부터 철저하게 숨기는 것일 수도 있다. 아직 상대와의 관계가 낯설어 도움을 요청하고자 하는 마음이 있어도 어떻게 알려야 할지 감이 오지 않는지도 모른다. 자신은 필요를 분명하게 전달했다고 생각하지만, 실제로는 자신도 모르게 "~이면 좋겠다" "~라면 어떨까?" "~인 것 같다" 등의 두루뭉술한 표현으로 본심을 숨기기도 한다.

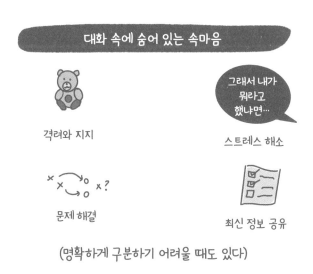

대화 속에 숨어 있는 속마음

격려와 지지

그래서 내가 뭐라고 했냐면…

스트레스 해소

문제 해결

최신 정보 공유

(명확하게 구분하기 어려울 때도 있다)

상대방이 필요로 하거나 바라는 점이 명확하게 보이지 않으면, 왜 이런 이야기를 하고 있는지, 대화의 방향을 어떻게 잡아야 하는지에 대한 신호를 놓치기 쉽다. 그래서 조언을 건네거나 해결책을 제시하는 등 상대방의 말에 섣부르게 반응하기 전에, 무엇을 원하는지 정확히 파악하고 그에 따르는 적절한 역할을 수행하는 것이 바람직하다.

사실에 기반하여 직감을 얻는다

상대방의 진정한 필요를 알려면, 주어진 정보를 통찰하여 얻은 직감을 활용해야 한다. 현재 상황이나 상대방의 말, 내가 알고 있던 상대의 정보를 모두 조합하면 사실에 기반한 직감을 얻을 수 있다. 지금 일어나는 일을 신중하게 관찰하는 동시에 내가 어떤 부분을 도울 수 있는지 생각하면서 대화하면, 상대방이 말하는 내용에서 훨씬 더 많은 정보를 발견하게 된다.

상대방의 필요를 읽어내는 데 필요한 요소들을 알아보자.

- **지금까지 겪은 상대방의 성향.** 먼저 상대방에 대해 알고 있는 정보들을 종합해 보자. 다음 질문을 던지면 도움이 된다. 평소에도 상대방이 종종 조언을 구하러 찾아왔었나? 기분이 안 좋을 때 위로해 달라고 한 적이 있는가? 자신의 감정을 무시하고 재빨리 다른 이야기로 넘어가려는 편인가?

- **현재 상황.** 보디랭귀지, 단어 선택, 목소리 톤 등 비언어적 신호 및 언어적 신호를 모두 관찰해 상대방의 현재 감정을 추측해 보자. 다음 질문도 고려하자. 현재 상황이 즐거운가 혹은 무서운가? 위험한가 아니면 안전한가? 긴급한가 또는 사소한가? 앞뒤 사정을 충분히 알고 있는가?

- **나만의 장점과 특징들.** 내가 가지고 있는 자질 중 상대방의 요구 사항을 충족하는 데 도움이 될 만한 것이 있을까? 아직 대화 상대가 무엇을 원하는지 정확하게 파악하지 못했다면, 우선 상대방이 자기 생각을 공유할 사람으로 왜 나를 지목했는지 그 이유를 살펴보자. 나와 이야기할 때 상대방의 어떤 성향이 두드러지는가? 상대방이 필요로 하는 전문성을 내가 갖추고 있는가? 상

대방에게 어떤 도움을 줄 수 있는가?

숨은 의도, 신호를 포착한다

때로는 그 상황에 꼭 필요한 듣기 모드가 무엇인지 바로 감이 오기도 한다. 예를 들어 친구가 울면서 불만족스러운 직장 생활에 대해 털어놓는다면, 본능적으로 문제 해결이 필요한 상황이 아니라는 것을 알게 된다. 다른 자리를 알아보라고 조언했다가는 위로가 필요한데 둔감하다는 오해를 살 수 있고, 어쩌면 친구가 이미 이직을 고민 중일지도 모른다.

반대로 직감이 제 역할을 못 하기도 한다. 확신이 들지 않을 때는 몇 가지 신호에 주목해 대화 상대의 진짜 필요를 알아내고, 그에 맞게 듣기 모드를 조절하면 된다. 상대방의 필요가 드러나는 신호에는 몇 가지가 있다. 눈에 띄게 드러나지 않지만, 상대방이 이러한 표현을 쓴다면 대화를 잠시 멈추고 숨은 의도를 살펴볼 필요가 있다.

스스로에게 묻기: 지금 나는 어떤 도움을 줄 수 있을까?

문제를 해결할 방법을 찾도록 해야 하나?	객관적으로 상황을 보게 해야 하나?	옆에 있어 주기를 바라는 것일까?

속마음에 귀 기울이기	
신호	**의미**
● …였다면 ● …할 수만 있다면 ● 내 뜻대로 할 수 있다면 ● 내 선택에 달렸다면 ● 가장 이상적으로는	바람, 기회, 결핍, 결점
● 눈코 뜰 새 없이 바쁘네요. ● 완전히 지쳤어요. ● 힘이 하나도 없네요. ● 오늘 생각했던 것만큼 일을 다 마무리하지 못했어요.	도움 호소
● …가 그립네요. ● …했던 그때 생각이 자주 납니다. ● …한 지 오래 됐군요.	향수
● 최대한 열심히 하고 있습니다. ● 제가 특별히 신경 쓰는 부분이에요. ● 할 수 있는 최선을 다하고 있어요.	인정 욕구
● 이럴 때는 어떻게 하면 좋을지 모르겠습니다. ● 도저히 모르겠습니다. ● 참 난처하네요.	조언 필요

마지막 수단인 확인용 질문을 던져 명쾌한 대답을 끌어낸다

나의 듣기 모드가 대화에 적절하지 않다고 판단될 때가 있다. 상대방의 반응이 좋지 않거나 대놓고 대화가 도움이 되지 않는다고 말하는 경우가 그렇다. 엎친 데 덮친 격으로 대화를 어떻게 이끌어 나가야 할지 막막하다면, 상대방에게 원하는 것을 명쾌하게 알려 달라고 요청하는 편이 훨씬 효과적일 수 있다. 어떤 반응을 원하는지 상대방에게 직접적으로 묻는 확인용 질문을 활용해 보자. 한 가지 당부할 점은 관찰의 힘을 빌리고 맥락의 신호를 읽었는데도 상대방이 무엇을 원하는지 분명하지 않을 때, 마지막 수단으로 이러한 질문을 던져야 한다는 것이다.

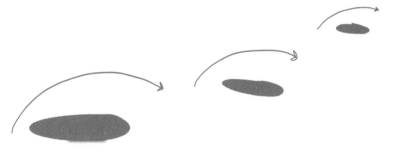

확인용 질문은 대화를 이끌어나갈 수 있도록 돕는다

- 지금 그 말은 꽤 중요한 내용이라고 생각되는데요. 그 부분에 대한 도움이 가장 필요한 건가요?
- [다른 관점, 조언, 비슷한 경험]에 대해 말씀드리면 도움이 될 것 같나요?

- 몇 가지 아이디어가 떠오르는데, 먼저 무엇을 원하는지 정확하게 확인하고 싶습니다. [제 의견, 조언 등]을 말씀드려도 될까요?
- 만약 ~한다면 당신에게 도움이 되겠습니까?
- 제가 들어 주길 바라나요, 조언해 주길 바라나요?

처음에는 확인용 질문을 던지는 것이 어색할 수 있다. 평소에 편하게 대화하던 친구가 갑자기 "내가 들어 주길 바라, 조언해 주길 바라?"라고 묻는다면 부자연스러울 수밖에 없다. 그러나 때로는 진솔함이 최고의 대화 기술이다. 앞서 살펴본 확인용 질문은 대화의 시작을 돕기 위한 도구다. 이를 바탕으로 상대방을 위해 내가 무엇을 해야 하는지 파악할 수 있는 나만의 확인용 질문을 만들어 보자.

확인용 질문은 상대방에게 원하는 것을 직접적으로 묻지 않는다는 점에 주목해야 한다. 예컨대 "당신에게 필요한 것이 무엇입니까?" 또는 "내가 어떻게 해 주기를 원하나요?"와 같은 질문은 비난하는 것처럼 들리거나 불필요한 압박을 줄 수 있다. 이와는 반대로 확인용 질문은 대화의 시작점 역할을 한다. 또한 상대방이 대화를 옳은 방향으로 주도하고 자신의 필요를 명확하게 말할 수 있도록 돕는다. 이는 특히 갑을관계나 감정이 수반되는 관계일수록 효과적인데, 상대방에게 주도권을 넘겨줄 수 있기 때문이다.

질문을 던질 최적의 타이밍을 기다린다

확인용 질문을 던지는 타이밍 역시 매우 중요하다. 언제 질문하느냐에 따라 상대방이 다르게 받아들일 수 있기 때문이다. 대화 초반부터 상대방이 원하는 것을 파악해 자신의 역할을 분명히 하고 싶을 수도 있다. 그러나 무턱대고 확인용 질문을 한다면 부자연스럽게 들릴 뿐만 아니라 소소한 내용을 주고받는 데 방해가 된다. 그런가 하면 상대방이 아직 자신도 무엇을 원하는지 모르거나, 터놓고 말할 준비가 안 된 경우도 있다. 그럴 때는 필요를 명확하게 말로 옮길 수 있을 때까지 천천히 대화를 이어나가야 한다. 너무 성급하게 재촉하면 상대방은 오히려 마음을 닫는다. 따라서 상대의 필요를 직설적으로 묻기 전에 상대방이 스스로 대답을 찾을 수 있도록 충분한 시간을 주는 것이 중요하다.

질문을 던질 적절한 기회를 잡는 데 열중하다 보면 의도치 않게 타이밍과 '상관없는' 정보는 흘려듣게 되어 상대방이 하는 말에 제대로 귀 기울이지 않는 결과로 이어진다. 반대로 너무 오래 기다리는 것도 좋지 않다. 혼란스럽고 답답한 감정 상태를 계속 이어갈 뿐이기 때문이다.

상대방의 의도를 파악하는 질문을 던질 최적의 타이밍은 바로 대화의 흐름이 잠시 끊겼을 때이다. 대화가 자연스럽게 멈추는 순간을 잘 공략해 부드럽게 확인용 질문을 던져야 한다("방금 내용은 매우 중요하다고 보입니다. 제가 조언을 드리면 도움이 될까요?"). 어쩌면 상대방은 질문을 받기 전까지 자신이 원하는 바를 모를 수도 있다. 질문을 받은 상대가 무엇이 필요한지 답변을 한다면, 그에 맞게 옹호, 지지, 조언, 해결책, 고마움 등을 담아 친절하게 대화를 이어나가면 된다.

파악했다면 바로 반영한다

상담사 트레이시 맥길리스는 클라이언트가 필요로 하는 바에 따라 대화 모드를 모아둔 도구상자에서 적절한 것을 골라서 사용한다. "어떤 클라이언트는 남들이 자기 생각을 들어주기를 간절히 바라면서 치료를 받으러 옵니다. 대가족 중에서도 내성적인 성격으로 자랐을지도 모르죠. 누군가에게 자신의 존재감을 드러내기 위한 큰 공간이 필요하다면, 그래야 치료에 도움이 될 것 같다면, 저는 최선을 다해서 뒤로 물러나 필요한 만큼 공간을 내어줍니다. 예를 들어 말을 끊고 질문을 던지는 행동은 삼가고, 상대의 말을 요약해서 정리해 주려고 노력합니다. 이해받고 있다는 느낌이 들도록 상대방이 한 말을 곱씹어보고 정리하는 것이죠."

트레이시와 달리 대부분의 사람은 대화에 필요한 부분을 즉각 적용하는 훈련을 따로 받지 않는다. 그러나 우리는 주어진 상황에 따라 행동을 수정해 왔다. 예를 들어 친구들과 함께 있을 때는 아무 문제 없는 행동이 직장에서는 적절하지 않다는 것을 알고 있고, 대화 주제와 행동을 현명하게 선택한다. 또 관심 있는 주제일수록 지나치게 흥분해서 말하는 경향이 있음을 사전에 알고 선을 넘지 않으려 주의하기도 한다. 우리는 경험을 통해 반응을 수정해 왔다.

상대방이 근본적으로 필요로 하는 점을 파악했다면 바로 대화에 반영해야 한다. 상황을 고려한 대답을 내놓는 일이 전혀 어렵지 않은 사람이 있는 반면 애를 먹는 사람도 있다. 그러나 걱정할 필요는 없다. 중심을 잡는 연습을 많이 할수록 더욱 수월해지기 때문이다.

대화 상대가 원하는 모드로 전환하기

대화 상대가 원하는 바에 맞춰 나의 듣기 모드를 수정하려면 먼저 상대방에 대해 이해한 내용을 충분히 인지하고 평소와 다른 호응 방식을 선택해야 한다. 'A[상대방이 필요로 하는 것]일 때, B[전환할 모드]라면?'과 같은 공식을 응용하면 도움이 된다. 예를 살펴보자.

- 함께 축하하고 싶지만 당신 컨디션이 좋지 않아 보여요. 무리하지 말고 식당 예약을 취소하면 어때요?
- 오늘 계획한 만큼 일을 마무리하지 못했으니, 당신이 마저 일할 수 있도록 내가 아이들을 돌보면 도움이 될까?
- 원래라면 계속 진행하자고 하겠지만, 잠시 휴식 시간을 갖는 것도 좋겠군요. 쉬었다가 다시 시작할까요?

공감적 경청이란, 가장 익숙한 방식 대신
내가 가진 모든 면을 활용해서 귀 기울이는 것이다

- 늦게까지 일하기로 계획했지만, 당신이 아까 한 말도 있으니 오늘 하루 휴가를 내는 것이 어때요?

상대방을 이해하고 있다는 인상을 주는 가장 효과적인 방법은 바로 그들이 있는 곳까지 다가가는 것이다.

확신이 없다면 그저 지켜본다

케네스 파인버그는 9.11사태나 미국 콜로라도주 오로라 총기난사 사건 등 비극적 사건·사고의 피해자들을 위한 피해보상펀드Victim Compensation funds 담당 변호사다. 그의 일을 부러워할 사람은 없을 것이다. 그는 슬픔과 트라우마를 겪는 사람들과 힘겨운 대화를 해왔다. 그 과정에서 증인 역할의 중요성과 허무함을 어렵게 배웠다. 그는 이렇게 말했다.

미국 국방부 건물인 펜타곤에서 82세 남성을 만났습니다. 그는 눈물을 흘리며 내게 말했어요.

"파인버그 씨, 나는 이곳 펜타곤에서 내 아들을 잃었습니다. 비행기가 펜타곤을 공격했을 때 아들은 안전하게 대피했습니다. 그런데 이곳에서 함께 일하던 여동생이 갇혀 있다고 생각하고 다시 건물 안으로 들어갔습니다. 그런데 여동생은 이미 옆문으로 탈출한 후였어요… 결국 아들은 여동생을 찾다가 변을 당했습니다. 파인버그 씨, 이제 내 인생은 끝났습니다. 아비가 아들을 제 손으로 물어야 하다니요."

나는 그를 바라보며 공감의 뜻으로 이렇게 말했습니다.

"정말 안타깝습니다. 아드님을 잃으셨군요. 어떤 심정이신지 알 것 같습니다."

그러자 그가 나를 바라봤습니다. 그리고 덧붙였죠.

"파인버그 씨, 정말 힘든 직업을 가졌네요. 당신이 하는 일이 부럽다는 생각은 들지 않지만, 그래도 조언을 하나 하겠습니다. 나 같은 사람에게 심정을 이해한다는 말은 절대로 하지 말아요. 당신은 내 기분이 어떤지 조금도 모릅니다. 알맹이는 없고 겉만 번지르르한 잘난 척에 불과합니다. 내가 당신이라면 그런 말을 입에 올리지 않을 겁니다."

이후 저는 다시는 같은 말을 반복하지 않았습니다. 어렵게 얻은 교훈이었습니다.[1]

가끔 좋은 의도와는 달리 상황을 잘못 해석할 때가 있다. 또 상대방이 원하는 것을 깨닫기 전이거나 알고 있어도 말로 표현하지 못하는(또는 안 하는) 경우도 있다. 그런가 하면 상대방의 감정을 제대로 헤아렸다고 생각하지만 계속 헛다리만 짚기도 한다.

많은 사람이 원하는 것은 경청과 이해다. 어떤 도움이나 해결책이 아니라, 그저 내 말에 공감하고 귀 기울여 주기를 희망한다. 그런데 상대방의 말을 그저 듣고만 있는 것은 매우 힘들고 낯설다. 아무것도 하지 않기란 생각보다 어렵다. 이 기술이 불편하게 느껴질 테지만, 꼭 필요한 상황이 종종 발생한다. 타인이 감정을 표현하는 동안 묵묵히 지켜봐 준다면, 상대방은 검열 또는 문제 해결에 애쓰는 대신 자신의 생각에 오롯이 집중할 수 있다.

따라서 대화할 때 상대의 의도에 대한 확신이 없다면 기다리며 지켜보자. 몸이 긴장하거나 목소리가 떨리는 등 비언어적 신호를 감지하면 상대방의 민감한 부분을 파악하는 데 도움이 된다. 상대방의 경험과 내가 겪은 일을 동일시하고 싶은 충동이 들 수도 있다. 이를 효과적으로 통제하려면 겸손의 자세가 필요하다. 상대방의 경험을 나와 분리해서 생각하고 그 자체로 존중해야 한다. 상대가 처한 상황에 관심을 가지고 어떤 도움이 필요한지 직접 표현하도록 유도해 보자. 자신의 감정을 가감 없이 드러낼 기회를 주어야 한다. 대화의 초점을 내가 아닌 상대방에 맞춘 채로 공감하고 귀 기울여야 한다. 상대방의 마음을 읽는 데는 진심 어린 경청이면 충분하다.

대화의 깊이를 더한다

人 토리텔링을 주제로 연구를 진행하던 중, 작업 흐름에 대한 설
명을 듣기 위해 한 기자를 인터뷰하게 되었다. 그녀의 사무
실이자 뉴욕에서 손꼽히는 언론사의 뉴스룸은 숨 가쁘게 돌아가고
있었다. 그녀는 자주 쓰는 편집 도구를 연신 클릭하며 기사를 손보
는 동시에 속보를 확인하기 위해 포털사이트와 소셜미디어를 수시
로 훑어봤다. 그녀에게 질문을 던지면 곧바로 효율적인 대답이 돌아
왔다. 그러는 동안에도 그녀는 여러 대의 모니터에서 거의 눈을 떼
지 않았다. 인터뷰를 시작하고 몇 분 지나지 않아 신중하고 자세한
대답은커녕 관심을 끌기도 쉽지 않겠다고 직감했다. 일분일초를 낭
비 없이 쓰되 질문할 때마다 핵심을 찔러야만 했다.

처음에는 유용한 정보를 끌어내기 위해 준비한 질문 및 활동 목록을 하나씩 순서대로 건네고 돌아오는 답변을 그대로 받아적을 생각이었다. 적어도 이렇게 하면 모든 질문을 빠뜨리지 않고 건넬 수 있으니 괜찮을 것이라고 스스로를 설득했다. 그러나 경험으로 미루어볼 때 이런 접근 방식으로 얻은 정보는 양은 많아도 별로 도움이 되지 않았다. 깊이가 없는 수박 겉핥기식 답변이 많았다. 게다가 이번에 인터뷰할 그녀의 이력을 고려하자 상황은 더욱 암담했다. 어쩌면 당연한 말이지만, 기자는 드러내고 싶은 이야기만 말하는 데 매우 능숙하다. 워낙 정보를 경쟁적으로 얻게 되는 만큼 자연스럽게 자신의 정보를 철저히 보호하려 한다. 그래서 그녀가 어떤 사람인지 알기 위해서는 그녀의 방패를 뚫고 들어가 시선을 끌어야 했다. 그래서 나는 정리해 둔 목록을 한쪽으로 치우고 강력한 몇 개의 질문만 꺼내 들었다.

그녀가 이야깃거리가 될 만한 기사를 내게 보여 주었을 때 나는 기회를 놓치지 않았다.

"어떤 이야기가 좋은 이야기인가요?" "보자마자 알죠."

그녀의 대답에 이어서 질문할 수밖에 없었다.

"어떻게 알 수 있나요?" "느낌이 오거든요."

끈질기게 물고 늘어지며 다시 물었다.

"어떤 기분이죠?" "무언가 치밀어 올라요. 새로운 것을 발견하거나 미지의 영역을 정복한 듯한 기분이 들죠. 마치 개척자처럼요."

조금씩 진전이 보이기 시작했다.

"어떤 것들이 미지의 영역에 속하나요?" "저는 대개 독특한 사건에 주목해요. 누구도 들어보지 못한 것들이요. 아직 다루어지지 않았거나 관련한 이야기를 입 밖으로 꺼내는 건 내가 처음인 이야기들이죠. 꼭 그 누구의 눈길이 닿지 않아야 비서의 영역인 것은 아니에요. 다만 새로운 이야깃거리가 있어야 해요."

이제야 핵심이 손에 잡히는 듯했다. 그녀가 자랑스러워하는 몇몇 이야기를 통해 그녀의 전략과 실행 방식을 이해할 수 있었다.

인터뷰를 진행할 때 나는 주로 '어떤' 혹은 '어떻게'로 시작하는 질문을 던진다. 반면 '언제'나 '누가'라는 질문은 가능하면 하지 않는다. 후속 질문을 이어가기 어려운 꽉 막힌 답변이 돌아올 가능성 때문이다("매일 아침이요" 또는 "저희 편집장님이요"). 나아가 "네" 또는 "아니오"로 답할 수 있는 단답형 질문도 피했다. 질문 하나하나는 더 많은 이야기를 들려 달라는 초대장과 같다. 나는 이러한 질문을 가리켜 '연결형 질문'이라고 부른다.

마음의 문을 여는 연결형 질문

연결형 질문은 말 그대로 질문이지만 때때로 평서문의 형태를 취하기도 한다. 특정 방향으로 유도하거나 편견을 강요하지 않고 오로지 어떤 답이든 끌어낼 수 있는 중립적인 내용으로 구성된다. 연결형 질문을 받은 상대방은 적든 많든 원하는 만큼 자기 생각을 공유할 수 있다. 질문을 던지는 사람은 내 경험을 타인에게 투영하거나 마음대로 추측하는 실수를 피할 수 있다. 수줍음이 많은 사람과 대화할 때 연결형 질문을 하면 마음의 문을 부드럽게 열 수 있다. 반대로 경계심이 많은 상대방이라면 연결형 질문을 통해 두려워하지 않아도 된다는 메시지를 솔직하게 전달할 수 있다. 긴장했거나 예의를 차리는 등 다양한 이유로 상대가 아직 완전히 속마음을 털어놓지 않았다고 판단될 때도 연결형 질문으로 유연하게 접근할 수 있다. 연결형 질문의 가장 큰 이점은 대화가 어디로 흐를지 알 수 없다는 것이다. 이는 타인의 마음을 탐구하는 사람에게 더할 나위 없이 훌륭한 시작점이다.

그래서 상담할 때 연결형 질문이 자주 등장한다. "직장에서의 대인관계에 대해 말씀해 주세요." "그 일이 일어났을 때 어떤 기분이었나요?" 이런 질문은 특정 대답을 내놓도록 유도하는 대신 자연스럽게 감정과 신념, 가치관 등을 공유할 수 있는 환경을 조성한다. 그뿐

더욱 깊은 대화를 만드는 연결형 질문

만 아니라 표면 아래에 있는 더 깊은 곳까지 들어가 행동을 유발하게 만든 근본적인 원인과 중요한 감정을 발견하도록 돕는다.

물론 대화 상대가 여기까지 오픈하겠다고 선을 그으면, 그것을 존중해야 한다. 솔직함을 주저하는 데는 여러 타당한 이유가 있을 수 있다. 시간과 기회가 부족해서일 수 있고, 상호 간에 신뢰와 안정이 충분히 형성되지 않아서일 수도 있다. 연결형 질문의 목적은 상대방의 마음을 강제로 열기 위해 부담을 주거나 강요하고 캐묻는 것이 아니다. 원치 않는 재촉은 상대를 불편하게 만들 뿐만 아니라 역효과를 부를 수 있다.

압박감 때문에 필요 이상으로 생각을 이야기하면 나중에 후회할 수 있다('그 말은 하지 말 걸 그랬어. 왜 그렇게 말했지?'). 억지로 부추기는 기분을 느끼고 적대적인 태도를 보이기도 한다('내가 두렵다는 사실을 인정하게 만들려고 엄청 노력하네. 안타깝지만 당신 뜻대로 되지는 않을 거야'). 질문을 건네는 사람이 자신을 진정으로 이해하기보다 정보를 얻는 데 관심이 더 많다고 오해할 수 있다('이 사람이 왜 갑자기 나한테 관심을 보이지? 나한테 뭔가 캐내려는 심산인가?'). 따스한 격려에도 대화 상대가 잠자코 있는다면, 중요한 신호를 놓치지 않았는지 대화 내용을 곱씹어 볼 필요가 있다.

상대방의 동의를 구했다는 전제 아래, 세 가지 종류의 연결형 질문을 대화에 적용해 볼 수 있다. 탐구형 질문, 격려형 질문, 고찰형 질문이다.

예, 아니오로 끝나지 않는 탐구형 질문

우리 팀에서 가장 뛰어난 UX 리서처가 유독 어려운 인터뷰를 맡게 되었다. 인터뷰가 시작되기 직전에 참여자가 약속 시각을 미루더니(절대 삼가야 할 행동이다) 결국 예정보다 30분이 지나서야 화상 통화에 접속했다. 늦게 시작되긴 했지만 대화는 순조롭게 이어졌다. 덕분에 두 사람은 서로에 대해 좀 더 많은 것을 알아가고 있었다. 참관실에서 보기에도 두 사람이 물 흐르듯 자연스럽게 대화하는 듯했다. 참여자가 직업상 목표와 장래 계획에 대해 말하는 동안 우리 팀은 더 많은 정보를 얻기 위해 한 마디도 놓치지 않으려고 노력했다. 그러던 순간, 휴대폰 알림 소리가 띠링 하고 울렸다.

띠링! 띠링! 띠링! 참여자의 휴대폰이 쉴 새 없이 울렸다. 우리 입장에서는 참여자가 인터뷰에 전적으로 집중하기를 바라지만 매번 원하는 대로 되지는 않는다. 참여자는 휴대폰을 무음으로 하거나 옆으로 치워두는 대신 인터뷰 도중 문자 메시지에 답장하기 시작했다. 물론 숨기려고 했지만 모를 수 없을 정도로 티가 났다. 의지력 강한 담당 리서처는 실망하지 않았다. 다른 데 정신이 팔려 제대로 듣지 못한 참여자를 위해 같은 질문을 반복했고, 계속되는 멀티태스킹에도 침착함을 유지했다.

문제는 띠링 소리가 멈출 줄 몰랐다는 것이었다. 그렇게 15분이 지나자 참여자는 휴대폰을 숨기려는 노력조차 하지 않았고 아예 대놓고 문자 메시지를 보내기 시작했다. 어쩌면 화상으로 진행되는 인터뷰였기에 더 거침없이 인터뷰보다 메시지 전송을 우선순위에 두었는지도 모른다. 혹은 인터뷰가 지루했을 수도 있다. 어느 쪽이든, 녹록지 않은 상황이었다. 담당자의 에너지가 소진되는 것이 보였다. 참관실에도 초조한 기운이 흘렀다.

참여자와의 친밀감이 사라지는 것을 감지한 리서처는 속도를 올리기 시작했다. 질문들을 하나씩 체크하며 목록을 빠르게 훑어 내려갔다. 그런데 주어진 임무를 완료하는 데 급급한 나머지 참여자의 대답에 영향을 줄 수 있는 제한적이고 때로는 편향된 질문들을 던졌다. "프로토타입을 써 봤을 때 전반적으로 어떠했나요?"라고 묻는 대신 "첫 번째 화면과 두 번째 화면 중 어느 것을 선호하세요?"라고 물었다. 효율적인 접근 방법이라고 볼 수 있겠지만, 매우 중요한 정보를 건너뛰는 질문이었다. 참여자가 두 개의 화면 중 적어도 하나를 마음에 들어 한다는 잘못된 가정을 기반으로 했기 때문이다. 어쩌면 둘 중 어느 하나도 마음에 들지 않을지도 모른다. 나아가 "이런 기능이 있는데 이걸 실제로 사용한다면, 어떻게 사용하겠습니까?"와 같은 탐구형 질문 대신 폐쇄형 질문인 "이 기능을 쓸 의향이 있습니까?"라고 물었다. "예" 또는 "아니오"라는 대답을 끌어낼 수는 있지만, 왜 그런 대답을 했는지 이유를 알기에는 부족했다. '탐구형 질문'을 놓치고 있었다.

'어떻게' 또는 '무엇을'이라는 표현을 포함하는 탐구형 질문은 편견이 비집고 들어올 수 있는 틈을 아예 차단한다. 어떠한 대답을 유도하거나 이분법적 결과('예' 또는 '아니요')를 내지 않는다. 개방형 질문도 마찬가지다. 개방형 질문은 예상하지 못한 여러 가지 길을 제시한다. 질문을 마음껏 해석할 수 있어서 생각했던 것과 다른 답변이나 더 많은 정보를 얻을 수 있다. 전반적으로 탐구형 질문은 상대방이 이럴 것이라는 기대와 추측, 가설로부터 한 발짝 떨어져 큰 그림을 볼 수 있도록 돕는다.

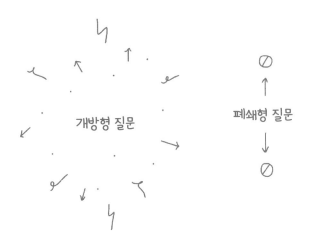

탐구형 질문의 예로 다음을 들 수 있다.

- 이 부분에 대해 어떤 기분이 드나요?
- '이상적'이라는 것은 어떤 모습일까요?
- 당신이라면 어떻게 접근하겠습니까?
- 이런 조건이라면 어떻게 하겠습니까?
- 이것에 따르는 가장 큰 리스크는 무엇일까요?

만약 담당 리서처가 탐구형 질문을 활용했다면 인터뷰는 어떻게 진행되었을까? 단순히 기능 사용 여부를 아는지 확인하는 것을 넘어 왜 기능을 사용하는지, 왜 사용하지 않는지, 어떻게 사용할 것인지에 대해 더욱 자세한 정보를 얻었을 것이다. 이를 토대로 프로토타입에 대한 사용자의 진짜 의견을 보다 정확하게 이해할 수 있었을 것이다.

모임에서 서먹서먹한 분위기를 깰 때, 오랜만에 친구를 만났을 때, 직장 동료와 더 친해지고 싶을 때, 심지어 가족 관계를 돈독하게 다질 때 등 다양한 일상에서 탐구형 질문을 응용할 수 있다. 연습이 뒷받침된다면 자유자재로 질문을 던지게 될 것이다. 탐구형 질문의 횟수가 늘수록 풍부한 대화를 나눌 수 있다.

진심을 끌어내는 도구, 격려의 표현

요리 순서와 관련한 연구를 진행하면서 식사 준비 과정을 살피기 위해 레슬리를 만났다. 대화 초반에 레슬리는 자신의 요리 과정을 기꺼이 공유하고자 했다. 시종일관 웃음을 멈추지 않고 에너지를 발산하며 가장 좋아하는 요리책과 집안 대대로 내려오는 레시피에 대해 스스럼없이 말해 주었다. 그런데 주제가 장보기로 넘어가자 레슬리의 태도가 소극적으로 변했다. 말투도 누그러지고 느려졌다. 마트에서의 경험에 대해 질문할수록 그녀는 더욱 조심스럽고 신중하게 답했다. 점점 그녀의 집중력이 떨어지고 있었다.

레슬리가 불편해하지 않도록 슬쩍 넘어가고 싶은 마음도 있었지만, 올바른 전략을 세우고 올바른 제품을 만드는 데 있어서 이러한 조사 결과가 반드시 필요했다. 그래서 질문의 크기를 작게 줄여, 질문처럼 들리지 않는 질문을 던지기 시작했다. 장 보는 목록을 최대한 효율적으로 작성한다는 그녀의 말에, 추가 질문 대신 더 설명해 달라고 부탁했다. 저녁보다는 아침에 장보기를 선호한다고 했을 때에도 경험을 좀 더 이야기하도록 권유했다. 그러자 마침내 레슬리가 장보기는 끔찍한 악몽이나 다름없다고 실토했다. 사고 싶은 물건에는 할인 쿠폰이 적용되지 않고, 대형마트의 매장 구조는 아무리 똑똑한 천재라도 길을 잃을 만큼 복잡하며, 아이들을 데리고 장을 보는 날이면 신경이 곤두선다고 털어놓았다. 레슬리는 구두쇠처럼 보이거나 짜증을 내는 모습을 보이기가 부끄러웠기 때문에 초반에는 말을 아꼈다. 그러나 질문 대신 그녀의 경험에 대해 좀 더 말해 달라고 부탁하자, 그녀는 식사 준비 과정에서 장보기 단계는 아예 건너뛸 수 있다면 좋겠다고 고백했다. 그녀가 마음을 완전히 닫는 상황을 피할 수 있었다.

탐구형 질문은 대화가 멈추지 않고 계속 이어지도록 돕는다. 그러나 때로는 상대방에게 좀 더 확실한 도움닫기를 제공해야 할 때도 있다. 대화 상대가 속마음을 털어놓고 싶지만(또는 그럴 필요가 있지만) 방법을 몰라 헤매고 있다면, 격려의 말이 도움이 될 수 있다. 진심을 허심탄회하게 이야기할 수 있는 길을 터주기 때문이다. 이런 경우 상대방이 대화를 통해 생각을 다듬고 표현할 수 있도록 계속 말해 달라고 부탁하는 것만으로도 충분하다.

대화 상대에게 다음과 같은 격려의 말을 건넬 수 있다.

- 좀 더 말씀해 주세요.

- 그게 당신에게 어떤 의미인지 이야기해 주세요.

- ~에 대해 설명해 주세요.

- 더 듣고 싶습니다.

- 또 다른 것은요?

섬세한 격려의 말도 있다. 타이밍을 잘 고려해 적시적소에 건넨다면 상대방에게 속마음을 계속 이야기해도 좋다는 작지만 효과적인 응원의 메시지를 전달할 수 있다. 격려의 말은 아이디어와 감정을 더욱 폭넓게 공유해 달라는 부탁과 같다. 따라서 이러한 말들을 가리켜 나는 '폭넓은 대화를 위한 길잡이'라고 부른다. 예시를 살펴보자.

- 당신에게 참 힘든 일이었겠군요.(잠시 멈춤)

- 즐겁고 흥미로웠던 경험이었을 것 같아요.(잠시 멈춤)

- 그런 기분이 들었던 이유는….(잠시 멈춤)

눈에 보이는 대로 관찰한 결과를 말할 때 이러한 표현을 빌린다면 상대방은 한층 더 쉽게 자신의 생각을 자세하게 풀어놓는다. 예컨대 상대방이 드러낸 감정을 말로 옮긴 다음 대답할 시간을 충분히 주는 것이다. 그리고 상대방의 답변을 토대로 대화를 이어나간다. Chap 2에서 함께 살펴봤듯이, 잠시 대화를 멈추는 기술은 간단하면서도 상대방으로부터 더 많은 이야기를 끌어내는 데 매우 효과적이다.

마찬가지로 이러한 기술을 일상이나 직장에서도 응용할 수 있다. 감정을 잘 드러내지 않는 친구인데 그의 부모님이 얼마 전 돌아가셨다고 생각해 보자. 이럴 때 격려의 말을 통해 친구가 부담 없이 솔직하게 마음을 터놓을 공간을 마련할 수 있다. 반면 다른 동료에게 매우 중요한 피드백을 하기 전 극도로 불안해하는 직장 동료가 있다면 격려의 말을 통해 용기를 북돋아 주는 것도 좋다. 상대방이 타고난 성격(과묵함), 주변 상황(생각을 정리해야 하는 상황), 감정(수치심 또는 자존심) 등 다양한 이유로 솔직한 대화를 꺼릴 때 이러한 작은 도움닫기를 활용한다면 지나친 부담을 주지 않으면서 단단한 껍질을 벗기고 더욱 깊은 이야기를 나누는 데 도움이 된다.

비교 가능한 선택만 던지는 고찰형 질문

스텔라는 우리 팀에서 가장 뛰어난 UX 리서처 중 한 명이었다. 굉장히 체계적이고 센스도 훌륭해 어떤 프로젝트를 맡기든 훌륭하게 완수했다. 사람들을 모으는 타고난 재주 덕분에 팀원들 누구나 스텔라를 좋아했다. 또 틈날 때마다 동료들에게 자신이 도와줄 것은 없는지 묻고는 했다. 이미 여러 프로젝트를 진두지휘한 경험까지 갖춘 리서처였다.

그런데 문제는 스텔라가 자신이 얼마나 대단한 인재인지 모른다는 점이었다. 타인을 도우려는 열정이 넘쳤던 만큼 종종 거절을 못 했는데, 할 일이 많을 때도 예외가 아니었다. 일대일 면담에서 스텔라는 팀 전체에 도움이 될 업무를 도맡고 싶다고 말했다. 나는 긍정적으로 보고, 스텔라가 어떤 부분에 관심이 있는지 물었다. 아직 구체적인 아이디어를 찾지 못했지만 팀을 돕고 싶다는 대답이 돌아왔다. 스텔라는 내가 팀원들의 업무 부담을 덜 만한 업무를 제안해 주기를 바랐다. 물론 몇 가지가 있었다. 예산 추적이나 계약서 작성 등 별로 흥미 없는 행정 업무였다. 분명 팀을 운영하는 데 필요한 일들이지만 왠지 스텔라에게 맞는 일은 아니라는 생각이 들었다. 스텔라는 사람을 모으는 재능을 타고난 사람이었다. 서류 작업은 그런 스텔라와 맞지 않았다.

고성과자 팀원에게 만족스러운 업무 환경을 만들어 주는 것이 중요하므로 나는 스텔라에게 적합한 업무를 신중하게 고려했다. 하지만 스텔라는 그녀답게 자신이 앞서 언급한 업무를 맡겠다고 했다.

힘은 힘대로 들고 보상은 못 받는 그런 일이었다. 그제야 나는 속도를 줄이고 질문을 던지기 시작했다. 스텔라가 바로 시작할 수 있는 아무 일이 아니라, 정말로 보람 있고 흥미로운 프로젝트를 맡았으면 하는 마음이었다.

나는 먼저 탐구형 질문으로 말문을 열었다. "어떤 영향을 미치는 사람이 되고 싶나요?" 스텔라는 팀원들이 느끼는 압박감을 덜어 주고 싶다고 대답했다. 출발선은 막 지났지만, 아직 갈 길이 멀었다. 그래서 바로 격려의 말을 건넸다. "좀 더 이야기해 주세요." 그러자 팀원들이 업무량이 많아 힘들어하는 것 같다는 설명이 돌아왔다. 다른 직원의 짐을 덜어주기 위해 자신이 할 수 있는 일을 떠안고자 하며, 그 업무들이 그런 목적을 달성하는 데 안성맞춤이라고 생각한다고 덧붙였다. 대화 초반에 비해 유용한 정보를 많이 얻었지만, 좀 더 자세한 내용을 듣고 싶었다.

좀 더 구체적인 대답을 유도하기 위해 이번에는 양자택일의 상황을 주고 고르도록 했다. "팀의 사기를 북돋고 싶은 건가요? 아니면 고통을 덜어주고 싶은 건가요?" 이 질문에 스텔라는 망설이지 않고 후자라고 답했다. "뒤에서 움직이기를 원하나요? 아니면 주목받고 싶은가요?" 역시 고민하지 않고 뒤에서 조용히 일하고 싶다고 말했다. "이미 가지고 있는 기량을 더욱 갈고닦고 싶은가요? 아니면 새로운 기술을 습득하고 싶은가요?" 이 질문에는 약간의 고민이 필요해 보였다. 스텔라가 마침내 결론을 내렸고 그 결과 우리는 완전히 다른 업무를 선택했다.

156

살짝 유도된 질문들을 통해 스텔라와 나는 그녀가 원하는 것을 좀 더 명확하게 알 수 있었다. 자신의 생각을 되돌아보게 만드는 질문을 가리켜 나는 '고찰형 질문'이라고 부른다. 고찰형 질문은 격려의 말이나 탐구형 질문과 함께 상호 보완적 역할을 한다. 사실 핵심을 공략하는 데는 격려의 말이 가장 효과적이다. 그러나 이따금 상대방에게 좀 더 생각할 시간을 주어야 할 때도 있다. 그 자리에서 바로 속마음을 내비치기란 결코 쉽지 않다. 솔직하게 털어놓고 싶다고 해도 말이다.

고찰형 질문은 대화 상대가 주제를 고민하도록 직접적으로 유도하는데, 대개 비교할 수 있는 선택안을 준다. 이를 통해 상대방이 표현하고 싶은 생각과 가장 근접한 것을 고르도록 돕는다. 부하 직원의 고민이 눈 앞에 있는 프로젝트 때문인지 또는 앞으로의 진로 때문인지 정확하지 않을 때, 형제 또는 자매가 생일을 축하할 방법을 고민할 때, 또는 친구가 자녀를 가질지 말지 결정하지 못할 때 고찰

여러 선택안 제시하기

이것과 저것 중
어느 쪽에 가깝나요?

이렇게 하면
더 나을까요?

만약 이렇게 하면
어떨 것 같나요?

형 질문을 응용할 수 있다.

우리는 종종 원하는 것을 정확하게 말로 옮기지 못해 전전긍긍한다. 하지만 이런 순간에도 무엇을 원하지 않는지는 명확하게 인지하고 있다. 고찰형 질문이 효과적인 이유가 바로 여기에 있다. 몇 가지 선택안 중에서 결정하는 행위를 통해 숨은 감정과 선호도, 의견을 표출할 수 있다.

고찰형 질문을 던질 때는 한 번에 두 가지 이상의 선택안을 제시하지 않는 것이 좋다. 너무 많은 보기를 주었다가(A, B, C, D 중에 어느 것을 택하겠습니까?) 의도와 다르게 상대방이 주저하는 상황이 되어 그 어느 때보다 혼란스러워할 수도 있다.[1]

상대방에게 부담 주지 않고 고찰을 유도하는 시작점으로 다음 질문들을 활용해 보자.

- 흥미진진한 일을 원하나요? 아니면 좀 더 차분한 일을 선호하나요?
- 이 피드백이 반드시 필요하다고 생각하나요? 아니면 있으면 좋은 정도라고 생각하나요?

- 지금 기분이 좌절에 가까운가요? 아니면 실망에 가깝나요?
- 연봉 인상을 원하는 건가요? 아니면 인정받고 싶은 건가요?

질문마다 상대방에게 새로운 길을 안내해 대화를 진전시킨다. 폐쇄형 질문의 형태를 띠고 있지만, 예외적으로 새로운 문을 활짝 연다. 생각을 확인하고 마무리 짓는 것이 아니라 질문이 이어지도록 돕는다. 대부분 고찰형 질문을 받으면 자연스럽게 여러 단어로 구성된 문장을 답하게 된다.

질문자의 편견이 담긴 단절형 질문

이번 장을 시작하며 살펴봤던 리서처의 이야기로 돌아가 보자. 그녀는 인터뷰 도중 문자를 보내느라 바쁜 참여자로 인해 애를 먹었다. 인터뷰를 최대한 빨리 끝내는 데 급급한 나머지 인터뷰를 마무리하기 위해 자신의 추측이 깔린 '단절형 질문'에 의존했다. 그 결과 우리 회사의 프로토타입에 대한 사용자의 진짜 생각을 온전하고 정확하게 읽어 낼 기회를 놓치고 말았다.

질문하는 사람의 믿음(또는 희망 사항)을 토대로 특정 대답을 유도하는 질문을 가리켜 단절형 질문이라고 부른다. 단절형 질문은 미리 정해둔 결과나 결정에 이르도록 만든다. 판매 실적을 올리거나 '예'라는 대답을 얻기 위해, 논점을 증명하기 위해, 심지어 엉망진창으로 진행되는 인터뷰에서 서둘러 벗어나기 위해 이러한 질문을 던진다. 동일시하는 것과 마찬가지로 단절형 질문은 질문자의 경험과 추측으로부터 자유롭지 못하게 만든다. 겉으로는 상대방과 유대감을 쌓는 데 도움이 되는 질문처럼 보여도, 좀 더 자세히 들여다보면 그렇지 않다. 오히려 상대방이 실제로 원하지 않는데도 원한다고 말하도록 안내한다. 풀어야 할 문제를 강요하거나 적당한 해결책을 선택하도록 부추기기도 한다.

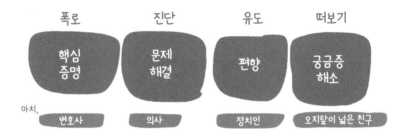

다음 예시를 살펴보면 좀 더 명확하게 이해될 것이다.

- 화났어요?(질문자의 추측: 당신은 화가 났군요.)

- 그 부분이 문제라고 생각합니까?(질문자의 추측: 당신은 그 부분이 문제라고 생각하는군요.)

- 마음에 안 든다는 뜻인가요?(질문자의 추측: 마음에 안 드는군요!)

- 어떤 프로토타입이 더 좋은 것 같나요?(질문자의 추측: 당신은 이 중 하나를 좋아합니다.)

모든 질문이 폐쇄형이다. 대부분은 '예' 또는 '아니오'와 같은 단답형 대답을 유도한다. 이는 화자의 의도가 정확하게 반영된 것이다. 제한적인 대답이 나온 만한 질문을 던지는 것이 물어보는 사람이 믿음이나 가설을 확인하는 데 훨씬 유리하기 때문이다. 그렇다고 모든 폐쇄형 질문이 단절형 질문이라고 말할 수는 없다(고찰형 질문을 생각해 보자). 하지만 이러한 질문이 대개 그렇듯 폐쇄형 질문에 자기중심적 의도가 더해지면 결국 단절형 질문이 되고 만다.

일부러 단절형 질문을 활용할 때도 있다. 하지만 보통은 마음이 급하거나 습관적으로 자기 짐작을 담아 질문을 던진다. 우리가 의도적으로 상대방을 특정 방향으로 조종한다고 볼 수는 없다. 다만 방심하면, "요즘 업무량이 어떤가요?"라는 질문으로 팀원에게 추가 프로젝트를 맡을 기회를 스스로 결정하도록 하는 대신, "이 프로젝트를 맡기에는 지금 너무 바쁘죠?"라고 묻는 실수를 저지르게 된다. 화가 난 배우자에게 "내가 어떻게 하면 지금 가장 도움이 될 것 같아?"라고 물으며 필요를 나눌 기회를 주는 대신 "생각을 정리할 시간이 필요해?"와 같은 단절형 질문을 던진다. 나아가 피곤해하는 룸메이트에게 "오늘 저녁에 뭘 하고 싶어?"라고 말하며 금요일 밤을 어떻게 보내고 싶은지 의사를 묻는 대신 "오늘 저녁은 너무 피곤해서 못 나가겠지?"라고 질문할 수도 있다.

결국 단절형 질문은 질문자의 제안과 편견이 뒤섞여 부정확하거나 부분적인 대답만 받아 낸다. 자신이 원하는 대답을 말하도록 유도해서 얻은 '데이터'는 사실상 무의미하다.

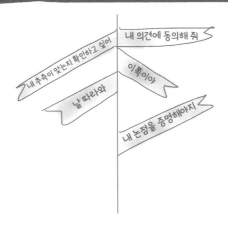

단절형 질문은 내 추측을 토대로 한다

내 추측이 맞는지 확인하고 싶어

내 의견에 동의해 줘

이쪽이야

날 따라와

내 논점을 증명해야지

집이든 일터에서든 단절형 질문은 진실을 파악하는 데 방해가 될 뿐만 아니라 때때로 상대방을 눈물 흘리게 만든다. 의사소통의 오류('내 말은 그런 뜻이 아닌데!'), 악감정('내 말을 왜곡해서 받아들였군'), 오해('그런 질문을 하다니 나를 전혀 모르네')를 불러일으키기 때문이다. 그게 다가 아니다. 상대방에게 상처를 주고('나를 그렇게 생각하다니') 소외감을 느끼도록 한다('당신은 나를 잘 아는 줄 알았는데'). 심지어 이기적인 목적이 분명하게 드러나는 질문을 받는다면 상대방은 자신을 보호하기 위

연결형 질문	단절형 질문
마음을 주고받는다	마음대로 추측하고 밀어낸다

해 마음의 문을 완전히 닫아버린다. 이처럼 잘못된 질문으로 상대방의 진심을 듣지 못한다면, 진정한 유대감을 쌓기는 더욱 어려워진다.

단절형 질문 대신 연결형 질문으로 재구성한다

반사적으로 단절형 질문을 던지는 대신 의도적으로 연결형 질문을 하려면 어떻게 해야 할까? 가장 먼저 추측과 믿음이 나도 모르는 사이에 질문에 녹아들었는지 확인해야 한다. 결과를 예상한 상태에서 '이것입니까?' 또는 '~한 거죠?'와 같은 폐쇄형 질문을 하지 않도록 주의하자. 대신 '어떻게'와 '무엇을'이 들어간 개방형 질문을 던지는 것이 좋다.

이제 질문을 재구성하는 방법을 살펴보자. 상대방과 더욱더 친밀한 관계를 형성하는 데 도움이 된다.

- "이번 프로젝트를 진행하면서 힘들었나요?"(추측: 이번 프로젝트가 일이 많아서 힘들었을 거야)라고 묻는 대신 "이번 프로젝트를 진행하면서 어땠나요?"라고 묻는다.
- "점점 나이가 드니까 이제 아이를 원하는 건가요?"(추측: 지금 시기면 임신을 간절히 바랄 거야)라고 묻는 대신 "지금 가족 구성원에 변화가 생기면 당신의 삶이 어떻게 달라질 것 같나요?"라고 묻는다.
- "그 회의 때문에 화났죠?"(추측: 회의 내용에 불만이 있어 보여)라고 묻

는 대신 "회의는 어땠나요?"라고 묻는다.

예로 든 질문들을 살펴보면 '왜'라는 표현을 피했다는 것을 알 수 있다. 폐쇄형 구조의 단절형 질문을 '왜'로 바꾸면 매우 간단하게 개방형 구조가 되지만, 이는 좋은 방법이 아니다. '어떻게' 또는 '무엇을'이라는 질문과는 달리 '왜'라는 질문은 비판하는 것처럼 들릴 수 있기 때문이다. '왜'라는 질문이 여러 번 반복되면 사적인 영역을 침범하는 듯한 인상을 준다. 단순한 호기심으로 물었어도 비하나 참견으로 오해할 수 있으므로 '왜'라는 질문은 되도록 피하자. 대신 '어떻게', '무엇을', '그 일에 대해 말해 주세요'라는 표현을 넣어 질문하는 것이 바람직하다.

[경청 기술을 다지는 훈련]
단절형 질문을 연결형 질문으로 바꾸기

다음의 '이것입니까?' 또는 '~하는 것이죠?'라는 식의 질문을 '어떻게'와 '무엇을'을 사용해 연결형 질문으로 고쳐 보자.

- 발표를 앞두고 긴장되나요?
- 직장 상사를 대하기 어렵진 않나요?
- 팀 분위기가 좋습니까?
- 그래서 기분이 슬퍼진 거죠?
- 부모님과의 관계는 좋습니까?
- 저한테 화났어요?

전략을 즉각 수정하는
유연성을 가지라

우리 팀에서 뉴스를 읽는 습관과 관련된 연구를 진행하던 때였다. 인터뷰를 진행하기에 앞서 담당 리서처는 미리 질문 목록을 작성해 두었고 질문지 순서대로 시작했다. "인터넷에서 주로 어떤 주제를 찾아보나요?" 원래 말하는 것을 좋아하는 성격인 참여자가 대답했다. "비즈니스 뉴스를 많이 보고, 정치 관련 뉴스도 챙겨봐요. 마치 드라마를 보는 것처럼 전개되거든요. 기억해야 할 인물들도 많고, 정책을 놓고 하는 줄다리기는 말할 것도 없어요. 그래서 저는 스마트폰을 손에서 내려놓는 일이 드뭅니다. 출퇴근할 때나 일하다가 잠깐 쉴 때, 집에서도 계속해서 최신 뉴스를 검색해요. 솔직히 말하면 화장실에서도 기사를 읽을 정도예요!"

참관실에서 인터뷰를 지켜보던 나는 귀를 쫑긋했다. 시작한 지 몇 분 지나지 않았지만 참여자가 이미 솔직하게 답하고 있어서 굳이 몸 풀기용 질문이 필요 없었다. 초반부터 참여자는 뉴스를 놓치지 않고 챙겨보는 편이라고 이야기했다. 우리가 이번 인터뷰를 통해 얻고 싶던 통찰의 부분에 손쉽게 근접해 있었다. 참여자의 솔직함 덕분에 초반의 몇 가지 질문을 건너뛰고 좀 더 핵심적인 내용을 나눌 수 있겠다고 생각했다. 예상했던 것보다 짧은 시간 안에 적은 노력으로 인터뷰 목적을 달성할 수 있을 듯 보였다.

참여자가 시작부터 숨기지 않고 생각을 공유했기에 도입부에 해당하는 질문은 필요가 없었다. 오히려 원래 계획한 대로 인터뷰를 진행한다면 참여자는 우리가 자신의 말에 귀 기울이지 않는다고 느끼거나 차갑다고 느낄 수 있었다. 그래서 나는 담당 리서처가 이쯤에서 핵심에 다가가는 질문을 던지기를 기대했다. 대화 흐름을 타고 자연스럽게 질문한다면 우리가 듣고 싶은 답변을 바로 들을 수 있을 것이라고 말이다. 적절한 타이밍에 "더 이야기해 주세요"라고 말한다면 더할 나위 없이 좋을 것이었다.

그런데 그는 완벽한 기회를 놓쳐 버렸다. 사전에 준비한 질문지에 집중하느라 참여자가 하는 말을 제대로 듣지 못했다. 대답에 따라 접근 방법을 적절히 바꾸는 대신 다음 질문으로 넘어가기 바빴다. "좋습니다"라고 말한 뒤 덧붙였다. "언제부터 이러한 주제들을 읽기 시작했나요?" 그러자 참여자가 상체를 뒤로 기울여 앉았다. "아마 몇 년 전부터요." 그는 이렇게 대답한 후, 급기야 손톱 밑부분을 멍하니 살펴보기 시작했다. 그다지 중요하지 않은 두 번째 질문으로 대화의

문이 굳게 닫혔다.

종종 우리도 모르게 좁은 시야로 대화에 임할 때가 있다. 목적 달성이니 원인 파악에 정신을 쏟느라 상대가 하는 말에 귀 기울여야 한다는 사실을 잊어버리고 만다. 새로운 시도를 두려워하거나 내 관점만 고집할 때도 마찬가지다. 물론 목표를 정하고 계획을 세우는 일은 여러모로 도움이 된다. 하지만 계획에 너무 집착하다 보면 수정할 필요성을 못 보고 지나치기 쉽다. 유연하지 못할수록 타인의 의도를 잘못 해석하거나 속마음을 털어놓고 싶은 의욕을 꺾는 실수를 한다. 나아가 우리의 사고방식을 좋은 방향으로 발달시킬 기회를 놓치게 된다.

대화할 때 상대방과의 유대감을 유지하려면 반드시 눈앞의 상황을 통해 배우겠다는 준비가 되어야 한다. 미리 준비한 대본에서 벗어나 어디로 튈지 모를 이야기들과 어색한 침묵까지 순발력 있게 받아들이고, 그 자리에서 전략을 수정하는 것이 중요하다. 이 중 하나

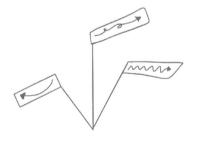

어디로 나아가야 할지 파악하되

예상치 못한 부분까지 모두 수용해야 한다

라도 실패한다면 미리 세워둔 계획을 아예 버리고 새롭게 시작하는 편이 나을 수도 있다.

대본에서 벗어난다

인사평가, 고객 미팅, 고민 상담, 첫 데이트처럼 사전에 계획한 대로 흘러가지 않는 대화가 있다. 신중하게 안건을 정리했는데 회의가 취소되기도 하고, 아이디어를 제안했지만 거절당하기도 한다. 꼼꼼하게 발표를 준비했지만 의도적으로 무시당할 때도 있고, 친해지고 싶은 마음이 상대방의 방어적 성격 때문에 가로막힐 때도 있다. 이렇듯 새로운 풍경을 마주했을 때 길을 잃지 않고 나아가는 방법을 아는 것이 중요하다.

대화를 잘 리드하는 사람일수록 정해진 대본에서 벗어나 즉흥적으로 접근하는 것이 더 현명하다는 점을 잘 안다. 목표에서 눈을 떼지 않고 대화에 대한 의지는 그대로 유지하되 좀 더 유연한 자세를 취하는 것이 얼마나 중요한지 이해하기 때문이다. 프로젝트를 성공적으로 수행하기 위해 고객의 니즈를 파악해야 한다고 가정해 보자. 빠듯하게 짜인 미팅 일정에서도 몇 분 정도 시간을 할애해 가벼운 대화를 나누며 친밀감을 쌓는 것이 도움이 된다. 힘든 시기를 겪은 사람에게 조언할 때는 먼저 상대방이 위로받는다고 느끼게 할 방법을 살펴보고 내 접근 방식이 틀렸다면 상황에 맞게 수정할 준비도

해야 한다. 상대방을 잘 이해하는 것이 내 의도라면, 상대의 속도에 맞춰 마음을 열 시간을 충분히 주는 것이 효과적이다. 미리 준비한 대본을 그대로 따르겠다는 생각을 버리는 것이 핵심이다. 유연한 자세로 필요에 따라 계획을 적절히 수정해야 한다. 그러면 타인 역시 예상하지 못한 행동으로 나를 놀라게 하거나 내 예상이 틀렸음을 증명할 것이다. 나아가 상대방으로부터 새로운 점을 배울 수 있고 이를 토대로 유대감을 형성할 수 있다.

면접이나 협상, 중재, 프러포즈 등 중요한 상황일수록 유연한 자세가 중요하다. 당연한 이야기지만, 하고 싶은 말을 미리 생각해 두면 대화를 시작할 때 큰 도움이 된다. 대화할 엄두가 나지 않을 때 자신감을 주기도 한다. 그러나 사전에 준비한 대본에 지나치게 의존하다가는 자칫 큰 실수를 저지를 수 있다. 녹음된 소리를 재생하는 것처럼 답변을 달달 외워 그대로 읊는 면접자가 진정성 있어 보일 리 만무하다. 마찬가지로 협상 자리에서 양쪽이 모두 만족할 수 있는 합

지나친 준비는 오히려 독이 된다

최종 목표를 향해 나아가되,

체크리스트에
연연하지 말자

의안을 도출하기 위해 의견을 주고받고 수정해 나가야만 긍정적인 결말이 나올 수 있다. 타협 없는 중재란 존재하지 않고 상상한 그대로 이루어지는 프러포즈도 찾아보기 어렵다(계획대로 되지 않을 때 더 재미있는 이야깃거리가 되기도 한다). 풍향에 따라 돛을 조절해야 상대방과 효과적으로 교감할 수 있다.

대본에서 벗어나는 몇 가지 방법을 알아보자.

- **새로운 정보를 반영한다.** 기존에 알고 있는 정보에만 의존하고 대화 상대의 감정이나 의도, 기분, 관점 등 새롭게 관찰된 점을 고려하지 않는다면, 상대는 당신을 고집스럽고 실정에 어두우며 융통성 없고 무심하다고 볼 수 있다. 대화 중 의외의 사실을 알게 되거나 생각이 바뀌기도 한다. 따라서 새로운 정보를 받아들일 충분한 공간을 확보해야 한다. 시선을 맞추거나 고개를 끄덕이는 등 비언어적 신호를 통해 상대방에게 경청하고 있음을 보여 주자. 또한 경청하고 있다는 언어적 표현을 확실히 전하는 것도 중요하다("좋아요, 계속 말씀해 주세요"). 상대방의 언어적 행동과 비언어적 행동에 주목하고 이러한 신호를 반영한 대답을 건네야 한다.

- **그때그때 재평가한다.** 현장에서 파악한 정보를 바탕으로 준비한 '대본'이 여전히 적절한지, 또는 중심축이 알맞은지 살펴봐야 한다. 이미 알고 있는 사실들 위에 직감을 더해 다음 순서의 질문과 대답이 유효한지 판단해 보자. 대화가 끊기지 않도록 질문과

아이디어를 머릿속에 정리하는 동시에 새로운 정보를 탐색할 마음의 준비도 필요하다.

● **올바른 방향을 알려주는 신호를 감지한다.** 대본에서 벗어난 후부터는 대화 상대의 반응을 주의 깊게 관찰해야 한다. 긍정적으로 받아들이는지, 혼란스러워하는지, 집중하지 못하고 답답해하는지 세심하게 살펴보자. 이 또한 접근 방법과 대화의 방향을 수정하는 데 중요한 단서가 된다.

서로의 아이디어를 발전시킨다

열린 마음으로 집중하고 대화가 흘러가는 대로 따라가는 가장 쉬운 방법은 바로 서로의 아이디어를 발전시키는 것이다. 즉흥 연기를 하는 코미디언은 이 기술을 훌륭하게 연마한 전문가다. 준비한 농담으로 사람들을 웃게 만들려면 현재 상황에 집중하는 것은 물론 새로운 아이디어를 추가하거나 반영할 준비가 되어 있어야 한다. 동료의 연기에 맞춰 주는 유연한 자세와 올바른 방향으로 나아가고 있다는 믿음은 코미디언의 필수 자질이다. 즉흥 연기 도중 일어날 수 있는 가장 끔찍한 일은, 예측과 다른 상황에 맞닥뜨렸을 때 무방비 상태에서 당황하거나 혼자만의 생각에 빠져 지금 연기 중인 장면에 참여하지 못하는 것이다.

바로 여기서 '맞아요, 그리고…'가 빛을 발한다. '맞아요, 그리고'

는 지금 연기 중인 장면이 자연스럽게 전개되도록 돕는 즉흥 연기 기술이다. 예컨대 단원 중 한 명이 갑자기 고릴라를 등장시켰다고 생각해 보자. 곧이어 다른 연기자가 "맞아요, 그리고… 이 고릴라는 훌륭한 가수예요"라고 덧붙인다. 이러한 '맞아요, 그리고'의 마음가짐은 좋은 장면을 만드는 핵심이자 즉흥 연기가 예상 밖의 재미있는 반전들로 가득한 이유다. 또한 모두가 힘을 합쳐 즉흥극을 올바른 방향으로 이끌어 나가고 있다는 믿음에서 비롯된다.

'맞아요, 그리고'의 마음가짐은 대화에서도 얼마든지 응용 가능한데, 상대방의 의견을 당연하게 생각하는 대신 앞으로의 대화에 꼭 필요한 구성 요소로 받아들이는 데 도움이 된다. 특히 타인과 새로운 아이디어를 브레인스토밍하거나 주어진 상황의 장단점을 토론할 때, 배우자와의 타

맞아요, 그리고　맞아요, 그리고　맞아요, 그리고　맞아요, 그리고

협점을 찾을 때, 까칠한 팀원과 절충할 때 굉장히 효과적이다.

예시를 통해 '맞아요, 그리고'의 마음가짐을 살펴보자.

- 거기서부터 시작합시다. 또 다른 것이 있을까요?
- 그 의견을 토대로 이야기를 나눠 봅시다.
- 무슨 말인지 알겠습니다. 덧붙이자면….
- 그렇네요! 그리고….

옆길로 샐 때를 학습의 기회로 삼는다

유익한 대화를 돌이켜 보면 시작점과 끝점이 멀리 떨어져 있는 경우가 있다. 대화가 술술 풀릴 때는 시간이 어떻게 가는지 모를 정도로 상대방의 말에 집중하게 된다. 때때로 단어 연상 게임처럼 뜻밖의 주제가 대화 속 예상치 못한 반전 역할을 하며, 상대방의 마음을 읽는 것이 얼마나 즐거운 일인지 깨닫게 해 준다. 하지만 대부분의 경우 보이는 것과 달리 우연이 아니다.

그러나 누군가 어려운 주제를 다루기 싫은 마음에 대화를 오른쪽으로 돌리고 왼쪽으로 돌리며 필사적으로 피하느라 대화가 옆길로 샐 수 있다('부하 직원이 프로젝트 현황 보고를 미루는 게 벌써 세 번째야'). 아니면 하고 싶은 말이 있지만 불쑥 꺼낼 수 없어 일부러 돌아가는 것일 수도 있다. 예컨대 새로 산 휴대폰을 자랑하는 사람에게 아이들의 전자기기 사용 시간에 대한 의견을 은근슬쩍 언급하는 것처럼 말이다. 자신의 의견을 솔직하게 이야기하는 건 맞지만, 더 깊은 속마음을 꺼내기 전에 가벼운 주제나 문제부터 털어놓는 것일 수도 있다('결국 이 사람이 하고 싶은 말은 휴가지인가? 아니면 지금 하는 일이 만족스럽지 않다는 말인가?'). 그런가 하면 상대방이 지루해하거나 흥미를 잃었다는 신호일 수도 있다.

이렇듯 옆길로 새는 이유는 다양하나 한 가지 분명한 점이 있다. 예상과 다르게 대화 방향이 바뀔 때마다 상대의 반응에 더욱 주목해야 한다는 것이다. 그렇다면 대화가 옆길로 새는 예시를 살펴보자.

- "만약 ~라면"과 비슷한 맥락의 생각들(가설, 몽상 등)

- "~에 관한 말이 나와서 그런데"와 같은 표현들

- "아! 그런데 말이야"처럼 갑작스런 깨달음의 순간

- 그릇된 추론(대화 주제와 관련 없는 비논리적인 대답)

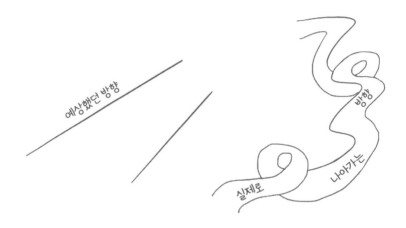

  왜 옆길로 빠졌는지 당장 알 수 없는 경우도 있는데, 계속해서 대화해 보면 그 이유를 찾게 된다. 대화 도중 옆길을 만나면 상대방의 주도하에 전진할 수 있도록 노력할 필요가 있다. 원래 있던 곳으로 당장 또는 아예 돌아오지 않아도 좋다. 어쩌면 애초부터 목적지가 옆길이 향하는 곳이었는지도 모른다. 상대방을 좀 더 세밀하게 이해할 수 있는 새로운 시작점으로 삼으면 된다('팀원이 프로젝트 진행과 관련된 도움을 선뜻 요청하지 못한다면, 신뢰를 더 쌓아야 할지도 몰라'). 게다가 이 과정에서 얻은 새로운 정보를 가지고 원래 주제로 돌아가면 훨씬 더 풍요로운 대화를 나눌 수 있다('팀원이 문제를 피하고 있으니, 무슨 일인지 알기 위해 부드럽게 대화를 이어나가야지').

침묵을 끈기 있게 견딘다

우리 회사 웹사이트의 사용 방식을 개편하기 위해 우리는 새로운 프로토타입을 제작해 테스트하고자 했다. 프로토타입은 완벽하지 않은 상태였는데, 사실 그것이 핵심이었다. 회사에서도 프로토타입이 아직 미완성이며 갈 길이 멀다는 것을 알고 있었다. 내비게이션은 정확하지 않았고, 정보로 제공한 사이트 링크도 다 깨져 있었으며, 몇몇 기본 기능은 아예 빠져 있었다. 일부러 완벽하게 준비된 웹사이트가 아니라 아직 다 개발하지 않은 '비정상적' 상태의 프로토타입을 선보여 사람들의 반응을 살펴보는 것이 목적이었다.

인터뷰 도중 나는 에드마르크라는 이름의 사용자에게 프로토타입을 마음껏 써 보라고 한 뒤 핑계를 대고 연구실을 빠져나왔다. 혼자 남은 그가 자신을 관찰하는 존재가 없을 때 나오는 솔직한 반응이 궁금했다. 나는 팀원들이 있는 참관실로 자리를 옮겼다. 그러고는 거울처럼 보이는 유리를 통해 사용자를 지켜봤다. 에드마르크는 링크처럼 보이는 부분을 클릭했다. 당연히 제대로 작동하지 않았다. 굴하지 않고 웹사이트 이곳저곳을 눌렀지만 마찬가지였다. 앱에서 몇몇 간단한 기본 동작은 실행할 수 있었지만, 나머지는 굉장히 불편했다. 참관실에서 보기에도 프로토타입은 엉망진창이었다.

나는 다시 에드마르크가 있는 연구실로 돌아가 프로토타입에 대한 그의 의견을 물었다. "멋지네요." 그가 성의 없는 표현으로 대답했다. "마음에 들어요." 나는 속으로 놀랄 일이 아니라고 생각했다.

상대를 기쁘게 하기 위해 '정답'을 이야기하는 것은 흔한 일이다. 대답과 달리 에드마르크는 분명히 프로토타입을 불편해했다. 나는 어떻게 하면 내가 듣고 싶어 하는 대답이 아니라 그의 진짜 생각을 들을 수 있을지 고민했다. 단도직입적으로 묻는 것도 하나의 방법이었지만, 자칫 그가 부정적인 부분에만 집중하도록 유도할 가능성이 있었다. 또 칭찬으로 포장한 속내를 들켜 당황스러워하면 자신도 모르게 대화에 소극적으로 임할지도 모른다. 질문자의 편견 없이 상황을 솔직하고 균형 있게 평가할 필요가 있었다.

때때로 대화를 내가 원하는 방향으로 주도하는 대신 자연스럽게 흐르도록 하는 가장 좋은 방법은 바로 약간의 자제력을 발휘하는 것이다. 그래서 나는 프로토타입에 대한 에드마르크의 평가를 그대로 반복했다. 즉, 격려형 질문을 던져 보다 솔직한 의견을 끌어내고자 했다.

"마음에 드는군요." 그가 한 말을 다시 전달하며 반응을 살폈다.

"네." 그가 대답했다. 그런데 그게 다였다. 이후 나는 조용히 속으로 열까지 숫자를 셌다. 대부분의 사람은 10초를 다 세기도 전에 공백을 메꾸기 위해 서둘러 입을 연다. 15초 또는 20초까지 끈기 있게 참아내는 이들도 있다. 하지만 일반적으로 견딜 수 있는 것보다 아주 살짝만 더 인내하도록 훈련한다면 상대방이 침묵을 깨고 대화를 이어간다. 드디어 말을 내뱉을 때 기다린 보람을 느끼게 된다.

막 7초를 세려고 하는데 에드마르크가 불쑥 말을 시작했다. "그게, 사실은요, 어쨌든 원하는 것을 찾을 수 있어서 좋긴 합니다. 그런데 찾은 이후에는 정렬하기가 약간 어렵더군요." 드디어 그의 진심이 드러났다. 솔직한 피드백의 틈이 열린 것이다. 비로소 활용 가능한 정보를 얻을 수 있었다.

대개 사람들은 타인과 함께 있을 때 무슨 말이든 해야 한다는 부담감을 느낀다. 대화 상대 사이에 비집고 들어오는 침묵의 존재는 일반적이지 않은 데다 매우 불편하다. 그래서 그대로 두는 대신 주제를 바꾸거나 불필요한 정보를 공유하며 공백을 메운다. 심지어 이야깃거리가 고갈되어 아예 자리를 피하기도 한다. 상대방으로부터 질문에 대한 답을 바로 듣지 못하면 쉽게 낙담하며 어떻게든 대화를 계속하기 위해 재빨리 말을 덧붙인다. 그뿐만 아니라 대화가 띄엄띄엄해진 이유가 상대방이 흥미를 잃었기 때문이라고 추측하고 난감한 상황으로부터 상대방을(그리고 자신을) 자유롭게 풀어주기 위해 서둘러 이야기를 마친다. 맥박이 한 번 뛸 동안 아무도 말이 없으면 이제 자리에서 일어날 시간이 온 것이다.

견딜 수만 있다면 침묵이야말로 대화를 돕는 강력한 도구다. 침묵은 나와 상대방 사이를 비집고 들어와 충분한 공간을 확보한다. 침묵을 통해 우리는 이 공간에서 마음껏 이야기할 수 있는 발언권을 상대방에게 준다. 또 원하는 만큼 시간을 써도 좋으며 더 이야기할 준비가 될 때까지 이곳에 있겠다는 메시지를 전달할 수 있다.

어쩌면 상대방이 주제에 관심이 없는 것이 아니라, 생각을 표현할 단어를 신중하게 고르고 있는 것일지도 모른다. 맥박이 한 번 뛰고 아무도 말을 하지 않는 동안, 대화 상대가 입을 뗄 준비를 열심히 하고 있을 수도 있다. 이제 할 말이 다 떨어졌다고 생각될 때 오히려 새로운 대화가 시작되기도 한다. 이때를 놓치지 않고 상대방의 속마음을 들으려면 먼저 대화에 참여할 기회를 주어야 한다. 즉, 가끔 침묵 때문에 가만히 앉아 있기 어려워도 성급하게 다른 이야기로 넘어가거나 주제를 바꾸지 말고 끈기 있게 기다리는 것이 중요하다.

주변 환경을 바꾼다

때에 따라 유연한 자세란 곧 형광등 불빛 아래 딱딱한 벽으로 둘러싸인 사무실과 회의실, 교실에서 벗어나 대화를 이어나가는 것을 말한다. 건물 주변을 한 바퀴 걸으며 이야기를 나누는 것만으로도 충분하다. 실리콘밸리에서 첫 직장을 다닐 때 나는 일대일 산책의 즐거움을 발견했다. 사무실 건물 옆에 있는 연못을 팀장과 함께 걸으면서 가장 건설적이고 유의미한 대화를 나누기도 했다. 그늘이 적당해 여름에는 시원하고 가을에는 따뜻한 곳이었다. 우리는 일부러 천천히, 하지만 명확한 목적을 가지고 연못을 여러 번 돌며 진행 중인 업무에서부터 기대 성과, 직장 내 대인관계 갈등까지 사소한 골칫거리와 어려운 문제를 모두 의논했다. 지루하고 딱딱한 회의실 밖에 있다는 사실에 마음이 안정되었다. 또 마치 전장에 나온 아군과 적군처럼 서로 마주 보고 앉아 있으면 부자연스러울 만큼 형식적이고 의도와는 다르게 적대적인 분위기가 조성되는데, 그렇지 않다 보니 오히려 대화에 도움이 되었다. 대화가 잘 안 풀릴 때도 사무실 안이었다면 자신도 모르는 사이에 서로 눈치 싸움을 하고 있었을 텐데, 나란히 걸으면서 대화하자 힘든 주제를 꺼내기가 훨씬 쉽게 느껴졌다.

이렇듯 주변 환경을 바꾸면 서로 간에 표현하기 어려운 부분까지 수월하게 털어놓는 데 도움이 된다. 아래 예시와 같은 간단한 방법으로도 주변 환경에 변화를 줄 수 있다.

- **움직인다.** 걷거나 운전하는 등 몸을 움직일 때 일어나는 연속적인 운동 작용은 열린 대화가 필요할 때 특히 효과적이다. 주변 환경이 바뀌는 동안 우리의 마음 역시 새로워진다.
- **밖으로 나간다.** 새로운 풍경은 에너지 레벨을 재설정하고 이전과는 다른 사고방식을 활성화한다. 특히 자연의 품으로 돌아가면 더욱더 효과적이다. 가능하다면 사무실 또는 집 근처의 공원이나 나무가 많은 곳을 찾아보자. 자연을 온몸으로 느끼면 기분이 나아진다는 연구 결과도 있다.[1]
- **시선을 돌린다.** 대화 상대의 얼굴 윤곽 밖으로 시선을 돌릴 수 있는 활동을 하는 것도 좋은 방법이다. 눈맞춤은 상대방에게 집중하고 있으며 이야기를 들을 준비가 되었음을 알리는 신호. 그래서 시선을 다른 곳에 두면 그만큼 효과가 떨어진다고 생각할 수 있다. 하지만 때때로 시선을 돌리는 것이 대화에 도움이 된다. 특히 민감한 주제를 다룰 때는 둘 중 한 명이라도 필요하면 잠시

휴식을 취해도 괜찮다. 예를 들어 함께 농구를 하거나, 레스토랑에서 나란히 앉아야 하는 자리에서 중요한 이야기를 나누면 양쪽 모두 시선을 다른 곳에 둘 수 있어 약점을 드러내기가 훨씬 쉽다.

- **자주 말고 가끔.** 불편한 대화를 할 때마다 상대방과 멀리 드라이브하러 다닌다면 둘 다 차만 타도 진절머리가 날 것이다. 상대방과 시선을 아예 안 맞추는 것도 바람직하지 않다. 상대방이 무시당하는 기분이 들 수 있기 때문이다. 어렵고 힘든 주제는 모두 비대면으로 대화한다면 신뢰가 무너질 수밖에 없다. 따라서 대화를 재충전하기 위해 가끔 주변 환경을 바꾸는 것은 좋지만 너무 자주 반복되지 않도록 주의해야 한다.

준비한 계획을 버린다

일대일로 진행하려던 인터뷰가 있었다. 온라인 미팅 프로그램에 접속한 후 참여자가 들어올 때까지 기다리자, 곧이어 마르셀의 얼굴이 화면에 보였다. 나는 평소처럼 서론부터 시작했다. 인터뷰 진행 방식과 더불어 그녀의 일에 대해 더 많이 알고 싶다는 의사를 전했다. 인터뷰 후반에 우리 회사의 프로토타입을 테스트하게 될 것이라고도 덧붙였다. 그런데 대화를 본격적으로 시작하기도 전에 갑자기 또 다른 얼굴이 화면 안으로 불쑥 들어왔다. 그러더니 한 명 더,

또 한 명 더, 계속해서 한 명 더 얼굴을 드러냈다. 5분도 채 안 되어 다섯 명의 얼굴이 화면을 가득 채웠다.

"팀을 소개할게요, 히멘아!" 마르셀이 크리에이티브 담당 가엘, 소셜 담당 엘릭, 그 외 팀원들을 한 명씩 소개하며 말했다. "히멘아가 제 업무 흐름에 대해서 이야기하고 싶다고 했는데, 저는 전략만 담당하고 있거든요. 그래서 팀 전체를 초대하는 편이 낫겠다고 판단했어요!" 그녀의 배려심이 고마웠지만, 동시에 당황스러웠다. 다섯 명이 한꺼번에 참석한 화상 회의에서 어떤 방법으로 프로토타입을 테스트할 수 있을지 막막했다. 더군다나 이들 중 우리 제품을 매일 사용할 사람은 딱 한 명뿐이었다.

"아! 안녕하세요!" 내가 대답했다. 직장 동료 2번부터 5번까지는 자리를 비켜주길 바랐지만, 차마 나가 달라고 할 수 없었다. 회사 입장에서 마르셀의 팀은 꽤 중요한 고객이었다. 무례하거나 실망을 주는 행동은 절대 할 수 없었다. 게다가 이들은 모두 우리에게 도움을 주려고 회의에 참석한 것이었다. 물론 도움보다는 살짝, 방해가 되었지만 말이다.

혼동 속에서 60분 동안 인터뷰를 진행할 생각을 하니 저절로 진이 빠졌다. 게다가 시작하자마자 계획을 수정해야 하는 이례적인 상황이었다. 여러 명이 화면으로 대화해야 하니 엉망이 될 것이 불 보듯 뻔했다. 이런 모든 요소를 고려하자 준비한 계획을 완전히 버리고 그 자리에서 새로운 전략을 짜야 한다는 결론에 도달했다. 다시 말해 실시간으로 인터뷰를 재구성해야 했다.

종종 사소한 변화가 엄청난 결과를 가져온다. 약간의 유연성만 발휘해도 상대방과 훨씬 더 유익한 대화를 나눌 수 있다. 앞서 살펴봤듯이 작은 것을 바꾸면 상대방에게 더 가까이 다가갈 수 있다. 반면 때로는 과감한 변화가 필요하다. 서로를 진심으로 이해하기 위해 계획을 근본적으로 수정해야 하는 상황이 발생하기도 한다.

"모두 참석해 주셔서 감사합니다." 내가 말했다. "인터뷰는 다음 방식으로 진행될 거예요." 먼저 번개처럼 빠른 속도로 참여자의 자기소개를 진행하기로 했다. 나는 질문마다 모든 사람의 의견을 들을 수는 없지만 적어도 한 명도 예외 없이 몇몇 질문에 답하게 될 것이라고 설명했다. 프로토타입을 둘러볼 차례가 오면 이 도구를 매일 사용할 사람의 의견이 주요하므로 다른 사람은 이후에 생각을 공유해 달라고 부탁했다. "모두 괜찮나요?"라고 묻자 팀원들이 고개를 끄덕였다. "좋습니다. 그럼 시작하겠습니다!" 이렇게 즉석에서 변경된 방식으로 인터뷰를 시작했다.

타인과 유대감을 쌓기 위한 여정에는 유연성과 상대방이 원하는 방식과 속도를 존중하는 인내심이 필요하다. 미리 세워둔 계획을 전반적으로 수정해야 한다면 전부 다 과감하게 버리고 눈앞의 상황에서 정보를 얻는 것이 나을 수 있다. 마르셀이 화상 회의에 팀원들을 초대했을 때 나는 그녀에 대한 새로운 사실을 배웠다. 그녀가 팀 플레이어고 협업에 뛰어나며 업무 처리 능력이 탁월하다는 것이었다. 유연성을 유지한 덕분에 마르셀이 제안한 대화 방향을 존중하는 동시에 내가 준비한 질문에 대한 답을 찾을 수 있었다.

회의 직전에 변수가 발생해서 안건을 급히 조정해야 하거나 논의가 언쟁으로 돌변했을 때, 계획을 과감히 버리는 것이 특히 중요하다. 회사에서 성과를 축하하기 위해 모인 자리가 심각한 분위기의 작별 인사로 바뀌거나, 팀원과 일대일 면담을 시작하자마자 팀에서 나가겠다는 말을 꺼낼 때도 마찬가지다. 이렇듯 대화 도중 예상치 못한 일을 만났을 때는 평소대로 일을 진행하는 대신 다음과 같이 행동할 수 있다.

- **불확실성을 포용한다.** 예상하지 못한 일에 놀랄 수도 있으니 마음의 준비를 하는 것이 좋다. 모든 과정을 깔끔하게 정리할 필요는 없다. 대화 도중 갑자기 공격이 들어오면 적절하게 대응하면 된다. 상대방이 어떤 사람인지, 무엇을 원하는지 훨씬 더 세세하게 알게 될 것이다.
- **응원하고 있음을 표현한다.** 상대방이 대화의 흐름을 뜻밖의 방향으로 튼다면, 상대방의 의사를 존중하고 따라야 한다. 기어를 바꾸고자 하는 뜻을 잘 이해했고 이러한 결정을 수용한다는 메시지를 전달한다면 상대방은 응원과 지지를 받고 있다고 느낄 것이다. "당신은 이렇게 하는 걸 선호하는군요. 지금 바로 시도해 봅시다." "X와 Y 외에 어떤 부분이 더 필요할까요?" 이러한 류의 질문이 도움된다.

- **질문은 한 번씩만 한다.** 같은 질문을 두 번 하는 것은 원래 계획을 그대로 손에 쥔 채 바뀐 상황에 적응하지 못하고 있음을 상대방에게 알리는 행동이나 마찬가지다("정말로 그 일을 하고 싶나요? 아직도 확실한가요? 지금은 어떤가요?"). 상대방을 짜증나게 만들 뿐만 아니라 경청하지 않는다는 인상을 준다. 같은 질문을 한 번 더 묻기 전에 이미 대답을 알고 있지는 않은지 잠시 생각해 보는 것이 좋다. 아니면 아직 대화 상대가 정한 새로운 방향을 받아들이지 못한 것은 아닌지 되돌아보자.

이해한 내용을 점검하고
확인받는다

쇼핑 방법에 대한 사용자 경험을 리서치하기 위해 현장 조사를 진행한 적이 있다. 직접 몇몇 사용자의 집으로 가 오후 동안 행동을 관찰하는 방식이었다. 모든 팀원이 현장마다 무려 3시간씩 머물러야 했기에 최대한 많이 소통하려고 노력했다.

사용자 중 한 명이었던 마르타는 우리에게 가장 최근에 산 물건들을 보여 주었다. 요즘 떠오르는 스타트업에서 재활용 소재로 만든 신발, 동물 실험을 하지 않고 천연 성분으로만 만든 립스틱, 손바느질과 자수 디테일이 돋보이는 비싸지만 아름다운 핸드메이드 재킷 등이었다. 그녀 역시 예술가였기에 직접 손으로 만든 디자인의 가치를 알아볼 수 있으며 그에 합당한 가격을 지불할 의사가 있다고 설명했다. 또 마르타는 물건을 구매하기 전 관심 있는 브랜드를 찾아

보고 자신과 가치관이 비슷한 기업의 제품만 선택한다고 덧붙였다.

옷장 투어가 끝나고 몇 가지 형식적인 질문만 마무리하면 사무실로 돌아갈 수 있었다. 우리는 마르타에게 프로토타입을 보여 주고 한번 써 보라고 부탁했다. 프로토타입 담당자 올리버는 사용자가 특히 음성 인식 기능을 어떻게 사용하는지 보고 싶어 했다(사람들이 화면을 터치하지 않고 음성으로만 쇼핑할 수 있도록 돕는 기능이다). 마르타의 쇼핑 과정을 이미 들었던 터라 회사에서 만든 최신 기능이 그녀에게는 관심사가 아니라는 생각이 들었다. 그래도 지켜볼 필요가 있었다.

마르타는 프로토타입을 처음부터 끝까지 써 본 후 꽤 긍정적인 의견을 공유했다. 구매하는 물건을 좀 더 자세히 볼 수 있도록 이미지가 컸으면 좋겠지만, 어쨌든 제품이 출시되면 사용할 의향이 있다고 말했다.

그녀가 계속해서 프로토타입을 두드리는 동안 올리버가 내게 속삭이며 말했다. "음성 인식 기능에 대한 반응이 매우 좋아요!" 마르타가 해당 기능에 대해 구체적으로 언급한 적이 없었기에 올리버의 말이 조금 의아했지만, 내가 마르타의 말을 놓쳤을 수도 있다고 생각했다. 자신감 넘치는 올리버와 달리 나는 마르타가 음성 인식 기능을 잘 사용할 것 같지 않았다. 그녀는 물건을 사기 전에 소재와 제작자 마인드를 이해하는 것이 매우 중요하다고 말했다. 그런데 음성 인식 기능을 사용한다면 이 핵심적인 단계를 제대로 수행할 수 없었다. 나는 마르타의 생각을 분명하게 알고 싶었다.

"고민 중인 옷을 좀 더 자세히 살필 수 있도록 시각적인 부분이 개선되면 도움이 될 것 같군요." 내가 그녀의 대답을 곱씹으며 말했다.

"맞습니다. 좋은 품질의 물건을 사는 것이 저한테는 중요하기 때문이죠." 마르타가 대답했다. "쇼핑 과정에서 또 편리하다고 느껴지는 부분이 있나요?" 내가 다시 물었다. 회사에서도 편리함이 중요하다고 판단했다. 제품에 음성 인식과 같은 기능을 더한 것도 그러한 이유에서였다. 그래서 마르타가 편리함을 언급했을 때 중요한 통찰력을 얻을 수 있는 올바른 길로 들어선 셈이었다.

"별로 생각나는 것이 없어요." 마르타가 대답했다. "어쩌면 신용 카드 정보를 저장할 수 있으면 조금 더 편리할 것 같기도 하고요. 앱에 신용카드 정보를 등록할 때마다 청구서 금액이 두 배로 늘어나긴 하지만요." 평소라면 이 주제를 더이상 살펴보지 않았을 것이다. 프로토타입을 테스트하는 동안 마르타가 음성 인식 기능을 직접 사용하는 것을 보지 못했고, 콕 짚어 편리하다거나 도움이 된다고 말한 적도 없었기 때문이었다. 이는 곧 그녀가 음성 인식 기능을 보기는 했지만 실제로 유용하다고 생각하지는 않는다는 뜻이었다. 더 시간을 할애할 이유는 없었다. 게다가 원래 참여자의 관심을 특정 기능으로 유도하지 않는 것이 원칙이었다. 그러나 마지막으로 그녀의 생각을 확인할 필요가 있었다. 그대로 일어선다면 올리버가 마르타의 대답을 오해할 수도 있었기 때문이었다.

"당신에게 보여 주고 싶은 것이 있는데, 어떻게 생각하는지 듣고 싶습니다. 여기를 봐 주세요." 이렇게 말하며 음성 인식 기능을 가리켰다. "아까도 이 기능을 보셨나요?" 일부러 모르는 척하며 물었다.

"네, 괜찮아 보이네요." 마르타가 대답했지만, 뜻을 파악하기에는 너무 모호했다. 결국 날카로운 질문을 던질 수밖에 없었다. "제가 제대로 이해했는지 확인하고 싶습니다. 괜찮아 보인다고 했는데, 그렇다면 향후에 이 기능을 쓸 의향이 있다고 판단해도 될까요?"

"음성 인식이요? 오, 아니요." 굳이 설득하지 않아도 마르타는 속마음을 술술 털어놓았다. 음성 인식 기능이 불필요하다고 생각하며, 자세한 부분까지 꼼꼼히 살펴보지 않고 그냥 물건을 사는 일은 절대 없을 것이라고 말했다. 게다가 휴대폰에 말을 거는 행위 자체가 이상하다고 덧붙였다. 올리버는 의기소침해졌지만, 적어도 우리는 진실을 알게 되었다.

투 트랙 대화의 함정

나와 상대방이 같은 이야기를 하고 있다고 생각했는데 실제로는 그렇지 않을 때가 바로 '투 트랙 대화'다. 대화 내내 상대방과 내 의견이 일치한다고 생각했는데 나중에서야 반대편에 서 있다는 사실을 깨달을 수도 있다.

이러한 오해는 의사 결정 과정을 엉망진창으로 만든다. 보다 직접적인 지도와 편달을 원하는 팀원의 뜻을 잘못 이해하는 바람에 되려 더 많은 자유를 허락하는 경우를 예로 들 수 있다. 사랑하는 사람을 위해 정성스럽게 선물을 준비했지만 상대방이 진짜로 원하는 것을 잘못 이해한 탓에 실망만 주는 경우도 생각해 볼 수 있다. 상대방은 할 말이 한참 남아 있는데 실수로 대화를 끝내면 의도와는 다르게 관계가 멀어질 수 있다.

무엇보다 이해 받지 못한다는 생각이 들면 기분이 좋지 않다. 이런 일이 반복될수록 무시당하거나 존중받지 못한다고 생각하기도 한다. 이해받지 못하는 것만큼 외로운 감정이 또 있을까. 더욱 심각한 것은, 이러한 감정에 휩쓸려 자칫 내 입장을 고집스럽게 밀어붙이거나 강력하게 주장할 수 있다는 점이다('이 사람은 나를 이해하지 못했구나. 이번에는 더 크게, 더 명쾌하게 말할 거야'). 혹은 내 관점을 한 번 더 설득하는 것이 무의미하다고 생각해 아예 손을 떼기도 한다('무슨 일이 있어도 다시 질문하지 않을 거야. 이따 인터넷으로 검색해 보면 돼'). 이처럼 목소리를 높이거나 아예 대화를 등진다면 상대방과의 관계가 이야기를 나누기 전보다 오히려 멀어지기 쉽다.

상대방과 내가 같은 선상에서 대화하는지 알 수 있는 가장 좋은 방법은 지금까지 이해한 내용을 점검하고 확인받는 것이다. 대화의 속뜻을 헤아리고, 해석한 내용을 들려주고, 반응을 관찰하고, 또 명확하게 확인함으로써 무심한 포커페이스의 선배에서 벗어나고, 표현이 부족한 배우자의 마음을 꿰뚫어 볼 수 있으며, 전문가의 이해하기 힘든 기술적 설명을 따라갈 수 있다.

대화의 속뜻을 헤아린다

이해한 내용이 정확한지 확인하려면 가장 먼저 지금까지 나온 말들을 매듭 풀듯이 깔끔하게 정리한 다음 속뜻을 헤아려야 한다. 이때 대화의 전체적인 맥락을 살펴보고, 중요한 내용을 나타내는 신호를 감지하고, 또 실시간으로 보디랭귀지와 목소리, 어조를 관찰해 유용한 정보만 골라내는 것이 중요하다. 그런 다음 핵심 주제를 파악하고, 아이디어를 연결하고, 나아가 기저에 깔린 감정과 의미를 발견해야 한다. 그럼 이제 단계별로 좀 더 자세히 살펴보자.

대화의 맥락을 잡는다

대화의 맥락을 잡아야 지금까지 들은 내용의 속뜻을 헤아릴 수 있다. 무엇이(또는 누가) 중요한지에 대한 정보를 대화 초반에 많이 알면 알수록 좀 더 수월하게 핵심이 되는 내용을 그때그때 놓치지 않고 들을 수 있다. 특히 다음 요소에 집중해야 한다.

- **범위와 목표.** 지금 하는 회의나 논의, 대화의 목적이 무엇인가? 합의를 도출하는 자리인가, 아니면 불만을 토로하는 자리인가? 최신 정보를 알리고 보고하는 목적인가, 아니면 다른 사람의 행동을 촉구하는 목적인가? 이처럼 간단한 질문에 스스로 답함으로써 대화가 주제에서 벗어나고 있는지 혹은 계획대로 잘 진행되고 있는지 구분할 수 있다. 대화 범위가 너무 포괄적이거나 반대로 너무 제한적일 때도 마찬가지다. 대화의 목적을 정확하게 알고 있어야 옆길, 방해 요소, 흥미롭지만 궁극적으로 범위 바깥에 해당하는 생각들을 쉽게 차단할 수 있다.

- **그룹 내의 역학 관계.** 어떤 이들은 다른 사람들보다 목소리가 유독 크다. 하지만 그렇다고 이들이 가장 힘 있고 영향력 있다고 단정 지을 수 없다. 서로 병이 보여 심난을 이누는 경우 주목해야 할 부분이 있다. 누구의 의견이 가장 중요한가? 누가 가장 큰 영향력을 행사하는가? 누가 최종 결정권을 쥐고 있는가? 모두 같은 사람인가? 좀 더 일상적인 예를 들자면, 오늘 저녁 식사 레스토랑을 결정할 까다로운 성격의 소유자는 누구인가? 각 집단 구성원이 맡은 역할을 이해해야 오가는 말들이 꼭 알아야 하는 중요한 내용인지, 혹은 알아두면 도움이 되는 정도의 정보인지 구분할 수 있다.

초반부터 대화의 맥락을 잡는 것은 지도를 손에 넣는 것과 같다. 그뿐만 아니라 들리는 말들의 속뜻을 이해하는 데 도움이 된다.

주요 디테일이 담긴 지도는 대화의 핵심이 어디에 있는지 알려준다

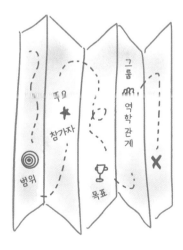

중요한 단서를 감지한다

일부 언어적 신호는 쓸모없는 디테일과 필수 핵심을 구분할 뿐만 아니라 참고 사항과 주요 개념을 분리하는 데 도움이 된다. 나는 이를 가리켜 '중요한 단서'라고 부르는데, 언제 귀 기울여야 하는지 알려주는 구체적인 표현들이다.

먼저 비교적 감지하기 쉬운 언어적 신호부터 살펴보자. 예를 들어 직장 동료가 "가장 중요한 점은"이라고 말하거나 친구가 "주요 이슈는"이라고 말한다면, 다음 이어질 내용에 주목해야 한다. 이 외에도 "아까 당신이 이야기한 부분으로 돌아가서", "덧붙여 말하자면", "제가 앞서 말한 것처럼" 등의 표현도 중요도를 나타낸다. 언급 횟수

귀를 쫑긋 세우고 집중해야 할 신호들

어떤 부분을 강조할 때

같은 아이디어를 같은 단어로 표현할 때

같은 아이디어를 다른 단어로 표현할 때

말을 더듬거나 버벅거릴 때

와 반복 여부는 그 아이디어가 얼마나 중요한지 알려주는 단서이기 때문이다. 같은 아이디어를 여러 가지 다양한 방법으로 반복해서 말한다면 역시 중요한 내용일 가능성이 크다. 그런가 하면 더듬거리며 말하는 것도 단서로 볼 수 있다. 아직 머릿속으로 아이디어를 정리 중이거나 살을 붙일 때 적당한 단어를 찾지 못해 버벅거리기 때문이다. 이러한 단서를 포착했다면 더욱 신경 써서 귀 기울여야 한다.

비언어적 신호를 관찰한다

타인이 하는 말을 더욱 정확하게 이해하려면 비언어적 신호도 주의 깊게 살펴야 한다. 자세나 목소리의 높낮이, 강조에 변화가 있는지 관찰해 보자. 상대방이 "그것뿐만 아니라"라고 말하면서 '그것'을 힘주어 말한다면, 뒤이어 중요한 내용이 나올 가능성이 크다.

핵심 주제를 파악한다

들은 내용을 그저 따라 하는 것만으로는 대화 상대의 속뜻을 헤아리기 어렵다. 타인의 관점과 생각을 종합하는 과정을 통해 비로소 하고자 하는 말을 이해할 수 있다.

대화에서 들은 것들을 분석하고 의미를 파악하려면 먼저 주제에 따라 정보들을 분류해야 한다. 주목해야 할 표현들을 주제별로 정리한 표 〈대화 내용 종합하기〉를 참고하자.

대화 내용 종합하기

주요 표현	주제
● 그것 때문에 모든 것이 바뀌었습니다. ● 그때 저는 …라는 점을 깨달았습니다.	전환점 또는 중요한 사건
● 처음에는 …처럼 느꼈습니다. ● 예전에는 …라고 믿었습니다. ● 이제는 …라는 점을 이해합니다.	진척
● 말씀하신 부분을 좀 더 생각해보면… ● 덧붙여서 말하자면…	의견 일치
● 만약 상황이 달랐다면, 나는… ● 제 마음대로만 된다면…	타협, 갈망
● 그 의견에 동의할 수 없습니다. ● …를 고려하면 그런 관점에서 바라보기 어렵습니다. ● …하기 때문에 그 주장은 성립되지 않습니다.	의견 충돌
● …할 계획을 세울 수 있습니다. ● …를 확인해 주세요. ● …하기로 결정되었습니다. ● 다음 단계에는 …를 해봅시다.	전념, 헌신

아이디어를 연결한다

상대방의 말 속에서 맥락을 파악하는 동안 살펴봐야 할 부분이 하나 더 있다. 바로 서로 어떻게 연결되는가다. 하나의 아이디어(예컨대 특정 프로젝트에 대한 불만)와 다른 아이디어(팀 문화) 사이에는 어떤 연결고리가 있는가? 보기에는 접점이 없는 아이디어들(생산성과 연중 시기)을 연결할 수 있을까? 대화 내용에 집중하고 이해하기 위해 다음 요소들을 기준으로 아이디어 간의 연결고리를 찾아보자.

- 시간(일, 주, 달, 연도, 계절)

- 근접성(가깝다, 멀다)

- 인과관계(원인과 결과)

- 상관관계(아이디어의 관련성)

- 체계(동작의 순서)

- 감정(넘치는 열정, 열정의 부재)

- 자원(필요한 자원, 사용 가능한 자원, 사용 불가한 자원)

아이디어 간의 연결 고리를 찾으면 더 큰 그림을 볼 수 있다

각각의 모래알

바닷가

감정에 집중한다

결국 가장 중요한 것은 타인의 감정에 귀 기울이는 것이다. 무엇보다도 들리는 것에만 집중하는 대신 기저에 깔린 감정을 이해하기 위해 노력해야 한다. 대화 상대는 자신이 하는 말에 대해 어떤 기분을 느끼고 있는가? 감정적으로 동요하는가 혹은 차분한 상태인가? 침착함과 다급함 중 어느 쪽에 가까운가?

타인의 감정에 집중해 보면 다양한 숨은 의미를 파악할 수 있다. 예컨대 타협안에 흔쾌히 동의하는지, 의견 충돌 이후 대인관계에 지속적인 영향을 미치고 있는지, 강요에 의한 합의인지 혹은 자의적인 합의인지 등이 한층 더 뚜렷하게 보일 것이다.

기저에 깔린 감정은 다음과 같은 표현을 통해 모습을 드러낸다.

- ~를 하는 데 애를 먹고 있습니다.
- ~라는 사실에서 더 나아가지 못하고 있습니다.
- ~라는 점을 믿기가 어렵습니다.
- ~하는 것 같은 기분이 듭니다.

언어 표현   +   감정   =   의미

들은 내용을 되돌려준다

앞서 상대방의 말을 듣고 뜻을 헤아리는 요령을 살펴봤다. 이제 이해한 내용이 맞는지 확인받아야 한다. 이를 위해 대화 내용을 요약하고, 편견이 끼어들지 않도록 중립적으로 재구성하고, 공통으로 쓰는 단어를 써야 한다.

한 줄로 요약해 확인받는다

들은 내용을 다시 말하는 행동이 이론상으로는 매우 간단해 보인다. 하지만 짧은 시간에 강조되는 내용을 정확히 짚어내려면 어떻게 해야 할까? 한 줄로 요약하거나 주요 항목으로 정리하면 된다. 한 문장 정도로 최대한 짧고 간결하게 정리해야 대화 상대로부터 확인받기가 수월하다. 누구나 이해할 수 있는 간단하고 쉬운 단어를 써서 내용을 요약해 보자. 문제의 본질을 흐리는 어려운 단어는 자제하는 것이 좋다.

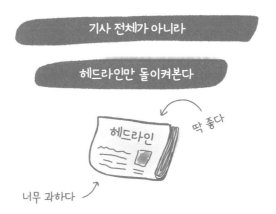

예컨대 "감정적으로 결핍된 당신의 룸메이트가 자꾸 신경을 긁고, 여동생은 계속 전화해서 괴롭히며, 직장 상사는 중요한 프로젝트를 모두 떠맡기면서 정작 노력은 인정해 주지 않는군요"라고 구구절절 늘어놓는 대신 중요한 부분만 뽑아 "사람들이 당신에게 바라는 것이 많아 보이는데, 스트레스가 심하겠어요"라고 정리할 수 있다.

추측하지 말고 중립을 지킨다

요약한 내용이 맞다는 추측을 가지고 말하는 것과 혹시 틀릴 수도 있다는 가능성을 열어두고 말하는 것 사이에는 미묘한 차이가 존재한다. 예를 들어 "그러니까 당신의 말은…"이라고 말하며 끼어든다면 상대방을 비난하거나 권위적으로 보일 수 있다('그러니까 당신의 말은 저와 있는 게 지겹다는 말이군요. 흥!'). 대신 "~라는 의미 같은데, 제 말이 맞나요?"라는 질문과 함께 내 해석을 정정하거나 명확하게 할 기회를 준다면 상대방 역시 오해하지 않고 받아들이게 된다("당신 혼자만의 시간이 필요하다는 의미 같은데, 맞나요?").

이처럼 요약해서 말할 때 중립을 지키려면 인칭대명사를 전략적으로 사용하는 것이 좋다. 예컨대 "당신은 아직 결심할 준비가 안 되었군요"라는 말보다 "결정을 내리려면 우리에게는 시간이 좀 더 필요할 것 같습니다"라는 말이 훨씬 덜 적대적으로 들린다. 단, '우리'라는 말을 너무 자주 쓰지 않도록 주의해야 한다. 매번 '당신'을 '우리'로 대체한다면 상대방 입장에서는 누구를 가리키는지 분명하게 알아듣기 어렵다.

다른 사람의 말을 요약해서 되돌려 줄 때 다음 표현을 응용해 보자. 상대방 역시 틀린 내용을 부담 없이 정정할 수 있다.

- ~라는 의미 같은데, 제가 제대로 알아들었나요?
- ~라고 언급하셨는데, 제 말이 맞나요?
- 제가 정확하게 이해한 건지 말씀해 주세요.
- 제 생각에 ~라는 말인 것 같은데요. 핵심을 파악한 게 맞나요?
- 중요한 문제처럼 보여서, 제가 바르게 이해했는지 확인하고 싶습니다.

상대방과 같은 단어를 쓴다

인터뷰를 하다 보면 소속된 팀 혹은 공동체에서 자주 쓰는 표현들이 있다는 것을 알게 된다. 사실 그 표현이 정확한지 아닌지는 크게 문제 되지 않는다. 그보다는 대화할 때 상대방과 같은 언어를 쓰는 것이 중요하다.

들은 내용을 상대방에게 확인받기 위해 다시 말할 때, 새로운 단어 대신 공통으로 쓰이는 단어를 활용하는 것이 좋다. 그래야 상대방과 최대한 비슷한 언어로 대화에 임하게 되고, 상대방 입장에서도 내가 해석한 내용을 더욱 쉽게 수락하거나 거절할 수 있다.

나아가 상대방과 같은 단어를 쓰면 좋은 점이 또 있다. 바로 상대방과 내가 동등한 위치가 된다는 것이다. '옆으로 밀어서 넘기는 커다란 사진 아래 있는 작은 사진'이라고 표현한 상대방의 말을 '캐

러셀'이라는 전문 용어로 정정한다고 생각해 보자. 상대방은 더는 자신의 생각을 공유하고 싶지 않을 것이다. 이런 기분으로는 내가 그의 말을 잘못 해석했다고 하더라도 고쳐줄 리 만무하다. 마찬가지로 친구가 세상 모든 짐이 자신의 어깨 위에 올려진 기분이라고 털어놓는다면, 새로운 표현을 쓰는 대신 들은 대로 반복해 경청하고 있다는 신호를 보내자.

내 편견으로 부풀리지 않는다

애비 밴뮈헨은 그래픽 기록 전문가다. 콘퍼런스와 같은 행사에서 들리는 것을 그 자리에서 그림으로 옮긴다. 연설문, 워크숍, 강의 등의 내용을 요약해 대규모의 시각적 개요도를 만들어 낸다. 이 일을 잘하려면 엄청난 집중력과 빠르게 움직이는 손, 그리고 객관적인 자기 점검이 필요하다.

애비는 종종 관심 있는 주제를 다루기도 한다. "정치나 정책, 교육의 미래 등을 듣고 있으면 개인적인 의견이 생기기도 합니다. 여러 아이디어 중에서도 특히 강조하고 싶은 것들이 있죠." 애비가 설명했다. 특별히 선호하거나 동의하는 아이디어가 있더라도 시각적 개요도를 그릴 때는 들은 정보대로 반영해야 한다. 개인적인 의견이 아니라 청중과 워크숍 참석자의 의견이 기준이다. 애비가 개인적으로 기다렸던 행사일수록 자신의 편견을 빠르게 점검해야 한다는 것을 스스로 잘 알고 있다.

"그런 자리에서는 제가 중립을 지키도록 더욱더 조심해야 합니다.

제가 가지고 있는 편견과 의도를 매우 정확하게 인식해야 합니다. 그리고 필터를 통해 걸러낸 것들을 칠판에 담아내죠. 행사장에 들어가기 전에도 그렇지만, 그림을 그리는 도중에도 해야 할 일이 굉장히 많습니다. 작업이 끝난 후에는 결과물을 보면서 자신과 솔직하게 대화합니다. '내 편견으로 더 크게 부풀린 부분이 있나?'라고 질문하죠." 만약 있다면, 자신은 흥미롭다고 생각했지만 다른 사람들의 반응이 별로였던 아이디어를 덜 강조하는 방향으로 결과물을 수정한다.

상대방의 말을 되돌려줄 때도 마찬가지로 중립을 지키는 것이 중요하다. 내가 가장 흥미롭다고 생각했던 부분(또는 가장 화가 났던 부분)을 반복하고 싶은 충동을 참아야 한다. 앞서 살펴본 단서를 활용하면 내가 아니라 상대방 또는 집단 전체에게 가장 중요한 내용을 기억할 수 있다. 애비처럼 스스로에게 '내 편견으로 더 크게 부풀린 부분이 있나?'라고 질문해 보자. 만약 있다면, 자제할 필요가 있다.

상대의 반응을 살핀다

상대방이 한 말을 소리 내어 요약하는 동안 상대방은 어떤 반응을 보이는지 관찰해 보자. 올바른 방향으로 가고 있는지 판단하는 데 도움이 된다.

UX 리서처 입사 면접이 예정보다 몇 분 일찍 끝났다. 면접 내내 만족스러운 모습을 보여 준 지원자가 질문했다. "팀원들 간의 협업이 어떻게 이루어지고 있나요?"

디자이너 중 한 명이 끼어들었다. "제가 대답하죠. 저희는 리서치팀이 진행하는 인터뷰나 발표에 참석합니다. 팀 보고서도 공유하고요. 가끔 리서치팀이 주관하는 브레인스토밍 회의에 참관하기도 합니다." 지원자는 눈을 가늘게 뜨며 고개를 끄덕였다.

UX 디자이너와 UX 리서처가 함께 일하는 경우를 묻는 말이었다면 디자이너의 답변이 도움이 되었을 것이다. 하지만 지원자는 만족스럽지 못한 표정이었고 질문을 그냥 넘겨야 하는지 확신이 없어 보였다. 그러고는 공책에 무언가 휘갈겨 쓰더니 이내 동작을 멈추고 할 말이 있다는 듯 고개를 들었다. 그러나 다시 고개를 떨구고 공책을 글씨로 채워 나갔다. 엄밀히 말해 지원자의 질문에 UX 디자이너는 본인이 생각하는 답변을 내놓았다. 하지만 지원자가 좀 더 고무적인 대답을 원했던 것은 아닌지 궁금했다. 지원자는 놓치고 싶지 않은 인재였다. 면접을 좋게 마무리하고 싶었던 나는 지원자에게 물었다. "질문에 대한 답변이 되었나요?"

"사실, 팀이 매일 어떻게 일하는지 업무 스타일에 대해 알고 싶었습니다." 지원자가 대답했다. "앞서 말씀하신 프로젝트의 일반적인 마일스톤 외에 어떤 방식으로 협업이 이루어지나요? 또, 바보 같은 말이라고 생각하실 수 있지만, 팀들끼리 교류도 하고 점심도 같이 먹나요? 아니면 별로 어울리지 않는 편인가요?"

"아하!" 디자이너가 말을 이었다. "무슨 말인지 알 것 같네요." 이후 그는 지원자가 궁금해하는 점을 정확하게 파악하고 답변했다.

Chap 3에서 배운 관찰 기술을 활용해 상대방이 자신이 한 말을 다시 들으면서 어떤 반응을 보이는지 살펴보자. 상대방의 의도를 얼마나 정확하게 이해했는지, 또는 잘못 들었는지 가늠해 볼 수 있다. 특히 눈으로 관찰되는 다음의 신호에 주목해야 한다.

- **혼란**. 미간에 주름이 파이거나 멍하니 응시하고 눈을 가늘게 뜬다면 상대방이 혼란스러워한다는 신호다. 앞서 상대방이 한 말이나 질문을 잘못 들었을 가능성이 크다.
- **무관심**. 시선이 다른 곳을 향하거나 눈을 맞추려고 하지 않고 아무 생각 없다는 듯 손이나 손톱 밑을 내려다보는 등 다른 방해 요소에 기꺼이 주목한다면, 상대방의 요점을 제대로 파악하지 못했다는 신호일 수도 있다. 핵심을 짚는 대신 사소한 부분을 지나치게 파고든 것일 수도 있다.
- **실망 또는 짜증**. 상대방이 하는 말을 여러 번 잘못 해석할 경우 실망하거나 짜증 내는 행동을 보게 된다. 대화하다가 등을 뒤로 쭉 빼거나 한숨을 쉬거나 목소리를 크게 높이기도 한다.

이제 귀로 감지할 수 있는 신호를 살펴보자.

- **에너지.** 사람들은 원래 기운이 넘칠 때 시끄럽다. '아하' 소리를 길게 내거나 몸을 앞쪽으로 기울이고 무언가를 끄적이는 것은 모두 대화에 적극적으로 참여하고 있다는 신호다.
- **꼼지락거림.** 발로 바닥을 두드리거나 펜을 쉴 새 없이 딸가닥거리는 등 잠시도 가만히 있지 못하고 움직이는 행동은 초조함이나 반대 의사를 나타내는 신호일 수 있다(불안할 때의 행동과 비슷하므로, 전체 맥락을 고려해 상황을 정확하게 해독해야 한다).
- **침묵.** 침묵은 금이다. 단, 상대방의 대답을 들어야 할 때는 정반대다. 침묵은 의견 충돌, 묵인, 혼란 등 다양한 반응을 뜻한다. 이 경우 다시 한번 상대방에게 말을 거는 것이 가장 효과적이다.

상대방이 한 말을 되돌려줌으로써 내가 해석한 내용에 대한 반응을 끌어낼 수 있다. 이때 어떤 반응을 보이는지 주목해 보자. 올바른 방향으로 가고 있는지 아닌지를 가늠하는 중요한 척도다.

명확하게 확인한다

때때로 상대방이 보내는 신호만으로는 숨은 의도를 판단하기 어렵다. 언어적 신호, 비언어적 신호, 직접적 신호, 간접적 신호 모두 큰 도움이 되지 않을 때가 있다. 상대방의 속뜻을 확신할 수 없다면 더 많은 데이터를 수집해야 한다. 해석에 대한 피드백을 받고, 명확하게 확인해 달라고 요청하고, 필요하다면 글로 적는 방법 등이 있다.

피드백을 받는다

상대방이 한 말을 반복해서 말했을 때 상대방의 의중을 잘못 해석했음을 알려주는 혼란이나 무관심 등의 신호가 감지되면, 피드백을 구하는 것이 도움이 된다. 아래 질문을 통해 상대방의 의중을 정확하게 이해하여 대화를 다시 올바른 궤도에 올려놓을 수 있다.

- 당신의 질문에 답변이 되었나요?
- 제가 당신의 말을 제대로 이해했나요?
- 당신이 찾던 답이 맞나요?
- 정확하게 요약했다고 생각하나요?

확인을 요청한다

아무리 고민해도 상대방의 의도를 도저히, 진심으로 가늠할 수 없을 때도 있다. 확신이 없는 나머지 어디서부터 시작해야 할지 몰라 막막할 수도 있다. 예컨대 상대방이 전문가인 경우, 그의 입장을 이해하는 데 필요한 단어, 맥락, 지식이 부족하면 아무리 노력해도 속뜻을 파악하기 어렵다. 또는 상대가 자신의 이익을 위해 의도적으로 본심을 숨긴다면 속수무책으로 당할 수밖에 없다(정치인, 콘퍼런스 연설가, 미디어 훈련을 받은 연예인처럼 말이다!). 그런가 하면 유난히 머리가 멍한 날도 있는데, 이런 경우 상대방이 단도직입적으로 말해 주어야 제대로 이해할 수 있다. 위아래가 뒤바뀌는 혼란스러운 상황을 마주할 때, 정면승부로 돌파구를 마련해 보자.

다음의 표현들은 대혼란의 소용돌이로부터 탈출해야 할 때 유용하다.

- 그 말은 무슨 뜻인가요?
- 제가 제대로 이해했는지 모르겠습니다. 지금 하신 말씀은 ~라는 뜻인가요?
- 아무래도 제가 놓친 부분이 있는 것 같아요. 하나씩 자세하게 설명해 줄 수 있나요?
- 당신의 생각을 이해할 수 있도록 도와주세요. 한마디로 ~하다는 의미인가요?
- 당신의 기분을 이해할 수 있도록 도와주세요. 지금 ~한 상태인 건가요?
- 제가 이해하기로는 ~하다는 것인데, 잘못됐다면 바로잡아 주세요.

확인을 요청하는 것이 두렵거나 겁이 날 수 있다(도움을 요청하는 것을 싫어하는 사람도 많다). 이럴 때는 상대방의 의도를 잘못 이해해서 벌어질 수 있는 상황을 생각해 보자. 업무 지침서를 못 알아들어서 프로젝트 일손이 부족하거나 완전히 이해하지 못한 채로 합의 또는 결정하는 일은 없어야 한다. 정말로 이해되지 않을 때는 도움을 요청해야 위기를 벗어나 앞으로 나갈 수 있다.

단, 이 방법을 남용하지 않도록 주의해야 한다. 덜 관대한 상대방을 만난다면 당신을 무시할 수도 있다('어째서 매번 하나씩 일일이 설명해줘야 하지? 왜 이 사람은 한 번에 알아듣지 못할까?'). 마찬가지로 너무 이른 타이밍에 명쾌한 답을 달라고 요청한다면 효과적인 경청 기술이 부족하다고 생각할 것이다('아직 말도 다 하지 않았는데!').

그보다는 대화 초반에 시간을 투자해 상대방과 주고받은 말을 곰곰이 생각해 보고 상대방에 대해 사전에 알고 있는 사실과 대화 맥락, 비언어적 신호를 모두 고려해 상황을 정확하게 판단하는 것이 효과적이다. 한 가지 분명한 사실은 대화를 시작하자마자 의도를 분명하게 알려달라고 상대방을 재촉하는 것은 바람직하지 않다는 것이다.

글로 적는다

최근에 한 친구가 출장을 갔다. 온종일 마라톤 회의를 하고 팀원들과 저녁 회식을 한 뒤 팀장과 함께 택시를 타고 숙소로 돌아가는 중이었다. 두 사람은 그날 하루가 어땠는지에 대해 이야기했다. 팀장이 말했다. "좋은 생각이 떠올랐어요. 본사로 돌아가면 오늘 회의 내용을 간략하게 정리해서 부사장님께 보냅시다." 친구도 팀장의 의견에 찬성했다. 상부에 자주 노출될수록 앞으로 팀이 더 많은 자원을 확보하는 데 도움이 될 터였다. 팀장이 말을 이어나갔다. "한 장 정도가 좋겠군요. 당신과 에밀리아, 카민의 의견을 취합해서 추가하죠."

"전적으로 동의합니다." 친구가 대답하는 사이 택시가 숙소에 도착했다. "좋아요." 팀장이 손을 흔들며 말했다. "내일 봅시다!"

방으로 향하던 친구는 갑자기 공황 상태에 빠지기 시작했다. 팀장이 의견을 말하기에 자신은 동의했을 뿐이었다. 그런데 만약 자신에게 한 장짜리 보고서를 쓰라는 의미였다면? 동료들을 소집해서 도움을 받아야 하나? 한 장짜리 보고서가 부사장에게까지 올라간다면, 당연히 흠잡을 데 없이 완벽해야 했다. 내일 아침 눈뜨자마자 준비해야 할 노릇이었다. 반면 만약 팀장이 자신의 계획을 공유했을 뿐이라면 자신이 나서는 것이 월권행위처럼 보일 수 있었다. 어떻게 해야 하나? 직접 찾아가서 물어보기에는 이미 시곗바늘이 자정을 넘긴 시간이었다. 친구는 어쩔 수 없이 자신이 이해한 바를 장문의 문자나 이메일로 확인해야 했다.

이해한 바를 확인하지 않으면 우리는

깜깜한 밤에 서로를 지나치는 두 척의 배나 다름없다

글을 통한 의사소통은 얼굴을 마주 보고 대화하는 것보다 훨씬 더 분석하기 어렵다. 특히 글쓴이와 함께 있지 않을 때는 더욱 그렇다. 따라서 상대방이 한 말을 되돌려 줄 때는 글보다 말이 낫다. 급하게 이메일을 작성해 본 적이 있다면(또는 읽어 본 적이 있다면) 보디랭귀지, 표정, 목소리 등 맥락이 없는 상태에서 의도를 오해하기가 얼마나 쉬운지 잘 알 것이다. "감사합니다." 대신 "감사합니다!"로 마무리한 이메일은 완전히 다르게 읽힌다. 작성자의 기분에는 변화가 없다고 해도 말이다. 그러나 다른 대안이 없는 한, 후속 메모를 남기는 것이 상대방의 의도를 제대로 이해했는지 확인하는 유일한 방법이다. 상대방이 한 말을 되돌려 줄 시간이 없거나 상대방과의 만남이 제한적일 때도 글이 도움이 될 수 있다.

글로 소통하기로 결심했다면, 최대한 간결하게 핵심만 담아야 한다. "제가 들은 내용을 요약하자면, ~라고 생각됩니다"와 같은 간단한 내용이면 충분하다.

친구는 팀장에게 보내는 이메일에서 자신이 들은 내용을 요약해서 서술하고, 다음 해야 할 일을 제안했다. "제가 제대로 이해했는지 확인해 주실 수 있나요?"라는 말도 덧붙였다. 덕분에 팀장은 손쉽게 상황을 인지하고 바로 답장을 보내 왔다. 대화 후에 친구가 공식적으로 해야 할 업무는 없으며 매우 훌륭한 자문 역할을 해 주었다는 내용이었다. 친구는 그제야 편안하게 쉴 수 있었다.

방향 전환 기술로
대화를 인도한다

내 앞에 앉은 조다나는 예의 바르고 친절하며 수다스러웠다. 인
터뷰를 시작하는 순간부터 나는 그녀가 이후 60분 동안 달성
하고자 하는 목표가 있다는 것을 명백하게 알아차렸다. 그런데 문제
는 그녀와 나의 목적이 서로 다르다는 것이었다. 내가 질문하면 그
녀는 피상적인 대답을 내놓았다. 그러고는 인터뷰 목적과 관련 없는
주제로 되돌아갔다.

"회사 스토리를 소개하는 방법에 대해 물어보고 싶어요. 사용자가
회사와 관련해 꼭 알았으면 하는 중요한 점이 있다면 무엇일까요?"
내가 물었다.

"집에서 직접 기른 좋은 품질의 제품이라는 점을 알아줬으면 좋겠
어요." 조다나가 대답했다. 출발이 좋았다. 나는 그녀의 생각을 조금

더 듣고 싶었다. 그런데 순식간에 대화가 다시 옆길로 빠졌다. "무료 광고 포인트를 받으려면 누구한테 이야기해야 하는지 혹시 알고 있나요?" 쓸모 있는 정보를 얻으려면 계속해서 대화의 방향을 전환할 필요가 있어 보였다.

'방향 전환'이란 대화 상대를 대화 주제 쪽으로 또는 대화 주제로부터 멀리 안내하는 조용하지만 효과적인 기술이다. 상대방이 일부러 주제를 피하거나 이미 자세하게 다룬 주제에 막혀 넘어가지 못할 때 유용하다. 특히 갑자기 자리를 떠나면 무례하게 보일 수 있는 회의나 저녁 모임 등에서 대화가 끊기지 않고 다른 주제로 자연스럽게 넘어가도록 유도해야 할 때 방향 전환 기술이 도움이 된다. 방향 전환의 핵심은 현재 상대방과 내가 대화에 서 있는 지점을 인정하고 부드럽게 앞으로 몰고 가는 것이다.

"당연히 도와드릴 수 있죠." 조다나에게 말했다. "일단 지금 그 이야기는 잠시 멈추고 조다나가 운영하는 회사와 스토리에 집중하고 싶습니다. 당신이 하는 일이 매우 흥미롭거든요. 광고 포인트는 이따가 다시 이야기할게요."

"좋아요." 그녀는 대답했고, 우리는 바로 본론으로 돌아갔다.

조다나와의 대화에서 방향 전환이 효과적이었던 이유는 무엇일까? 첫째로 그녀가 알고 싶은 부분을 슬쩍 넘어가는 대신 직접적으로 설명했다. 광고 포인트에 대한 그녀의 관심을 인정함으로써 내가 경청하고 있다는 사실을 전달한 것이다. 그런 다음 나는 그녀가 할 말이 진심으로 흥미롭다는 점을 강조했다. 마지막으로 그녀가 알고 싶은 부분을 함께 살펴보겠다고 약속하며 조다나를 안심시켰다. 짧은 순간에 효과적으로 본론으로 돌아올 수 있었고, 이후 인터뷰는 순조롭게 진행되었다.

방향 전환에는 두 가지 목적이 있다. 내가 지금 무슨 이야기를 어떻게 하고 있는지 상기시키고(주제에서 벗어나거나 선로를 이탈했는지, 대화를 주도적으로 이끌어가고 있는지, 말실수하기 직전인지), 나와 상대방이 시간과 에너지를 절약할 수 있도록 돕는다.

방법을 모르거나 선호하지 않는다는 이유로 방향 전환에 실패할 경우 대화에 참여한 모두가 고통받게 된다. 다른 사람들이 말싸움하는 광경을 지켜봐야 하는 난처한 상황일 수도 있고, 귀중한 회의 시간을 공평하게 쓸 방법이 있는데도 혼자서 독식하는 직장 동료를 원망할 수도 있다. 타인의 관심이 지나치게 사적이거나 악의적이라 불편해서 자신을 보호해야 한다고 생각할 수도 있다. 이렇듯 고비를

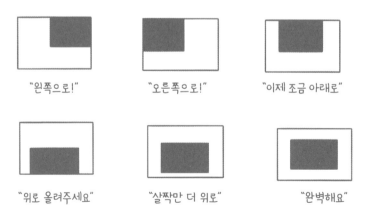

방향 전환은 대화를 올바른 곳으로 인도한다

"왼쪽으로!" "오른쪽으로!" "이제 조금 아래로"

"위로 올려주세요" "살짝만 더 위로" "완벽해요"

넘겨야 할 때 방향 전환이 도움이 된다. 다양한 상황에서 대화를 올바른 방향으로 이끄는 방법을 좀 더 자세히 알아보자.

회피에 대응하는 방향 전환

가브리엘라가 갑작스레 내게 보고할 내용이 있다고 알려 왔다. 팀원이 급하게 면담을 요청하며 보고할 말이 있다고 하면, 십중팔구 회사를 그만두겠다는 말이 나온다. 스마트폰에 회의 알림이 뜰 때마다 그렇듯 이번에도 심장이 내려앉는 듯했다. 아무리 여러 번 다뤘다고 해도 퇴사는 늘 어려운 주제였다. 그러나 경험을 통해 힘들지만 꼭 필요한 대화라는 점을 이미 알고 있었다. 진로는 원래 일직선이 아니라 구불구불한 길이라는 점을 인정하고, 나아가 변화는 당연한 일이므로 반갑게 받아들여야 한다는 것도 이해하고 있었다.

우리는 평소 일대일 면담을 하던 사내 카페에서 만났다. 늘 그렇듯 간단하게 수다를 떨고 주말 계획에 대해 이야기했다. 그런 다음 가브리엘라는 장황한 설명을 시작했다. "다음번 워크숍을 진행할 때 엔지니어팀이 참여하도록 하면 좋을 것 같습니다. 실제 사용자 스토리를 들으면 공감대를 형성하는 데 많은 도움이 되지 않을까요." 가브리엘라가 이런 말로 대화를 시작할 것이라고 예상하지 못했지만, 어쨌든 좋은 제안이라는 생각이 들었다. "그리고 제가 지금 맡은 프로젝트는 문제없이 잘 진행되고 있습니다. 팀원들도 진척 상황을 잘 알고 있고 이번 주에 새로운 디자인 콘셉트와 향후 제품 기능을 살펴보는 브레인스토밍 회의도 계획하고 있어요." 역시 듣기 반가운 내용이었지만, 내 직감은 회의의 진짜 목적이 이게 아니라고 말하고 있었다. "또 지금 작성 중인 보고서도 마무리 단계인데 내일 보내드려도 될까요?"

주어진 시간의 절반이 지난 후였다. 하지만 가브리엘라가 원하는 지점까지 가려면 아직 한참 남은 듯 보였다. 그녀는 평소보다 더 들썩이며 단숨에 이런저런 이야기를 쏟아냈다. 준비 태세를 취하는 것 같았다.

"그럼요, 당연하죠." 내가 대답했다. "그런데 잠깐 시간을 확인할게요. 가브리엘라가 꼭 보고해야 할 내용이 있다고 했으니까요. 참고로 한 15분 정도 남았군요."

가브리엘라가 이어 말했다. "그렇네요. 방금 말씀드린 업무 모두 완료할 계획입니다. 그리고, 2주 후에 퇴사한다는 말씀을 드리고 싶었어요." 드디어 본론에 도달했다!

종종 상대방이 해야 할 중요한 말이 있지만, 이런저런 이유(두려움, 수치스러움, 죄책감, 불안)로 회피하는 것을 볼 수 있다. 이미 할 말이 있다고 알려주거나 행동 또는 보디랭귀지로 충분히 짐작할 수 있는데 정작 머뭇거리고 있다면, 상대방이 가고자 하는 쪽으로 방향을 전환하면 된다.

대화 상대가 주제를 회피할 때 간단하지만 효과적인 두 가지 기술을 응용해 보자.

214

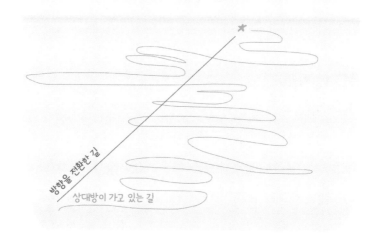

대화 상대가 주제를 회피할 때는,
방향을 전환해 나아갈 길을 제시한다

방향을 전환한 길

상대방이 가고 있는 길

해야 할 말을 상기시킨다

상대방이 주저할 때 해야 할 말이 있다는 것을 상기시키면, 하고 싶은 말을 할 수 있는 용기를 줄 수 있다. 동시에 상대방의 의도를 주시하고 있으며 들을 준비가 되어 있다는 메시지를 전달할 수 있다. 서로가 같은 곳에 서 있다는 확신이 대화를 통해 진짜로 전하고 싶은 말을 할 수 있도록 돕는 작은 격려인 셈이다.

진심을 표현할 수 있도록 유도할 때 다음의 표현을 응용해 보자.

- ~에 대해 이야기하고 싶다고 했죠?

- ~를 생각하고 있는 것 같군요. 지금 이야기하면 어떨까요?

- 이것 말고 의논하고 싶었던 다른 주제가 있지 않았나요?
- 당신이 특별히 다루고 싶은 이야기가 있던 것으로 기억합니다.
  이제 이야기해 볼까요?

은근히 압박한다

약간의 압박은 적당한 긴박감을 주어 문제를 정면 돌파할 수 있도록 돕는다. 가브리엘라와의 대화에서 나는 그녀가 진심을 털어놓을 수 있도록 격려하기 위해 남은 면담 시간을 슬쩍 언급했다. 상대방에게 남은 시간을 알려주는(또는 관련 없는 이야기를 하느라 보낸 시간을 알려주는) 간단한 행동만으로도 다시 본론에 집중하도록 유도할 수 있다. 다음 예시를 살펴보자.

- 벌써 시간이 이렇게 되었네요. 이제 그 일에 대해서 이야기해 볼까요?
- 30분 후에 [카페가 문을 닫습니다, 기차가 출발합니다, 회의가 끝납니다]. 먼저 그 문제부터 이야기합시다.
- 시간이 절반 정도 지났습니다. ~를 우선 의논할까요?

혼란을 멈추는 방향 전환

커리어코치가 되기 위해 훈련 중인 친구가 있다. 그의 클라이언트

중 한 남성은 최근에 경영대학원을 졸업한 후 진로를 고민하고 있었다. 상당한 학자금 대출을 갚아나가야 하는 처지였지만 정작 자신이 무엇을 하고 싶은지 알지 못했다.

"채용이나 인사 관련 일을 해 보면 어떨까 싶습니다. 아니면 관리직이나 마케팅 업무도 괜찮고요." 클라이언트가 말했다. 한 번에 많은 정보가 쏟아졌지만, 친구는 나쁘지 않은 출발이라고 생각했다. "잘 모르겠어요. 아무리 열심히 찾아봐도 마음에 드는 일이 없습니다. 저한테 맞는 일이 없는 것 같아요." 이 말과 함께 그가 한숨을 내쉬었다. 기대와 노력이 늘어날수록 실망도 큰 듯 보였다.

"당신이 말한 직무들의 어떤 점이 흥미로운가요?" 친구가 물었다. 연결형 질문을 던져 여러 관심사 사이에 공통 요소가 있는지 파악하려는 의도였다.

"채용될 가능성이 높은 자리들이거든요." 클라이언트가 답했다. 진심을 읽기에는 부족했기에 좀 더 깊게 들어가 보기로 했다.

"당신이 선택될 거라고 확신하는 일자리들이군요." 친구가 폭넓은 대화를 위한 길잡이 기술을 활용하며 말했다.

"맞습니다. 관련 학력이나 경력이 있으니까요." 그리고 클라이언트가 잠시 말을 멈추었다. 걱정이 그의 얼굴을 스쳤다. "이런 일자리들마저 떨어진다면, 무엇을 할 수 있을지 모르겠어요…. 만약 취직에 실패하면 어쩌죠? 당신이 관련 업계에서 일하는 지인을 소개해 줄 수 있나요?"

대화하다 보면 혼란의 소용돌이에 갇힌 상대방이 본론에 집중할 수 있도록 도와야 하는 경우를 종종 만난다. 이를 위해 상대방이 난

관에 부딪혔다는 것을 알 수 있는 몇 가지 신호들을 살펴보자.

- **집착.** 계속 같은 자리를 맴돌면서(일자리를 찾지 못한다는 생각처럼) 하나의 아이디어 또는 감정에만 집중한다.
- **절망.** 상황에서 벗어날 길이 없다고 판단하고 부정적인 태도로 일관한다.
- **반복.** 처음 꺼냈던 이야기를 계속 되풀이하거나 집착하고 있는 주제에 대해 같은 말을 반복한다.

상대방이 대화하다가 어느 한 지점에서 막혀 더 이상 나아가지 못한다면, 더욱 유익한 쪽으로 방향을 전환하는 것이 바람직하다. 이때 다음 전략을 활용하면 효과적이다.

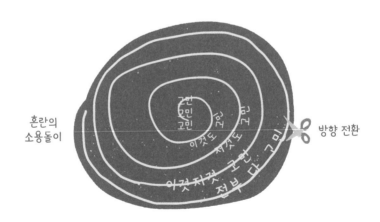

생각이 막혔음을 깨닫도록 돕는다

상대방이 자신의 생각이 막혀 있음을 알아차리도록 돕는 간단한 행동도 방향 전환의 예가 될 수 있다. 생각이 막혔음을 자각한 상대방은 같은 자리를 맴도는 대신 앞으로 나아가게 된다. 방향 전환을 시도할 때는 상대방이 어디에서 막혔는지 알 수 있도록 거울을 들어 올린다고 생각하면 된다. 솔직하게 이야기하고 필요한 경우 부드럽게 현실을 자각하도록 돕는 것이 중요하다.

앞서 살펴본 친구 역시 클라이언트가 혼란의 소용돌이에 빠졌다는 점을 인지하고 그가 이미 알고 있는(그러나 타인의 입을 통해 다시 들을 필요가 있는) 사실을 신중하게 설명하며 대화의 방향을 전환했다. "당신이 준비되었을 때 기꺼이 자리를 소개할게요." 친구가 부드럽게 말했다. "그런데 입사 지원서를 넣기 전에, 자신이 정말로 원하는 바가 무엇인지부터 먼저 파악해야 할 것으로 보이네요." 결국 클라이언트도 그 말에 동의했다.

대화의 방향을 전환하고 상대방이 문제점을 정확하게 파악할 수 있도록 도와주는 표현들을 살펴보자.

- 이 문제는 찬찬히 생각하면 좋을 것 같습니다.
- 이 부분을 좀 더 깊이 살펴보는 게 도움이 될 것 같아요.
- 제가 느끼기에 당신의 생각이 아직 완전히 정리되지 않은 것 같습니다.
- 이 주제를 좀 더 고민할 시간이 필요해 보입니다.

- 아까 말했던 부분으로 다시 돌아가 보았으면 합니다.
- 당신이 했던 말 중에 유독 마음에 남는 부분이 있습니다.

고정된 시각에서 벗어나 상황을 재구성한다

상대방이 오로지 한 방향으로만 문제를 바라보기 때문에 생각이 막히는 경우도 있다. 이때 상황을 재구성하면 고정된 시각에서 벗어나 앞으로 나아가는 데 도움이 될 수 있다. 예컨대 상대방의 초점이 미래에 맞춰져 있다고 가정해 보자. 이때 주의를 현실로 돌리면 생각의 흐름을 초기화할 수 있다("궁극적인 목표는 알고 있으니, 이를 위해 오늘 무엇을 해야 할까요?"). 반면 과거에 집착하는 경우 시간을 건너뛰어 미래에 대해 이야기하는 것이 도움이 된다("현재의 제약을 고려했을 때 앞으로는 어떨까요?"). 다른 평가 기준을 제시하는 것 역시 제자리에서 선 헤엄을 치는 상대방이 새로운 방향으로 헤엄칠 수 있도록 돕는 좋은 방법이다("만약 돈이 문제가 안 된다면 어떻게 하겠습니까? 시간의 제약을 받지 않는다면 어떻게 하겠습니까?").

다음 표현들을 응용해 상황을 재구성하고 새로운 시각을 제안해 보자.

- 이런 시각으로 문제를 바라본다면 어떻게 될까요?
- 만약 반대가 옳다고 가정한다면 어떻게 될까요?
- 이 부분을 기정사실이라고 생각한다면 어떻게 될까요?
- 누구에게나 가능성이 있다고 가정한다면 어떻게 될까요?

220

- 모든 선택안을 고려할 수 있다면 어떻게 될까요?
- 시점을 바꿔서 생각한다면 어떻게 될까요?

모두가 참가하도록 만드는 방향 전환

얼마 전, UX 디자인팀과 함께 진행하는 프로젝트에 대한 팀원들의 의견을 들을 때였다. 사실 내 의견은 정해져 있었다. 우리 UX 리서치팀과 UX 디자인팀은 전혀 단합되지 않고 있었다. 안 좋은 감정이 있어서 고의로 협업을 피하는 것은 아니었다. 단지 굳이 협업할 기회를 서로 만들지 않고 있었다. 나에게도 일부 책임이 있었다. 팀원들도 나와 같은 생각이었을까?

근무 기간이 비교적 긴 편인 콜렛이 먼저 입을 열었다. 자신의 감정을 숨기는 일이 없는 콜렛은 늘 의견을 먼저 말하는 편이었다. "제가 봤을 땐, 개발팀에서 디자인팀을 썩 존중하지 않는 것 같아요. 그래서 디자인팀은 요즘 개발팀과의 관계 개선에만 관심을 두고 있고요, 언젠가부터 업무 분장 회의에 아예 참석하지 않아요." 이후 콜렛은 디자인팀과 소통하면서 불만이었던 점들을 자세하게 설명했다.

콜렛이 말을 이어가는 동안 나는 팀원들의 집중력이 떨어지는 것을 알아차렸다. 닫혀 있던 노트북을 하나둘씩 열고 채팅을 주고받으며 콜렛의 말에 점차 귀 기울이지 않았다. 물론 그녀의 의견은 매우 중요했다. 하지만 시간이 갈수록 다른 사람이 말할 기회가 점점 줄어들고 있었다. 종합적인 시각에서 문제를 살피기 위해 방향 전환이 필요했다.

나는 다른 팀원들에게 발언 기회를 주기 전에 이렇게 말했다. "먼저 나서서 의견을 말해 줘서 고마워요, 콜렛. 디자인팀과 어떤 일을 했는지 상기시켜준 것도요." 그리고 이렇게 덧붙이며 다른 팀원을 향해 몸을 돌렸다. "콜렛은 디자인팀과 일하면서 어느 정도 불편함을 느꼈던 것 같군요. 파울로, 파울로는 어떤가요?"

대화하다 보면 모두가 목소리를 낼 수 있도록 방향을 전환해야 하는 경우가 종종 있다. 특히 여러 명이 대화하는 상황이라면 더욱 그렇다. 각자 성격도 다르고 말하는 방식도 다르기 때문이다. 이럴 때는 모두가 공평하게 참여할 수 있는 분위기를 만들면 보다 원활하게 대화할 수 있다.

발언 시간을 비교한다

이런 경우 방향을 전환하는 좋은 방법으로 발언 시간을 비교하는 전략이 있다. 참여자의 대화 분량을 살피는 것이다. 다른 사람의 말을 막고 끼어들고, 질문을 던지고, 길게 설명하고, 집단 의견에 말로 기여하는 것 모두 발언 시간에 포함된다. 전부 합하면 어떤 이는 발언 시간이 많은데 어떤 이는 거의 없다.

집단 구성원 간의 관계성이 분명하게 보이거나 예측 가능한 때도 있다. 콜렛처럼 대화를 이끌어갈 준비가 된 한 사람이 주도권을 갖는 상황을 생각해 보자. 반면 직접적으로 지목받아야 자신의 의견을

신중하게 밝히는 사람도 있다.

그런가 하면 집단 구성원이 서로 어떤 관계인지 자세히 모를 때도 있다. 이럴 때는 대화하면서 그때그때 관계성을 파악해야 한다. 사전에 관계성을 알 수 없는 집단일수록 대화하면서 발언 시간을 잘 조정해야 한다. 또한 대화를 주도하는 사람은 없는지 주의 깊게 살피는 것도 중요하다. 토론의 균형이 어긋날 때는 방향 전환을 통해 집단 구성원 간의 평등한 관계를 형성할 수 있다. 모두가 공평하게 의견을 공유할 때 한층 더 풍부한 대화를 나눌 수 있다.

발언권을 넘긴다

이제 살펴볼 방향 전환 표현들은 집단 내 균형을 잡는 데 특히 도움이 된다. 핵심은 한 사람의 의견을 먼저 인정한 다음 다른 사람의 참여를 유도하는 것이다. 그래야만 무시당하는 듯한 기분을 느끼지 않고 자신의 의견을 말할 수 있다.

- 자세한 설명과 맥락을 제공해 줘서 고맙습니다. 다른 분들은 어떻게 생각하세요?
- 의견 감사합니다. 여러분은 어떻게 생각하나요?
- X가 경험한 내용을 요약하면 이렇습니다. 다른 분들은 어떤 경험을 했나요?
- [타당한 지적, 좋은 아이디어, 합리적인 요청 등]이라고 생각합니다. 반대편 의견은 어떤가요?
- 의견 공유 감사합니다. 다른 분들의 생각도 듣고 싶습니다.

본론으로 돌아가는 방향 전환

승진한 동료 엘사를 축하하기 위해 팀원들과 점심 회식을 하고 있었다. 팀원 중 한 명인 이네스가 예약 전문 사이트를 통해 비행기표를 예약하려다 엄청나게 고생한 이야기를 매우 장황하게 늘어놓기 시작했다. 맨 처음 항공편을 예약한 후에 일정에 변경이 생겨 표를 바꿔야했고, 그래서 항공사에 전화한 다음 또 웹사이트 측에 전화했고, 그런데 결국 잘못된 항공편으로 탑승 수속했고, 환불받는 과정에서 대혼란을 겪었고, 그 이후에도 이런저런 일들이 있었다는 내용이었다.

이네스가 자그마한 부분까지 빠뜨리지 않고 자세하게 이야기하는 동안, 나는 다른 동료들을 살펴보았다. 나와 마찬가지로 집중력이 떨어지는 것이 분명했다. 평소에 솔직하고 남 이야기를 잘 들어주던 팀원도 피곤하고 힘든 내색을 감추지 못했다. 또 다른 팀원은 메뉴판이 세상에서 가장 흥미로운 책이라도 되는 듯 열심히 들여다보고 있었다. 그런가 하면 멍하니 손톱을 내려다보며 (대충이라도)이야기를 듣고 있다는 표시로 가끔 추임새를 넣는 팀원도 있었다. 한 팀원이 끼어들어 다른 주제로 넘어가려고 시도했지만, 혼신을 다해 이야기를 이어가던 이네스로부터 퇴짜를 맞았다("저 아직 안 끝났어요!"). 그런 와중에 안타깝게도 모두의 축하를 받으며 멋지게 주인공이 되어야 할 엘사는 이네스의 이야기에 예의 바르게 귀 기울였다. 만약 우리 중 누군가 대화를 진전시키는 방법을 찾지 못했다면 최악의 회식으로 기억되었을 것이다.

최대한 부드럽게 이네스가 쥔 마이크를 가져오기 위해 나는 이렇게 말했다. "이네스, 미안하지만 잠깐만 멈출게요. 오늘 엘사를 축하하기 위해 다들 모였는데, 음식을 주문하기 전에 엘사의 매니저가 축하 메시지를 전하고 싶을 거예요." 엘사의 매니저에게 마이크를 넘김으로써 누구에게도 상처 주지 않고 대화 방향을 바꿀 수 있었다. 이네스를 비롯한 모든 이들이 화기애애한 분위기 속에서 대화를 이어 나갔다.

옆길로 샐 때 대화의 목적을 보호한다

대화를 통해 달성하고자 하는 목적이 있는 경우, 다시 한번 반복하는 쉽고 간단한 방법으로도 대화의 경로 이탈을 막을 수 있다. 집단 구성원 중 한 명이 대화 주제를 마음대로 주무를 때 다음 표현들을 사용하면 다시 본론으로 돌아오는 데 도움이 된다. 특히 회사처럼 딱딱하고 공식적인 자리일수록 유용하게 쓰인다. 자꾸만 대화가 옆길로 새려는 느낌이 들 때 다음 표현들을 응용해 보자.

- 조금 전에 이야기하던 주제에 다시 집중해 보죠.
- 눈앞에 있는 목표로 돌아가 볼까요?
- 우리가 무엇을 의논하려고 했는지 기억해 봅시다.
- 그 이야기는 이따가 마저 할까요?

Chap 6에서 살펴보았듯, 회사 밖에서 일어나는 대화에도 목적은 빠지지 않는다. 꼭 '목적'이라고 부르지 않는다고 해도 말이다. 예컨대 오랜만에 만난 친구와 한동안 전하지 못한 근황을 이야기할 때 우리의 '목적'은 최근 일 년간 있었던 크고 작은 일들을 저녁 먹는 동안에 모두 다루는 것이다. 그런데 대화가 옆길로 새기 시작하거나 친구가 다른 이들의 안부를 전하느라 정작 자기 이야기는 빼먹는다고 가정해 보자. 가장 듣고 싶은 것은 친구의 소식이므로, 다음의 표현들을 적시 적소에 배치해 대화의 '목적'을 다시 반복한다면 금방 본론으로 되돌아올 수 있다.

- 그동안의 [승진, 약혼한 이야기, 중요한 업무적 성과 등]에 대해 이야기해 줘.
- [새로운 직장에 잘 적응하는지, 가족들에 관한 별다른 소식은 없

226

는지 등]에 대해 다시 이야기해 줘.

- 아까 말하려고 했던 [소식]으로 돌아가 보자.
- [요즘 기분은 어떤지, 가족들은 잘 지내는지]에 대해 전해 줘.

문제행동을 대놓고 지적한다

어떤 사람들은 반복적으로 대화를 옆길로 새도록 만든다. 이런 경우 가장 좋은 방법은 자신의 습관을 인지하고 있는지와 상관없이 문제 행동을 대놓고 지적하는 것이다. 관찰한 내용을 먼저 말하고 확인 요청을 덧붙이는 것이 가장 효과적이다.

- 오늘따라 주제에서 자꾸만 벗어나려고 하는군요. 저와 공유하고 싶은 말이 있나요?
- 이미 여러 번 주제와 상관없는 이야기를 꺼내고 있어요. 혹시 신경쓰이는 부분이 있나요?
- 오늘은 집중을 잘 못하는 것 같아요. 왜 그런지 이야기해 볼까요?

그 자리에서 행동을 제지하는 것이 본론으로 돌아가는 가장 좋은 방법일 때도 있다. 그러나 상대방이 자꾸 옆길로 새는 이유가 개인적인 일 때문이라고 판단된다면, 다른 사람이 모두 자리를 뜰 때까지 기다리는 것이 바람직하다. 자칫 여러 사람이 지켜보는 가운데에서 속내를 말하도록 강요하는 것처럼 보일 수도 있다.

속도를 조절하는 방향 전환

모든 대화에 똑같은 시간과 집중을 쏟아부어야 하는 것은 아니다. 가끔 핵심에 다다르거나 상대방의 요구 사항을 끄집어내기 위해 대화의 속도를 올려야 할 경우가 있다. 반대로 속도를 줄이고 상대방이 일부러 피하는 특정 주제에 더 많은 시간을 할애해야 할 때도 있다.

그렇다면 특별한 목적 없이 대화할 때 특정 주제에 시간을 너무 많이, 또는 너무 적게 쏟고 있는지 어떻게 알 수 있을까? 대화 속도를 조절하기 위해 방향 전환이 고민될 때 스스로에게 다음 질문을 던져 보자.

- 이 주제는 5분짜리일까? 아니면 50분짜리일까?
- 이 부분을 빨리 넘어가면 대화에 도움이 될까?
- 이 부분을 천천히 다루면 대화에 도움이 될까?
- 핵심을 파악하려면 시간이 더 필요할까? 아니면 이미 시간을 너무 많이 썼을까?
- 내가 이 문제를 이해하는 데 시간이 더 필요할까?

주제에 대한 논의가 더 필요하다고 판단될 때, 또는 반대로 이미 해야 할 말은 다 했다고 생각될 때 다음 표현들을 활용하면 좋다. 의도를 확실하게 전달하고 방향을 제시하는 역할을 한다.

먼저 주제를 더 자세히 살펴봐야 할 때 유용한 표현들을 살펴보자.

- 이 이야기는 시간을 할애할 가치가 있다고 생각합니다.

- 아까 이야기한 부분을 되짚어 보고 싶습니다.

- 앞서 언급한 말 중에서 흥미로운 부분이 있었습니다.

- 여기에 대해 좀 더 생각해 보죠.

서둘러 다음 주제로 넘어가야 할 때는 다음 표현들이 도움이 된다.

- 잠깐 화제를 바꿔서…

- ~에 대해 이야기 나누면 좋겠습니다.

- ~도 잊지 말고 의논합시다.

- ~에 대해 못다 한 이야기를 꼭 나누고 싶네요.

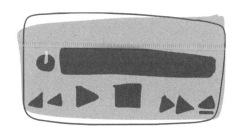

대화가 막히거나 잘못된 방향으로 나아갈 때,
속도를 줄여 정상 궤도로 돌아간다

실수를 사전에 방지하는 방향 전환

누구나 대화하면서 크고 작은 실수를 한 경험이 있다. 여러 번 만난 상대방의 이름을 잊어버리거나 좀 더 심한 경우 다른 이름으로 부르기도 한다. 상대방의 동의를 구하지 않은 상태에서 결혼했는지, 아이를 원하는지, 돈을 잘 벌고 싶은지 등 지극히 사적인 질문을 실수로 던진 적도 있을 것이다. 농담을 던졌는데 반응이 안 좋을 때도 있고, 내 이야기만 잔뜩 늘어놓기도 하며, 직장에서 나도 모르게 욕설이 튀어나올 때도 있다. 임신하지 않은 여성에게 임신 축하를 건네는 끔찍한 실수를 해 본 사람도 있을 것이다. 이렇듯 대화하면서 저지를 수 있는 실수는 셀 수 없이 많다.

일단 실수를 저지르고 나면 자신의 행동에 충격받거나('그녀가 임신했다고 마음대로 생각하다니 믿을 수 없어!'), 수치심을 느끼거나('직원들 앞에서 욕을 내뱉는 게 아니었는데'), 죄책감에 시달린다('이 사람은 항상 내 이름을 기억하는데, 왜 나는 계속 잊어버리는 거지?'). 아무 말도 하지 말았어야 한다고 후회하기도 하고 선을 넘기 전에 상대방이 저지해 주었더라면 좋았을 것이라고 원망하기도 한다('이번에는 정말 심각한 실수였는데도 그는 내가 사고 치는 모습을 구경만 했어').

대화에서 듣는 입장에 있다면 상대방이 이러한 수치심과 불편함을 느끼지 않도록 도와줄 수 있다. 상대가 실수를 저지르기 직전이거나 불편한 행동을 한다면 대화를 좀 더 중립적인 방향으로 전환하는 것이다. 이때 최대한 티가 나지 않게 상황을 무마해야 하므로, 방향 전환 역시 덜 직접적이다.

새로운 주제를 소개한다

갈등을 불러일으킬 소지가 있는 주제에서 모두가 안전하고 즐겁게 즐길 수 있는 주제로 부드럽게 관심을 돌려야 할 때는 새로운 화제를 제안하면 된다. 이때 대화를 새로운 영역으로 인도하는 '전환용 표현'을 응용할 수 있다. 예시를 살펴보자.

- ~에 대한 이야기 들어봤나요?
- ~에 대해 궁금했어요.
- ~와 관련해서 묻고 싶은 게 있었는데요.
- 우리 ~에 대해 이야기하는 거 잊으면 안 돼요.

심각한 상황에서 효과적인 긴급 전환

긴급 전환용 표현은 대화를 안전한 중립 지역으로 필사적으로 인도해야 할 때 꺼내는 비장의 무기로, 지금 이야기 중인 주제와 크게 관련이 없어도 상관없다. 망설이지 않고 바로 끼어들어야 하므로 다른 표현들보다 무례하게 들릴 수 있다. 거슬릴 수 있으나 심각한 상황에서는 매우 효과적이다.

뜬금없는 소리처럼 들릴 수 있으며 대화를 안전한 곳으로 인도할 수만 있다면 그 어떤 주제도 긴급 전환용 표현에 해당한다. 예시를 살펴보자.

- 최근에 그 기사 보셨어요?

- ~에 관한 소식 들었어요?

- [새로운 프로그램을 시청하는 것, 휴가를 떠나는 것, 맛집의 파스타를 먹어보는 것]이 매우 기대돼요!

- 요즘 뉴욕 양키스 정말 잘하지 않나요?

일시 정지 버튼을 누른다

진행 중인 대화를 어떻게든 멈추어야 하는데 당장 새로운 주제가 떠오르지 않는 경우도 생각해 볼 수 있다. 사고가 벌어지기 일촉즉발인 상황에서 대화를 좀 더 중립적인 방향으로 인도할 방법이 생각나지 않는다면, 일시 정지 버튼을 누르자. 실수를 방지하는 것이 우선이므로 최대한 짧고 간결한 표현이 좋다.

- 이 이야기는 이따가 다시 해요.

- 잠깐만요. 일단 그 부분은 잠시만 미룰게요.

주범의 퇴로를 제공한다

주제를 바꾸거나 잠시 정지하려는 노력이 실패로 돌아갔다면, 남은 방법은 철수시키는 것이다. 대화에 참여 중인 모두를 위해 흐름을 가로막는 사람을 아예 제외시켜 방향 전환을 시도할 수 있다. 친구를 살짝 불러내거나("부엌에서 나 좀 도와줄래? 일손이 필요해") 동료를 회의실 밖으로 데리고 나오는 방법 모두 좋다("잠깐만 이야기할 수 있을까요?").

친절하지만 단호하게 분쟁 중재로 방향 전환

가족 저녁 식사 모임이 한창이었다. 22명의 따스하고 사랑스러운 얼굴들이 의자를 채운 모습을 보니 절로 기분이 좋아졌다. 다들 명절을 함께 보내고 새로 태어난 손주와 조카를 보기 위해 먼 거리도 마다하지 않고 모인 터였다. 휴일에 어울리는 분위기가 이어졌다. 두 사람이 육아 방법을 놓고 말다툼을 시작하기 전까지는 말이다("갓난아기가 울어도 내버려 두는 건 말도 안 돼. 생각만 해도 끔찍해!" "그래, 그러니까 너희 아기가 밤에 잠을 안 자는 거야! 자꾸 고집부리다가 밤을 꼴딱 새우고 말걸!"). 그렇게 한동안 언쟁이 오갔다.

어느 가족이든 아이의 수면 훈련에 대한 의견이 나뉜다. 진짜 문제는, 수면 훈련이 아니라 두 사람이 미처 깨닫지 못하는 사이 목소리가 커지고 있다는 것이었다. 테이블을 가운데 두고 날 선 말들이 빠르게 오갔다. 한쪽에서 시작한 사소한 의견 충돌이 이제는 사람들이 다 보는 가운데 맹렬한 싸움으로 번졌다. 가족 전체가 안정을 되찾고 두 사람이 선을 넘었다는 사실을 인지할 수 있도록 누군가 나서서 상황을 정리하고 대화의 방향을 전환해야 했다. 하지만 아무도 나서지 않자 두 사람은 계속해서 서로를 향해 목소리를 높였고 언쟁의 수위도 높아졌다. 결국 쾅 닫히는 문과 함께 싸움이 끝났고 어색한 침묵이 가라앉았다. 모두가 즐거워야 할 밤이 이미 엉망이 되어버린 후였다.

종종 우리는 걷잡을 수 없을 만큼 심각하게 흘러가는 대화를 누그러뜨려야 하는 상황에 부딪힌다. 이때 친절하지만 단호하게 방향을 전환한다면 대화를 보다 편안한 쪽으로 인도할 수 있다.

상대를 인정하며 거래한다

한창 싸움이 진행 중일 때는 대화 상대가 자리를 피하지 않으려고 할 수도 있다. 단순한 말다툼을 넘어 전면전이 시작될 조짐이 보인다면, 나중에 해결하겠다는 약속으로 방향을 전환할 수 있다. 아래 나온 표현들은 대화자의 상태를 인정하는 동시에 흥분이 가라앉으면 다시 주제로 돌아올 것을 제안하며 대화를 새로운 방향으로 부드럽게 인도한다.

- 당신에게 민감한 주제군요. 하지만 여기 있는 모두가 공감하는 것은 아니니, 나중에 몇 사람만 남으면 그때 다시 이야기해 보는 게 어때요?
- 이 주제에 대해 하고 싶은 말이 많군요. 당신만 괜찮다면, [축하, 소개 등]이 끝난 후에 다시 이 이야기로 돌아올게요.
- 이 문제에 대한 당신의 강한 신념이 그대로 전달되네요. 하지만 저녁 식사를 마친 후에 이야기를 계속하는 게 좋겠어요. 괜찮나요?

양쪽의 감정을 대변한다

언쟁을 완화하는 또 다른 방법은 바로 말다툼의 원인이 되는 감정에 주목하는 것이다. 대화 내용을 요약하고 감정을 되짚어 본다면

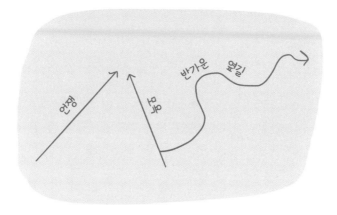

갈등을 중재하면 나아갈 길이 보인다

안정 / 모욕 / 반가운 옐김

모두가 갈등의 진짜 원인을 이해하는 데 도움이 된다. 부부 치료나 가족 상담을 받아본 적이 있다면 이 기술을 이미 접해 봤을 것이다. 어린 자녀들 간의 다툼을 중재할 때도 같은 기술이 쓰인다("소피는 마음에 상처를 받았고, 너는 화가 났구나").

- 당신은 이렇게 받아들이지만, 그녀는 다르게 생각하는 것 같군요.
- 한쪽은 ~와 같은 감정을 느끼는데, 다른 쪽은 …라고 느끼는 것 같아요.

내가 다툼의 주인공인 상황을 진정시켜야 할 때도 같은 규칙이 적용된다. 상대방으로부터 파악한 근본적인 감정을 말로 표현하는 동시에 중립을 지키고 마음대로 판단하지 않아야 한다. "저는 농담한 건데 당신이 예민하게 반응하는 거예요"가 아니라 "당신이 마음에 상처를 입은 데는 제 탓도 있어요"라는 말을 전달하는 것이 핵심이다. 감정을 이해하고 공감해 주는 사람 앞에서는 자연스럽게 화가 풀린다.

내가 느끼는 감정과 입장을 상대방과 공유하는 것 역시 좋은 방법이다. "이 주제는 자신이 없습니다" 또는 "이 주제를 생각하면 마음이 매우 불안합니다"라는 말로 현재 감정을 온전하게 전달할 수 있다. 이러한 감정을 함께 살펴보면 자연스럽게 갈등이 해소된다.

타인의 감정을 대변하든, 내 감정을 대변하든, 서로가 왜 이렇게 행동하는지 이유를 설명하는 것은 바람직하지 않다. 나중이라면 몰라도 처음부터 원인 분석에 매달리지 않도록 주의해야 한다. 자칫 잘못하면 감정에 대한 비난의 화살을 서로에게 돌리기 매우 쉽기 때문이다.

목표는 "X와 같은 일이 벌어졌을 때 저는 Y라는 감정을 느꼈어요. 그런데 지금은 당신이 일부러 그런 게 아니라는 것을 이해합니다"라고 말하는 것이다. 감정을 분명히 표현할 때 갈등이 사라지고 서로를 더 잘 이해하며 문제에 대한 해결책을 찾게 된다.

상황을 완전히 종료한다

물론 어떤 관계인지에 따라 좀 더 단도직입적으로 문제 해결을 시도할 수 있다. "여러분, 수면 훈련 방법이 어떻든 둘 다 훌륭한 부모예요. 이제 다시 축하 분위기로 돌아가죠!" 또는 "그만 해요, 둘 다. 이제 그만 넘어가죠!"라는 말로 싸움을 중재하는 것이다. 나중에 문제를 해결하겠다는 약속으로는 갈등을 완화할 수 없다면 상황을 완전히 종료하고 넘어가는 편이 효과적이다. 이 기술은 Chap 9에서 보다 자세히 살펴보자.

상대의 악의로부터 나를 보호하는 방향 전환

함께 일하는 동료 중에 유독 이런저런 말을 많이 하게 되는 사람이 있다. 몇 년 동안 함께 일하면서 믿을 만한 친구가 아니라는 점을 알게 되었고, 그래서 경계 태세를 갖추고 일대일 면담을 시작하는데도 대화를 마칠 때쯤이면 절대 말할 생각이 없었던 일들까지 털어놓게 된다. 스스로 상식적이고 침착한 편이라고 평가하지만, 그 동료와 대화할 때만큼은 내 행동이 나도 이해가 가지 않는다. 면담을 끝낸 후 도대체 무엇이 문제였는지 곱씹어 보았다. 동료가 신뢰할 수 없는 사람이라는 걸 내가 잠시 잊은 걸까? 하지만 면담 전에 늘 마음속으로 만반의 준비를 하기에 그렇다고 보기는 어려웠다. 그럼 최면에라도 걸렸던 걸까? 더욱 그럴 리 없었다. 적어도 아직까지는 말이다.

그 동료와 마지막으로 대화했을 때 나는 불현듯 깨달았다. 동료는 나를 상대로 중재 기술을 사용했다. Chap 6에서 살펴봤듯이 상대방에게 할 말이 더 있어 보일 때 매우 효과적인 바로 그 기술을 말이다. 상당히 쉽게(그리고 티가 전혀 나지 않게) 내가 속마음을 털어놓을 때까지 동료는 침묵을 지켰다. 나 역시 이러한 전략을 마치 몸의 일부처럼 써 왔지만, 동료가 이 기술을 우리 대화에 적용하고 있다는 사실을 전혀 눈치채지 못했다.

왠지 그는 자신이 어떤 행동을 하는지 정확하게 인지하고 있을 것 같았다. 거기까지 생각이 미치자 살짝 조종당한 기분이 들었다. 새로 얻은 깨달음을 고려할 때 내 마음대로 할 수만 있다면 우리 두 사람은 다시는 말 섞을 일이 없었을 것이다. 하지만 회사를 그만두지 않는 한 그를 아예 안 보기란 불가능했다.

이후 그와 면담할 때 나는 다른 전략을 활용한다. 내가 자진해서 입을 열 때까지 침묵이 흘러도 절대 먼저 말하지 않는다. 또 진로 계획과 같은 사적인 질문은 대답하지 않을 뿐더러 일과 관련된 불평도 하지 않는다. 여전히 그 동료와 우호적으로 대화하지만, 정보를 쉽게 넘겨 주지 않으려 노력한다. 그 동료가 "이번 조직 개편은 전과는 다르지 않나요? 이것 때문에 여러 팀이 공석이 되겠어요. 흥미롭네요, 안 그런가요?"라고 말하며 미끼를 던져도 예전처럼 덥석 물지 않는다. 대신 대화의 방향을 전환해 이렇게 말한다. "정말 그렇네요. 그런데 조금 있으면 마감인 프로젝트 말인데요…."

비껴간다

상대방의 악의로부터 자신을 보호하기 위해 대화의 방향을 전환해야 할 때, 이러한 의도를 비껴가는 방법을 알아두면 유용하다. 특히 친절하게 굴거나 외교적으로 대처해야 할 때 또는 다른 사람의 의도를 안다는 사실을(나아가 그에 대한 감정을) 숨겨야 할 때 이러한 기술이 도움이 된다. 사내 정치, 배우자 가족과의 민감한 대화, 그 외 문제 관계 등 진실로만 승부를 볼 수 없는 상황처럼 말이다.

이제 의도를 숨긴 채 방향을 전환할 수 있는 표현들을 살펴보자.

- 그 얘기를 들으니까 ~가 생각나는군요.
- 다른 소식도 있어요.
- ~에 대한 이야기가 나와서 말인데, …에 대해 들으셨어요?
- ~에 관해서 당신에게 이야기할 참이었어요.

입장을 밝힌다

해당 주제의 대화를 피해야 하는 이유를 명백하게 밝히는 것이 더 효과적인 경우도 있다. 상대방을 잘 알고 있거나 질책을 우려할 필요가 없다면, 왜 대화의 방향을 바꾸고자 하는지 설명함으로써 더욱 생산적인 대화를 나눌 수 있다. 상대방이 도덕적 또는 윤리적 선을 넘거나 정도가 지나친 행동을 할 때 더욱 그렇다.

- 대화의 흐름이 적절하지 않다고 생각합니다. 대신에 ~를 함께 살펴봅시다.
- 대화가 점점 감당하기 힘들어져서 아무래도 제가 개입해야 할 것 같습니다. 이 주제 대신 ~로 초점을 바꾸는 것을 제안합니다.
- 이건 조금도 전문가답지 않으며 부적절합니다. 다음 주제를 다루는 것이 더 나을 것 같습니다.

- 상황이 필요 이상으로 고조되었어요. 흥분을 가라앉히기 위해
  ~에 대해 이야기하는 건 어떨까요?

구세주가 되려고 하지 않는다

한 직원이 내게 회의에서 동료가 자신의 말을 끊고 화제를 전환했을 때 무시당하는 기분이었다고 말했다. 그날 회의는 새로 입사한 팀장과 인사하는 일종의 '상견례' 자리였는데, 그는 팀장에게 이전에 팀을 이끈 경험에 대한 다소 까다로운 질문을 던졌다고 한다. "UX 리서치팀을 관리한 적이 한 번도 없다고 들었습니다. 저희를 포함해 이번에 맡게 된 새 팀을 끌어나갈 준비가 되셨나요?"

질문을 진지하게 받아들인 팀장은 조용히 생각하더니 신중하고 솔직하게 대답했다. 이어서 직원은 괜찮다면 추가 질문을 하고 싶다고 말했다. 그때 그의 동료가 끼어들었다. "저기, 너무 심각한 이야기는 접어두고, 팀장님은 어떤 취미를 주로 즐기세요?"

대화에 불쑥 끼어든 그 동료는 원래 팀에서 사람들을 다독이고 보살피는 역할을 도맡았다. 그래서 아마도 다소 불편한 상황으로부터 팀장을 구해야 한다고 여겼을 것이다. 하지만 결과는 참담했다. 모두 어색한 미소를 띤 가운데 팀장은 어쩔 수 없이 평소 좋아하는 취미를 나열했다.

다른 사람을 대신해서 방향을 전환할 수밖에 없는 상황을 마주하

면, 먼저 내가 상황을 충분히 이해했는지, 성급하게 결론 짓는 것은 아닌지 스스로에게 질문해야 한다. 해당 동료는 그 직원이 사전에 부장과 자신의 질문 사항에 대해 상의했고, 팀장에게 해당 질문을 하도록 되어 있었다는 사실을 전혀 알지 못했다.

상대방을 '구한다'는 본능을 스스로 돌아보고 솔직한 동기를 심문하는 것도 중요하다. 정말로 난처한 상황에 처한 상대방을 돕고 싶어서인지, 아니면 내가 느끼는 불편함을 해소하기 위함인지 자문해야 한다. 만약 후자라면, 불편함을 최대한 참는 것이 나을 수 있다. 물론 불편함을 넘어 위험한 상태에 이르면 방향을 전환하거나 퇴장해야 한다(대화에서 퇴장하는 방법은 다음 장에서 보다 자세히 다룰 것이다).

나 외에 다른 사람도 현재 상황을 걱정하고 있을지도 모른다. 매번 방향 전환이 '내 몫'은 아니다. 내가 나서지 않더라도 다른 사람이 방향 전환을 시도할 것이라는 믿음을 가져야 한다. 특히 이왕이면 해당 대화와 더욱 밀접한 사람이 방향을 전환하는 것이 좋다.

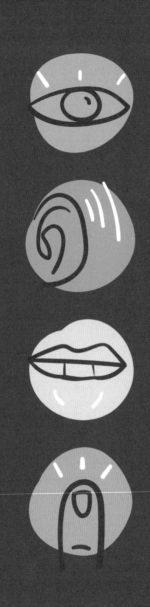

PART 3

대화가
힘이 들 때
대처 요령

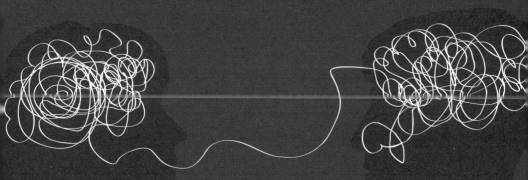

대화에서 퇴장하는 기술

서류상으로 래리는 완벽한 참여자였다. 팀원들과 나는 새로운 세대 직장인들의 진로 방향에 대해 연구 중이었는데, 연구 목적에 맞는 참여자를 골라내는 사전 질문에서 래리는 모두 정답을 적어냈다. 그뿐만이 아니었다. 우리가 살펴보고자 했던 인구학적 집단에 속했고, 야심찬 진로 목표를 가지고 있었으며, 구직 활동 중에 이미 우리 회사의 플랫폼을 사용한 경험도 있었다. 래리는 실패할 리 없는 선택이었다.

하지만 화상 인터뷰가 시작되자마자 모든 것이 틀어지기 시작했다. 사전에 그의 인터넷 연결 상태가 양호한지 세 번이나 확인했지만, 자꾸만 접속이 끊겼다. 엎친 데 덮친 격으로 래리의 노트북이 배터리 방전으로 꺼지는 바람에 스마트폰으로 화상 인터뷰를 해야 했다. 문제는 인터뷰 후반에 웹사이트 프로토타입을 보여 줄 계획이 었는데, 손에 겨우 들어오는 크기의 휴대폰으로는 웹사이트를 제대로 테스트할 수 없었다.

기술 문제로 애를 먹긴 했지만, 원격으로 인터뷰를 진행하다 보면 이러한 일시적인 장애물을 수시로 만나고는 한다. 하지만 연결 상태가 정상으로 돌아온 후에도 해결되지 않은 문제가 남아 있었다. 래리에게 질문할수록 그가 적합한 참여자가 아니라는 생각이 든 것이다.

"저희 웹사이트를 방문하면 보통 어떤 기능들을 사용하는지 말해 주세요." 내가 래리에게 물었다.

"사진을 올려서 제가 속한 네트워크의 사람들과 공유할 수 있는 점이 마음에 듭니다." 이상했다. 우리 웹사이트에는 사진을 올릴 수 있는 기능이 없었기 때문이었다.

"사진이라고 하면, 정확히 어떤 사진을 말하나요?" 내가 그의 말을 잘못 이해한 것은 아닌지 확인하기 위해 다시 질문했다. 대개 참여자는 무언가를 설명할 때 자신에게 편한 단어를 사용한다. 그 단어가 의미하는 바를 찾는 것은 질문자의 몫이다.

"아, 모든 종류의 사진이요!" 그의 답변은 모호했고, 의미를 파악하기 어려웠다. 그래서 그가 반응할 만한 자세한 예를 들었다.

"일반적인 사진을 이야기하는 건가요? 혹은 기사나 이모티콘, 아니면 아예 다른 것을 말하는 건가요?"

"아, 네, 전부 다요. 사진, 기사, 이모티콘도요. 맞아요, 정말 멋져요." 래리가 말했다. 여전히 그의 대답을 이해할 수 없었다.

나는 전날 밤 래리에게 보냈던 과제로 화제를 돌리기로 했다. '과제'란 참여자가 사전에 준비해야 하는 일종의 숙제를 말한다. UX 리서처는 과제 수행 결과를 통해 추가 데이터를 확보하는 동시에 대화의 적절한 시작점을 가늠할 수 있다. 참여자 역시 인터뷰를 시작하기 전에 생각을 정리할 수 있다.

"이제 과제 이야기를 해 볼까요? 준비한 이미지를 보여 주세요."

"아, 그 이메일이요? 할 시간이 없었어요."

상황이 반갑지 않았다. 물론 학교 다닐 때 꼭 숙제를 안 해 오는 친구들이 있듯, 모두가 성실하게 과제를 제출하는 것은 아니다. 그래도 우리 입장에서는 도움이 될 만한 무엇이든 가져오기를 바란다.

"그럼 지금 같이 살펴보죠." 나는 래리의 답변을 바로 분석하면서 대화를 이어나갔다. 결국 그가 거짓말하고 있다는 사실을 알 수 있었다.

사용자 경험을 리서치하다 보면 부적절한 참여자를 만나기도 한다. 쉽게 돈을 벌고 싶은 욕심에 거짓으로 사전 질문지를 작성하는 사람도 있고, 질문을 제대로 이해 못 해서 잘못된 답변을 하거나 아무 생각 없이 건성으로 대답하는 사람도 있다. 인터뷰가 끝나기 전까지 래리가 어느 쪽인지 확신할 수 없었다. 나는 이쯤에서 대화를 끝내야 한다고 직감했다. 대화를 밀고 나갈수록 래리는 우리가 무슨 주제로 대화하고 있는지 아예 모른다는 사실이 점점 더 분명해졌다.

햇병아리 시절이었더라면 래리와의 인터뷰를 어떻게든 진행했을 것이다. 래리가 팀에서 주목하는 대상이 아니더라도 도움이 될 만한 정보를 찾아내려고 노력하면서 말이다. 그러나 그동안의 경험을 통해 나는 이런 경우에는 노력을 기울일 가치가 없다는 점을 배웠다. 어렵게 얻은 데이터는 무용지물이나 다름없고 모두의 시간을 낭비하는 셈이기 때문이다. 이런 상황에서는 대화 전환보다는 대화 종료와 퇴장이 효과적이다.

총 60분의 인터뷰 시간 중 20분 정도가 흐른 시점이었다. 나는 말했다. "래리, 오늘 시간 내주셔서 정말 감사합니다. 짧은 대화였지만 많은 것을 배울 수 있었습니다. 필요 이상으로 당신의 시간을 뺏지 않을게요."

갑작스러운 상황 전개에 래리는 기쁜 듯 보였다. "아, 잘됐군요! 참여비는 나오는 거죠?" 인터뷰가 종료되자 팀원들도 안도의 한숨을 내쉬었다.

대화를 전환하는 것으로 충분하지 않다면 대화를 아예 종료하고 퇴장하는 방법도 효과적이다. 잠깐의 휴식만으로는 회복할 수 없을 정도로 지친 상태여서 대화를 종료해야 하는 때도 있다. 위협적이거나 해로운 분위기에서 벗어나기 위해 자리를 피해야 하는 상황도 발생한다. 우선순위가 높은 다른 일을 처리해야 하는 때도 있다. 대화는 유지하되 흐름만 바꾸는 방향 전환과 달리, 대화 종료는 아예 퇴장하는 것을 말한다.

상호 간에 적당한 선을 지키지 않으면 오히려 관계 형성에 해가 된다. 상대방의 상황은 확인하지도 않고 전화하자마자 배우자에 대한 흉을 늘어놓는다면, 그리고 이런 상황이 자주 반복된다면 상대방은 불쾌해지기 시작한다. 또 '친구'로부터 이용당하는 느낌을 자주 받으면 자연스럽게 약속을 피하게 된다. 그런가 하면 동료 직원과의 회의가 매번 예정보다 길어지는 바람에 통근 버스를 자꾸만 놓친다면, 함께 일하는 것이 꺼려지고 다른 프로젝트로 옮기고 싶다는 생각이 들기 마련이다.

대화에서 퇴장하는 방법을 모르면 이처럼 피곤한 상황에 계속 시달릴 수밖에 없다. 그 결과 서로에 대한 신뢰가 무너지고 상처와 외로움만 남는다. 타인에 집중하느라 자신은 전혀 돌보지 못하는 '경청의 희생자'가 되지 않으려면 부정적인 대화에서 벗어나 지친 마음을 재충전하는 방법을 찾아야 한다.

다행히 감정적으로 힘들거나 불안함을 느끼기 전에, 또는 다음 약속에 늦기 전에 대화를 종료할 수 있는 몇 가지 방법이 있다. 단, 시도 때도 없이 대화를 종료하는 것은 바람직하지 않다. 자칫 상대방에게 지나치게 감정적이고 신뢰할 수 없는 회피형 인간이라는 인식을 심어 줄 수 있다. 이 점을 유의한다면 필요할 때 큰 도움을 주는 유용한 도구다. 나아가 특정 사람과 있을 때 반복적으로 대화 종료를 시도한다면, 상대방과의 관계에 근본적인 문제가 있다는 신호일 수 있다.

대화를 효과적으로 종료하려면 먼저 몇 가지 기술을 익혀야 한다. 하나씩 찬찬히 살펴보자.

대화 종료를 위해 필요한 기술

0:00 시간제한

타임아웃

핑계 대기

끼어들기

인정하기

거리 두기

시간제한을 적용한다

'시간제한'이란 상대방에게 일정 시간을 허락한 다음 시간이 지나면 대화에서 벗어나는 기술을 말한다. 피곤함, 집중력 부족, 감정적 동요 등 다양한 이유로 상대방의 말에 공감할 수 없을 때 이 기술을 활용할 수 있다. 분명하게 선을 긋거나 이용당하지 않도록 자신을 보호해야 하는 상황에서도 매우 유용하다.

특히 상대방이 내가 줄 수 있는 것보다 더 많은 것을 바라는데 상대방을 기쁘게 하는 것이 나에게도 유리할 때 시간제한이 도움이 된다. 좋은 관계를 유지해야 하는 직장 동료, 내 편으로 만들면 여러모로 편리한 이웃, 함께 얼굴을 맞대고 살아가는 배우자와 친구 등이 여기에 해당한다. 대화에 시간제한을 둠으로써 영혼 없이 대답하거나 에너지를 과도하게 소비하지 않으면서도 소중한 사람들과의 관계를 지킬 수 있다.

시간제한을 적용하는 쉽고 간단한 방법들을 함께 살펴보자.

- **처음부터 시간제한을 정한다.** 신뢰를 기반으로 한 안정적 관계의 경우 대화할 수 있는 시간을 솔직하게 털어놓으면 손쉽게 시간제한을 적용할 수 있다. 상대방에게 내 생각을 명확하게 알리는 것이 좋은 이유는, 대화를 어떻게 진전시켜야 하는지에 대한 스트레스에서 벗어날 수 있고 주어진 시간을 가장 효율적으로 사용하는 방법을 상대방과 명확하게 결정할 수 있기 때문이다 ("대화할 시간이 20분밖에 없지만, 그때까지는 여기에만 집중할게요!").

- **시간이 제한된 장소를 선택한다.** 시간제한을 솔직하게 이야기하는 것이 오히려 대화에 독이 되는 경우도 있다. 특히 가까운 사이가 아니라면 초반부터 시간을 제한하는 행동이 오히려 인색하다는 인상을 주거나 상대방에게 빨리 말해야 한다는 부담을 줄 수 있다. 이럴 때는 티가 덜 나지만 효과는 비슷한 방법을 응용하면 된다. 바로 이미 시간제한이 적용된 장소를 고르는 것이다. 예를 들어 지나칠 정도로 말이 많은 동료와 대화하기 전, 회사 식당처럼 오래 앉아 있어도 아무런 문제가 되지 않는 장소가 아닌, 테이블 회전이 빠른 외부 식당을 고른다. 자리를 양보하지 않고 오랫동안 쓸 수 있는 사무실 공용 공간은 피하고, 예약하고 사용 시간

도 정해져 있는 회의실을 사용한다. 끝부분에 약간의 압박을 느끼도록 전체 흐름을 설계하면, 상대방의 감정을 상하게 하지 않으면서 효율적이고 결론이 명확한 대화를 나눌 수 있다("회의실을 비워 줘야 할 것 같아요. 다음 주에 다시 이야기합시다!").

- **연달아 일정을 잡는다.** 앞서 살핀 두 가지 방법 모두 적용할 수 없다면, 나만의 제약을 만들어 자연스럽게 대화에서 벗어나 보자. 예를 들어 약속이나 외근 등 놓치면 안 되는 일정을 사전에 잡은 다음 그 시간에 맞춰 대화를 마무리한다. 예정 시간을 처음부터 알리는 것이 좋다. 그래야 죄책감을 덜 느끼며 대화를 종료할 수 있다("이따가 약속이 있어서 2시에는 일어나야 해요. 양해해 주세요").

- **알람을 맞춘다.** 미리 정한 대화 시간을 재기 위해 알람을 설정하라는 말이 아니다. 알람 소리를 듣는 것만으로도 상대방에게 대화를 끝낼 시간이라는 신호를 보낼 수 있다. 특히 알람이 울려도 이유를 캐물을 가능성이 적은 회사에서 유용하다. 대화 도중 미리 맞춰 둔 알람이 울리면 "이제 가 봐야 할 것 같습니다"와 같은 간단하고 짧은 말로 양해를 구하고 자리를 떠난다. 나 외에 다른 사람은 알람이 왜 울렸는지 알 수 없으므로 자연스럽게 대화를 종료할 수 있다.

타임아웃을 요청한다

여느 부부처럼 나와 남편은 갈등을 해소하는 방식이 달라도 너무 다르다. 언쟁이 점점 심해지면 나는 최대한 바로 화해하려는 반면, 남편은 일단 잠시 쉰 다음 갈등이 풀릴 때까지 차분하게 대화하는 편이다. 대화를 아무리 오래 해도 남편은 지치지 않지만, 내 에너지는 금방 고갈된다. 한 시간 동안 서로의 말과 어조, 감정을 해부하듯 자세히 들여다보고 나면 나는 완전히 방전 상태인데, 그는 이제 겨우 시작한 사람 같다.

결혼 초기에는 그의 방식을 꾹 참고 버티며 대화했다. 틀어진 관계를 고치는 것이 중요했을 뿐, 고치는 방식에 대해서는 크게 신경쓰지 않았다. 그래서 거실 소파나 장거리 여행을 떠나는 자동차 안에서 몇 시간이고 대화하며 갈등을 해결한 적이 여러 번이다. 어떻게 보면 우리는 목적을 성공적으로 달성했다. 대화를 통해 화해했으니 말이다. 그러나 대화가 끝날 즈음에 나는 너무 지친 나머지 갈등을 해소했다는 사실을 충분히 기뻐하지 못했다.

시간이 지나면서 대화를 종료하고 싶은 순간 솔직하고 분명하게 의사를 표현해도 좋겠다는 생각이 들었다. "이 이야기를 계속하고 싶긴 한데, 먼저 잠깐 쉬었으면 좋겠어. 생각이 명료하게 정리되지 않아." 이렇게 말할 수 있을 만큼 결혼 생활을 오래 했으니 말이다.

타임아웃 요청은 크게 두 부분으로 나뉜다. 대화를 중단하자는 단도직입적인 요구와, 이러한 호소를 할 수밖에 없는 맥락이다. 이 두 가지 조건이 충족되면 상대방에게 상처 주지 않으면서 대화에서 나가고 싶다는 의사와 그 이유를 명확하게 전달할 수 있다. 타임아웃은 논쟁으로 과열된 분위기를 가라앉히는 데 매우 효과적이다. 감정을 주체할 수 없고 양쪽 모두의 안전이 위험할 수 있는 상황에서 벗어나도록 돕는다.

타임아웃은 이미 어느 정도 친밀한 사이의 사람과 대화할 때 효과적이며 더 밀접한 관계를 형성하는 데에도 도움이 된다. 내 감정을 솔직하게 이야기한다는 것은 곧 상대방이 내 감정을 이해해 줄 것이라는 믿음을 보이는 것이며, 나아가 솔직함과 약점을 먼저 드러내어 상대방도 그러한 부분을 공유해 주길 요청하는 것이다.

타임아웃이 필요할 때 다음 표현들을 응용하면 좋다.

- 미안하지만, 잠시 휴식이 필요할 것 같습니다. 완전히 지친 상태라서 집중이 안 되네요.
- 이 대화는 저에게 중요하지만, 지금 당장은 경청하기가 매우 힘듭니다.
- 잠깐 쉬었으면 좋겠습니다. 감정이 너무 격앙되어 있어요.
- 대화를 감당하기 힘들다는 생각이 드는군요. 타임아웃이 필요합니다.

상황이 허락한다면 언제 다시 대화를 시작할 수 있는지 미리 알려 주는 것이 좋다.

- 핵심을 제대로 이해하기 위해 천천히 생각할 시간이 필요합니다. 내일 다시 이야기해도 될까요?

- 당신의 입장을 제가 제대로 파악했는지 되짚어 볼 시간을 주세요. 한 시간 후에 대화를 이어가도 괜찮을까요?
- 어떤 의견인지 잘 알겠는데, 제 생각이 아직 정리되지 않았습니다. 다음 주에 계속 이야기해도 될까요?

덜 구체적인 핑계를 댄다

모든 관계가 솔직함 앞에 무너지지 않을 만큼 단단하다고 말할 수 없다. 이럴 때는 진이 빠지는 대화에서 재빨리 해방되기 위해 오히려 말을 아끼는 편이 낫다. 대신 핑계로 빈자리를 메꾸면 된다.

육아 휴직 중인 동료 레스가 나와 같은 동네에 산다는 사실을 꽤 오래전부터 알고 있었다. 하지만 같이 일한 지 1년이 지나서야 동네 근처에서 우연히 마주치기 시작했다. 한번은 일요일 오후 집 근처에 있는 마트에서 장을 보다가 레스와 만났다. 나는 개 산책용 신발에 아무 옷이나 걸친 차림이었고, 갓 태어난 아기를 데리고 온 그는 피곤해 보였지만 오랜만의 외출에 신경 쓴 차림이었다. 사실 레스가 먼저 인사하지 않았다면 그를 못 알아봤을지도 모른다.

"안녕하세요!" 레스가 반가운 목소리로 인사했다. 그녀는 아마 내가 몇 달 만에 처음 본 회사 사람인 것 같았다. 우리는 그가 일을 잠시 쉬는 동안의 근황과 새로 태어난 아기에 대해 간단하게 대화했다. 인사하고 슬슬 돌아설 기회를 엿보고 있는데 레스가 갑자기 회사에 대한 질문을 쏟아내기 시작했다.

무례하고 굴고 싶지 않았지만, 장바구니가 점점 무거워지고 있었다. 게다가 곁눈질로 슬쩍 보니 벌써 계산대 앞으로 줄이 길게 서 있었다. 그동안 봐 온 레스는 사무실에서 남 이야기하는 것을 좋아하는 편이었다. 그런 그에게 뒷말할 재료를 주고 싶지 않았다. 레스가 장을 다 보고 옆에 있는 카페에서 밀린 이야기를 나누자고 제안했을 때, 나는 선택해야만 했다. 그에게 내 시간과 에너지, 마음의 여유를 양보할 것인지, 아니면 안전과 사생활이 보장되는 우리 집으로 탈출할 것인지를 놓고 고민했다.

레스와는 그렇게 친한 사이는 아니었으므로 솔직하게 속마음을 털어놓기가 꺼려졌다. 그렇다고 소중한 주말을 시시콜콜한 이야기나 하면서 보낼 수는 없었다. 이런 경우 간단하고, 정중하고, 분명한 '핑계'가 가장 효과적이다. "저도 정말 그러고 싶은데요. 안타깝게도 가 봐야 할 곳이 있어요." 그러자 그가 대답했다. "그렇군요! 오랜만에 얼굴 봐서 반가웠어요."

핑계를 통해, 더 중요한 일에 집중해야 하므로 더 이상 대화를 이어나갈 수 없다는 메시지를 전달할 수 있다. 이러한 표현은 대화를 마무리해야 하는 이유가 상대방이 아니라 내게 있다는 점을 강조한다. 구체적이어도 좋고("개와 산책하러 가야 합니다") 두루뭉술해도 상관없다("이제 가 봐야 합니다"). 하지만 보통 덜 구체적일수록 좋다. 정중하게 핵심만 말하는 것이 중요하다.

- 이제 가 봐야겠어요. 만나서 반가웠습니다.

- 더는 시간 뺏지 않겠습니다. 이만 가볼게요.

- 마음 같아서는 더 있고 싶은데, 이미 지각이라서요.

- 바쁘실 테니, 이쯤에서 인사드릴게요.

효과적으로 끼어든다

얼마 전 카페에 앉아 글을 쓰고, 부족한 수분을 보충하고, 다른 사람을 관찰하며 혼자만의 시간을 보내고 있었다. 젊은 연인이 옆자리에 자리를 잡았다. 오늘이 여자의 생일인 듯했고, 남자친구와 함께 온종일 무엇을 할지 계획을 세우기 시작했다(기분 좋은 브런치, 미술관 산책, 농산물 장터에서 저녁 장 보기, 저녁 생일 파티). 목록을 꽉 채운 두 사람은 오늘 하루를 함께 보낼 생각에 즐거운 듯 보였다.

두 사람이 막 일어서려는데 친구가 들어왔다. 사교적이고 친절한 인상의 그녀가 연인 옆으로 의자를 당겨와 앉았다. 친구가 등장한 지 단 몇 초 만에 테이블의 분위기가 완전히 바뀌었다. 남자친구가 활기를 보이는 동안, 여자친구는 등받이 쪽으로 몸을 살짝 기댔다. 뒤늦게 합석한 친구는 동작도 컸고 말도 많았다. 몇 분 뒤, 카페에 있던 모든 사람이 그녀의 이름과 직업, 연애사, 주말 계획까지 모두 알게 되었다.

연인의 하루가 계획했던 대로 전개되지 않을 것이 눈에 훤했다.

남자친구와 친구가 열심히 대화하는 동안 여자친구도 가끔 맞장구를 쳤지만, 대부분 두 사람이 교류하는 모습을 가만히 응시했다. 15분이 채 안 되는 시간 동안 세 번이나 남자친구에게 그만 일어나자고 제안하며("정말 재미있는 이야기야! 더 듣고 싶긴 한데, 우리 이제 가봐야 할 것 같아") 방향 전환을 시도했지만, 번번이 실패했다. 남자친구는 그녀의 노력을 건성으로 받아 주거나("그래, 그만 일어나야지") 무시했다.

한꺼번에 두 개의 다른 대화가 오가고 있었다. 생일을 맞은 여자친구는 이만 일어나자며 말을 걸었고, 쾌활한 친구는 좀 더 수다를 떨자며 말을 이어나갔다. 두 개의 대화가 서로 대립하고 있었다.

대화에 끼어들 틈을 찾기까지 기다릴 수 없을 때도 있다. 시간이 없거나 체력이 부족한데 상대방이 말을 멈출 기미가 안 보인다면, 옆구리를 쿡쿡 찌르고 정중하게 끼어들어야 한다. 생일을 맞은 여자친구가 자리를 벗어나고 싶다는 의사를 말로 표현했지만, 요란하고 활발한 대화 속에 소극적인 그녀의 요구가 묻히고 말았다. 남자친구와 친구의 대화를 완전히 끊고 "끼어들어서 미안한데, 이제 우리는 가봐야 할 것 같아"라고 분명하게 말했다면 결과는 달랐을 것이다. 그리고 자리에서 일어나 의자를 안으로 집어넣었다면 더욱 완벽했을 것이다.

앞서 살펴봤듯, 상대방의 말을 가로막으면 자칫 공감적 듣기에 방해가 될 수 있다. 하지만 시간제한이 있을 때, 위험한 상황에서 자신을 보호해야 할 때, 더는 상황을 감당할 수 없을 때, 한계에 다다랐을 때는 대화에 끼어드는 것이 자신을 보호하는 수단이 된다.

효과적인 말 참견에는 몇 가지 필수 요소가 있다. 불편함을 극복하고 현실을 직시해야 하며 자신이 끼어들고 있다는 사실을 인정해야 한다. 다음 표현들을 예로 살펴보자.

- 방해해서 미안하지만, 회의가 있어서 가 볼게요.
- 잠시 말을 멈추게 해서 죄송하지만, 정말 일어나야 합니다.
- 불쑥 끼어들어서 미안합니다만, 저희는 이제 출발해야 합니다.
- 말을 가로막은 건 사과드릴게요. 그런데 저는 지금 이 이야기가 불편합니다.
- 죄송합니다만, 잠깐만 끼어들게요. 지금 이 문제를 논의할 준비가 안 되었습니다.

대화의 한계를 인정한다

아나를 멘토링한 지 거의 6개월이 지났을 때쯤, 나는 한계점에 다다랐다. 우리는 한 달에 두 번씩 만나 아나의 업무에 관해 이야기하고 문제가 되는 부분을 함께 해결했다. 아나는 이직을 목표로 두고 있었는데, 그러다 보니 현재 직무의 어떤 점이 불만이고 어떻게 해결할 수 있는지에 대해 자주 대화했다.

그런데 6개월이 지나도록 아나는 아무런 조치도 취하지 않았다. 매번 새로운 불평을 늘어놓았고 자신의 상황을 통제하지 못하는 것처럼 보였다. 기회가 없는 것도 아니었다. 관련 업계에서 지금 하는 일 못지않게 중요하고 보수도 좋은 일자리를 쉽게 찾을 수 있었다. 가능성 있는 선택지를 놓고 고민하면서도 아나는 결정을 내리지 못했다. 두려움 또는 죄책감의 상태에서 벗어나지 못했다. 무언가가 가로막고 있었다. 그게 무엇이든 나와 아나의 멘토링으로 해결될 일은 분명 아니었다.

아무리 노력해도 내 힘으로는 상대방을 도와줄 수 없는 경우가 있다. 나 역시 아나와의 관계에서 그렇게 느꼈다. 최선을 다했지만, 아나는 여전히 가로막힌 채 앞으로 나아가지 못했다. 결국 나는 인내심의 한계를 느꼈다. 아나가 해야 할 일은 무엇이 자신을 가로막고 있는지 내면을 살펴보는 것이었다. 내가 해 줄 수 있는 일이 아니었다. 공감적 듣기가 더는 의미가 없었다. 그래서 나는 여느 때처럼 면담에서 일에 대해 불만을 쏟아내기 시작하는 아나의 말에 불쑥 끼어들었다.

"아나, 우리 꽤 오랫동안 아나가 일에 대해 가진 불만을 이야기해 왔어요. 회사 내부의 다른 직무를 탐색해 보고, 외부에서 기회를 찾기도 하고, 할 수 있는 일들을 브레인스토밍하기도 했고, 일이 아닌 개인적인 즐거움과 보람을 찾는 방법도 살펴봤어요. 그런데도 아무것도 바뀌지 않았어요." 아나에게 받아들일 시간을 주기 위해 잠시 말을 멈췄다. 아나는 한숨을 쉬고는 고개를 끄덕였다.

"알고 있어요. 하지만 여전히 길을 잃은 기분이에요. 어떻게 해야 할지 모르겠어요." 아나가 말했다.

나 역시 비슷한 경험을 했던 것을 떠올리며 말했다. "이해해요. 그렇지만 우리의 대화가 아나에게 도움이 되는지 모르겠어요. 솔직히 말하면, 저도 점점 대화하기가 쉽지 않아요. 어쩌면 당신에게 진짜 필요한 이야기를 나누기에 저는 적절한 사람이 아닐지도 몰라요."

내 한계를 솔직하게 드러내자, 아나도 이해했다. 그리고 동의했다. 이후 우리는 멘토링이 아닌, 아나가 행동을 취할 준비를 하는 데 도움이 될 만한 것들을 의논했다. 나아가 화목한 분위기 속에서 더 이상의 면담은 중단하기로 했다.

때때로 나와 상대방이 대화를 통해 얻고자 하는 기대치가 어긋나기도 한다. 이제 막 대학을 졸업한 학생이 부모님에게 취직에 대한 조언을 얻고자 하지만, 세대 차이와 산업의 변화로 부모님의 충고가 큰 도움이 되지 않는 경우처럼 말이다. 초보 부모는 까탈스러운 갓난아이를 진정시키는 방법에 대한 조언이 간절한데 친구의 아기는 조용하고 돌보기 쉬운 편이라 딱히 전수할 비법이 없는 경우도 있다. 내가 살면서 겪어 온 경험, 전문성, 지식 등을 고려할 때 상대방이 원하는 바를 충족시킬 수 없다면, 대화가 원활하게 흘러가지 않는다는 것을 인정하는 편이 오히려 올바른 방향으로 인도하는 데 도움이 된다. 더는 내가 대화에 포함되지 않는다고 해도 말이다.

대화를 계속할 수 없다는 사실을 말로 꺼내기가 힘들 수도 있다. 그렇지만 이는 상대방을 배려하는 행동이다. 상대방에게 내가 필요한데 등을 돌리는 것은 아닐까 하는 기분이 들 수도 있지만, 한계에 다다랐을 때 이를 솔직하게 전달해야 상대방 역시 원하는 것을 얻기 위해 내게 의존하는 대신 새로운 길을 만나게 된다. 이러한 방향 전환은 곧 상대에 대한 책임을 원래 있어야 할 곳인 상대의 손에 다시 넘겨주는 것을 뜻한다.

- 안타깝지만 제가 별로 도움이 되지 못하네요. 진전을 이루려면 다른 방법을 찾아야 할 것 같습니다.
- 지금까지 잘해 왔습니다. 하지만 다음 단계로 가려면 [관련 경험, 전문성 등]이 있는 사람에게 도움을 요청하는 것이 좋겠습니다.
- 아직 ~에 대해 생각하고 있는 것 같군요. 어쩌면 [다른 의견을 구할, 이 문제를 잠시 잊을] 때일지도 모릅니다.
- 아직 질문에 대한 답을 찾지 못했군요. [도움을 줄 다른 사람을 만나면, 생각할 시간을 더 가지면, 다른 방법을 시도해 보면] 어떨까요?
- 딜레마를 털어내지 못하는 게 눈에 보입니다. ~를 시도해 보면 어떨까요?

대화 종료, 관계 종료로 가는 거리두기 기술

실비아와는 대학 때부터 친구로 지냈다. 특별하게 친한 사이는 아니었지만, 간간이 연락을 주고받는다. 샌프란시스코에 이사 왔을 때는 실비아와 자주 만났다. 근처에 사는 몇 안 되는 지인 중 한 명이었고 둘 다 당시에는 만나는 사람이 없었다. 연락하면 언제든 그녀를 볼 수 있었고 나 역시 친구와 함께 시간을 보낼 수 있어 기뻤다.

처음에는 실비아와 있는 것이 즐거웠다. 새로 문을 연 레스토랑도, 도시 탐방도 모두 그녀와 함께할 수 있었다. 믿을 수 있는 파트너이자 친구이자 동지였다. 그런데 몇 달이 지나자 실비아와 외출하고 돌아오면 기분이 좋지 않았다. 우리가 나누는 대화의 주제는 연애, 일, 가족, 룸메이트 등 그녀가 그 시기에 가장 힘들어하는 것들이었다. 나는 그녀의 이야기를 성실히 경청하려고 노력했다. 하지만 실비아와 함께 보내는 시간이 많아질수록 그녀 주변에 있기가 고단했다. 그녀와 대화하고 나면 나 자신에게 쏟을 에너지뿐만 아니라 타인을 향한 인내심과 공감도 모두 소진되어 남아 있지 않았다.

내가 그녀의 감정 쓰레기통이었다는 사실을 깨닫는 데는 꽤 오랜 시간, 사실 인정하고 싶은 것보다 더 오랜 시간이 걸렸다. 솔직히 말해 더 최악이었던 것은 선한 의도와 달리 내가 그녀에게 큰 도움이 되지 않는다는 점이었다. 때에 따라 배려와 동정을 토대로 한 경청이 위험할 수도 있다. 그제야 돌이켜 보니 공감하며 듣는다는 것이 되려 그녀의 부정적인 행동을 부추기고 있었다. 의도치 않게 내 호의는, 그녀가 주변 상황을 바꾸려고 노력하는 대신 불평만 늘어놓도록 돕는 '조력자' 역할을 한 것이다.

이러한 관계를 끊어내야 한다는 결론에 도달했다. 일부러 실비아를 피했다. 시간을 같이 보내자는 제안을 정중하게 거절했고 나 역시 그녀에게 연락하는 횟수를 줄여나갔다. 이제 우리는 일 년에 몇 번밖에 보지 않지만, 만날 때마다 서로 부정적인 영향을 미치지 않고 즐거운 시간을 보낸다.

대화를 종료하는 것만으로는 부족한 극단적인 경우도 발생한다. 이럴 때는 관계 자체를 종료하는 것이 바람직하다. 특정 인물과 대화하는 것이 두렵고, 대화가 끝나면 원래 좋아하던 취미도 하기 싫거나 귀찮고, 누군가와 대화한 후 자존감이 바닥을 친다면 그 상대와의 관계를 재평가해야 한다. 대화 상대와 점진적으로 교류를 줄여 나가는 '거리 두기'가 해답이 될 수 있다.

거리 두기 기술은 특히 '테이커', 즉 고의든 고의가 아니든 에너지를 일방적으로 가져만 갈 뿐 되돌려주지 않는 사람들과 대화할 때 유용하게 쓰인다. 테이커가 자주 보이는 행동으로는 독백(자기 이야기만 잔뜩 늘어놓는 행동), 감정 표출(자신의 감정을 대개 불평 또는 짜증으로 표현하는 행동), 고백(지극히 개인적이고 종종 불편한 이야기를 공유하는 행동) 등이 있다.

이러한 행동 중 어떤 것도 본질적으로는 나쁘지 않다. 더는 외로

행동	독백	감정 표출	고백
필요한 것	친구	인정 ★★★★★	해소 !!!!
주요 표현	제 얘기 좀 들어봐요.	이게 말이 돼?	그게 필요했어요.

움을 느끼고 싶지 않을 때 다른 사람과 함께 있고 싶은 것은 당연하다. 인정받고 싶거나 버거운 트라우마를 벗어버리고 싶은 욕구도 마찬가지다. 솔직히 말해, 자신은 절대 테이커가 아니라고 믿는 사람들조차 한 번은 타인의 에너지를 일방적으로 가져온 적이 있을 것이다. 문제는 자신이 행복해지는 데 필요한 것을 충족하는 데만 열중해서 대화 상대를 듣지도, 보지도 못한다는 것이다. 오직 자신에게만 초점을 맞추다 보니 대화할 때 타인 역시 감정을 표현해야 한다는 사실을 깨닫지 못한다.

심지어 대화가 끝나면 기분이 좋아진다는 사실을 학습하고 일부러 공감적 경청을 실천하는 상대방을 지속적으로 찾는 사람들도 있다(어떤 사람과 대화한 후에 늘 기운이 회복되는 느낌을 받는다면, 자연스럽게 그 사람과 시간을 보내고 싶을 것이다). 앞서 살펴본 대화 종료 전략들처럼, 거리 두기 역시 타인의 에너지를 함부로 가져가는 사람들을 다룰 때 매우 유용하다. 거리를 두어야 하는 상황이 오면 다음 순서대로 거리두기 전략을 실행하면 된다.

- **교류를 줄인다.** 개인적인 만남이나 점심 약속을 거절하기가 극단적이라고 생각될 수 있지만, 내 행복이 달린 문제라면 어떨까? 내 의사대로 할 수 있다는 가정 아래, 상대방을 만나는 횟수를 줄여 보자. 특정 동료와의 회의를 일주일에 한 번에서 한 달에 한 번으로 조정하거나 매달 만나는 친구를 분기마다 보는 등 덜 어울린다.

- **회신을 천천히 한다.** 상대방이 말을 걸면 내가 얼마나 빨리 대답하는지 살펴보자. 연락이 오자마자 바로 회신한다면? 상대방의 문자 또는 이메일에 평소처럼 바로 답장하지 말고 잠시 멈추고 기다리자. 급한 연락이 아니라면 자신에게 숨 돌릴 틈을 주는 것이 좋다.

- **계획을 바꾼다.** 내가 거리두기를 시도한다는 사실을 상대방이 알아차리는 경우도 있다(눈치채지 못한다면, 거리두기가 올바른 선택이 었음을 알 수 있다). 만약 태도의 변화를 감지한 상대방이 슬쩍 물어본다면("요즘 연락이 잘 안 되던데 혹시 무슨 문제 있어?"), 전화를 받고, 저녁 초대에 응하거나 만나서 커피를 마신 다음 거리두기를 계속하는 것이 적절한지 다시 판단해 본다.

에너자이저와 어울린다

일부 대화나 관계를 가지치기하듯 정리하는 동안, 만나면 즐겁고 재미있는 사람들과 꾸준히 어울려 일상의 균형을 유지하는 것이 좋다. 좀 더 구체적으로 말해 '에너자이저'를 곁에 두자. 자신이 줄 의향이 있는 것보다 더 많은 것을 요구하는 테이커와는 다르게 에너자이저는 행복과 영감을 아낌없이 준다. 또 이들은 내가 귀 기울이는 만큼(때로는 그보다 더 많이) 내 말에 공감하며 경청한다. 개인적인 고민을 상담할 수 있는 친구나 브레인스토밍할 때 손발이 척척 맞는 직장 동료를 떠올리면 쉽게 이해될 것이다. 그들은 내가 하는 말에 온전히 집중하고, 경청하고, 질문하고, 잊지 않고 다시 물어보고, 사전에 확인하고, 또 내가 필요한 것을 표현할 수 있도록 충분히 기다려 준다. 대화하면서 전달되는 이들의 진심 어린 호기심에 지친 몸과 마음이 재충전되는 기분을 느낄 수 있다.

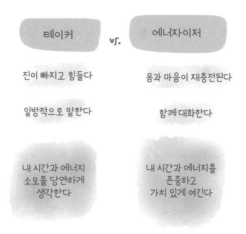

운이 좋다면, 주변에 테이커보다 에너자이저가 더 많을 것이다. 그러나 때로는 정신을 차리고 보니 죄책감이나 의리 때문에 건전하지 못한 관계로부터 거리를 두지 못하거나 방법을 몰라서 에너자이저보다 테이커와 더 많이 어울리기도 한다. 균형을 찾고 나를 지지하는 사람을 곁에 두는 것은 중요하다. 중요한 관계를 탄탄하게 쌓기 위해 시간을 투자하고, 유대감이 느슨해지면 다시 친해지려는 노력을 기울여야 한다. 이들이 나를 위해 마음을 써 주듯 나도 이들을 위해 마음을 써 보자. 이러한 관계 자체와 이들이 보여 주는 공감적 듣기를 소중하게 생각한다는 것을 말과 행동으로 표현해야 한다.

[경청 기술을 다지는 훈련]
관계 점검하기

우리가 균형 잡힌 관계를 맺고 시간과 에너지를 잘 배분해 친구, 동료, 가족을 위해 쓴다면 매우 이상적일 것이다. 그러나 우리 모두 관계 개선이 필요한 사람을 적어도 한 명은 두고 있다. 경청 기술을 연마할수록 균형이 깨질 위험은 더욱 커진다.

반가운 사실은 우리에게 유리하도록 균형을 조절할 수 있다는 것이다. 이를 위해 다음 질문에 답해 보자. 내 삶에서 누가 테이커고 누가 에너자이저인가. 동시에 각 인물과 나누었던 대화들을 전반적으로 돌이켜보자. 종합해서 살펴보면 행동 양식이 보일 것이다.

- 대화하고 나면 힘이 나는 대신 지치고 피곤한 친구, 동료, 가족의 이름을 나열한다. 이번에는 함께 있으면 기운이 나고 의욕과 에너지를 주는 사람들의 이름을 적어 보자. 왜 이 사람은 이 목록에 포함된 것일까?

- 가장 많이 연락하고 대화하는 사람들을 생각해 보자. 물리적으로 가까이 있는 사람들(이웃, 룸메이트, 사무실 동료 등) 혹은 멀리 있어도 자주 대화할 수 있는 사람들(언제 연락해도 흔쾌히 전화를 받는 친구)을 예로 들 수 있다. 가장 많이 소통하는 사람 중 누구와 실제로 교감하는가?

- 작성한 목록을 살펴봤을 때, 활력을 주는 관계와 진이 빠지는 관계의 균형이 적절한가? 생각과 기분을 솔직하게 털어놓자.

- 테이커와의 관계를 되돌아볼 때, 많은 것을 양보하는 이유는 무엇인가(죄책감, 의무감, 아무것도 바꿀 수 없다는 절망감 등)? 자신의 성향을 잘 이해하면 앞으로 이러한 관계를 다루는 데 도움이 된다.

- 에너자이저에 속하는 사람들의 경우, 이들과의 관계와 대화에는 어떤 특징이 있을까? 이들은 어떻게 이해받고 있다고 느끼게 만드는가? 상대방이 언제 내게 경청하는지 아는 것은 귀 기울이지 않을 때를 아는 것만큼이나 중요하다.

어렵고 힘든 대화

지금까지 경청 기술을 연마하는 데 필요한 요소들을 거의 다 살펴왔다. 대화를 순조롭게 시작하는 방법과 전개되는 동안 대처하는 방법도 배웠다. 대화 도중 상대방에게 집중하는 방법과 그때그때 비언어적 신호를 해독하는 방법도 알고 있다. 어떻게 하면 가장 적절한 질문을 던질 수 있는지, 상대방에게 충분한 시간을 줄 수 있는지, 이해한 내용을 확인받는지도 탐구했다. 상대방을 대화의 올바른 방향으로 부드럽게 안내하는 방법과 필요하다면 대화를 종료하는 방법 또한 익혔다. 그럼에도 아무리 노력해도 공감적 경청이 어려운 상황들이 발생한다.

경청을 방해하는 주요 장애물을 총 세 가지로 분류할 수 있는데, 환경과 관련된 장애물, 관계와 관련된 장애물, 주제와 관련된 장애물이다. 이번 장에서는 방해 요소를 완화하고, 통제하기 힘든 관계를 다루고, 민감한 주제에 대처하는 방법을 살펴보자.

대화 중 흔히 만나는 방해물 대처법

누구나 주변 환경으로 대화에 집중하지 못한 경험이 있을 것이다. TV가 켜 있어 그럴 마음이 없는데도 화면에서 눈을 떼지 못하는 유형일 수 있다. 아니면 아이를 돌보느라 정신이 없을 수도 있다. 시끄러운 식당 분위기나 휴대폰 같은 전자기기 때문에 대화 상대에게 제대로 집중하지 못하기도 한다.

안타깝지만 참 많은 방해물이 공감적 경청을 가로막는다. 방해물이 많을수록 인내심, 관심도, 이해도가 떨어진다. 하지만 좋은 소식도 있다. 방해물이 무엇인지 제대로 인지한다면, 얼마든지 조정할 수 있다는 점이다. 이 문제에 관심이 있고, 주변 사람들과도 이러한 의도를 잘 공유한다면 환경으로 인한 장애물을 통제할 수 있다.

대화 도중 흔히 만나게 되는 방해물과 그에 따른 대처법을 알아보자.

아이들, 반려동물이 방해가 될 때

자녀나 반려동물을 키우는 일은 얼마나 기쁘고 행복한 일인지 모른다. 그러나 아무리 함께하는 시간이 소중해도 아이나 쾌활한 동물이 옆에 있을 때는 대화를 나누기가 매우 어렵다. 훼방을 놓는 것은 둘째치고, 신경 쓰지 않는다면 대화 주제가 어느새 아이나 동물에 국한될 수 있다("정말 금방 크네요!"). 사랑하는 아이와 동물 그리고 어른과의 교감 사이에서 균형을 찾기 쉽지 않을 때는 다음 방법들을 시도해 보자.

- **약속에 혼자 간다.** 가능하다면 도움을 받아(보모, 조부모, 보육시설 등) 만남에 혼자 참석한다. 상대방도 마찬가지로 아이 또는 반려동물 없이 와야 대화 도중 산만해지지 않는다.
- **아이나 동물을 위한 활동을 찾는다.** 아이나 반려동물을 맡기기가 여의치 않은 상황일 수 있다. 이럴 때는 대화 상대와 더 깊이 교감할 수 있는 활동을 고르자. 공원이나 놀이터 등 어른이 함께하지 않아도 아이 또는 반려동물이 혼자서 놀 수 있는 장소가 적당하다.
- **같이 대화한다.** 대화 도중에 아이나 반려동물이 불쑥 끼어들면

각자 할 일이 있는 장소와 활동을 고른다

잔디 점검

곤충 탐구

공감적 경청

흐름이 깨질 때도 있지만, 반대로 생각하면 이는 단단한 유대감을 나타낸다. 상대방이 아이 또는 반려동물과 교감하는 모습을 보면서 유쾌함, 취약점, 필터를 거치지 않은 짜증 등 평소에는 보지 못했던 모습을 발견할지도 모른다. 지극히 사적이고 긴장이 풀어지는 순간을 함께할 특별한 기회라는 점을 인지하고 받아들인다.

오픈된 환경, 소음이 방해가 될 때

사람들과 어울리다 보면 콘서트, 시끌벅적한 레스토랑에 가기도 한다. 그런데 이런 장소에서 어떤 대화를 나눌지는 신중하게 결정해야 한다. 시끄러운 환경에 노출되면 대화의 내용이 아니라 듣는 행동 자체에 신경을 써야 하는 상황이어서 깊은 교감을 나누기 어렵다. 잘 들리지 않아서 평소보다 에너지를 더 쏟아야 한다는 것 외에 감정적으로도 힘들다. 잘 안 들리는 상태가 지속되면 저절로 짜증이 나기 마련이다. "뭐라고 하셨죠?"를 여러 번 반복할수록 친밀한 대화를 나눌 마음도 사라진다. 상대방이 크고 또렷하게 말할 기회가 드디어 오더라도, 공감적 듣기에 필요한 인내심과 에너지가 이미 바닥난 상태일 가능성이 크다.

반대로 완벽한 고요 역시 대화하기에 적합하지 않다. 특히 공용 오피스나 카페, 미술관 등 공공장소에 있을 때 더욱 그렇다. 이런 환경에서는 솔직하게 약점을 드러내기 어렵다. 주변에 있는 불특정 다수가 나 또는 상대방의 사적인 이야기를 들을까 우려된다. 남들에게도 대화가 들릴 수 있다는 생각에 서둘러 말하거나 유대감을 형성할 기회를 놓치기 쉽다. 대신 다음 방법들을 고려해 보자.

- **장소를 신중하게 고른다.** 상대방과 하고 싶은 이야기를 원활하게 나눌 수 있는 장소를 물색한다. 골디락스 접근 방법을 적용해 너무 시끄럽지도, 너무 조용하지도 않은 곳을 찾아보자. 짜증을 유발하지 않는 동시에 속마음을 이야기할 수 있는 환경이면 가장 좋다. 편안하게 경청하고 대화하는 것이 궁극적인 목표이므로 장소를 까다롭게 골라야 한다.
- **사생활을 보호하면서 적당한 소음이 있는 곳으로 간다.** 모든 대화가 사적인 영역을 다루는 것은 아니지만, 개인적인 이야기를 나누어야 할 때도 있다. 까다로운 주제를 나누게 될 것 같다면 시끌벅적한 식당 대신 다른 곳을 검토하는 것이 좋다. 개방된 사무실 공간에서 고과 평가를 할 때도 마찬가지다. 공원처럼 사생활을 보호하는 동시에 적당한 소음이 있는 장소가 바람직하다.
- **새로운 장소에서 다시 시작한다.** 대화하기에 적합해 보이는 식당을 골랐는데 막상 가 보니 귀가 따가울 정도로 시끄럽거나 사무실 한쪽 구석이 너무 고요해서 어려운 주제를 다루기 힘들다면 굳이 대화를 밀어붙일 필요는 없다. 새로운 장소를 찾은 다음 상대방에게 이유를 설명하면 된다(솔직함이 가장 좋다). 상황에 적절하게 대응함으로써 상대방에 대한 관심을 표현하고 더 세심하게 귀 기울일 수 있다.

기기가 방해가 될 때

사람과 기술 간의 관계를 전문적으로 다루는 심리학자 셰리 터클은 저서 《대화를 잃어버린 사람들Reclaiming Conversation》을 통해 시야에 기기가 보이기만 해도 대화가 단절될 수 있다고 설명한다. 그러면 알맹이 없는 피상적인 대화만 주고받게 되면서 약점을 솔직하게 드러낼 용기가 사라진다. 나아가 공감을 실천할 기회가 없어 서로 간의 유대감이 흔들린다.[1]

휴대폰이 없던 옛 시절을 그리워하는 사람이든, 더 나은 세상을 만들고 싶은 기술 찬양자이든, 각종 기기가 우리의 집중력을 산만하게 만든다는 사실을 인정할 것이다. 더욱 깊게 공감하려면 전자기기를 가능한 한 멀리해야 한다. 다음 방법들이 도움이 될 수 있다.

- **기기를 치운다.** 휴대폰을 진동이나 무음으로 바꾸고, 노트북을 닫고, 기기를 잠시 옆으로 치운다. 최대한 방해되지 않도록 보이지 않는 곳에 두는 것도 좋다.
- **상대방에게도 권유한다.** 기기를 치워달라고 요구하는 대신 왜 이런 방식을 택했는지 차분하게 설명하는 것이 좋다. 이를 통해 상대방이 우선순위라는 점을 보여 주고 상대방 역시 그렇게 하도록 자연스럽게 유도할 수 있다. 전자 기기를 넣는 상자나 통을 미리 지정해 휴대폰이 울려서 대화가 끊기는 일을 사전에 방지하는 방법도 있다.
- **의지를 다진다.** 대화 도중 인터넷 검색을 하거나 '이메일 하나만

빨리 보내고' 싶은 충동을 다스려야 한다(영화가 개봉한 연도를 지금 당장 알아야 하는가? 이메일을 조금 이따 보내도 되지 않을까?). 대화가 끊길 때마다 조금씩 틈이 벌어지고, 이 틈을 제대로 메꾸지 않으면 유대감을 형성할 수 없다는 점을 기억하자.

관계가 대화에 방해가 될 때

환경을 통제하는 것과 관계를 통제하는 것은 완전히 다른 영역의 일이다. 대화의 방해 요소 중에는 물리적인 배경보다는 교감하는 방법에서 비롯되는 장애물도 있다. 특정 관계에 의해 나와 상대방에게 구체적인 역할이 주어지고 이에 따라 서로를 보고 듣는 방법이 달라질 수 있다. 이러한 역할은 갑을관계, 친밀도, 경쟁 심리, 심지어 문화적 차이에 의해 결정된다. 한번 역할이 정해지고 나면 나중에 바꾸기 어렵다. 하지만 걱정할 필요는 없다. 자주 우리의 발목을 잡지만 충분히 극복할 수 있기 때문이다.

갑을관계 대처법

신입 시절, 경력 단계에 따라 문제를 다루는 수준이 달라져야 한다고 믿는 팀장에 대해 들었던 적이 있다. 즉, 연차가 어느 정도 된 직원이 '주니어급' 질문을 하면 용납할 수 없다는 것이었다. 경험을 쌓을수록 성장해야 한다는 주장이 타당할 수 있지만, 동시에 기준이 주관적이다. '주니어급' 질문이 무엇인지 팀장 외에 누가 알 수 있을까?

평소 존경하던 선임이 문제의 팀장에게 질문했다가 질책받았다는 이야기를 들었을 때, 나는 놀라지 않을 수 없었다. 그는 오랜 경력의 유능한 UX 리서처이자 팀원들로부터 존경받는 사람이었다. 대인관계도 좋았고 업무 능력도 뛰어났다. 그런 그가 던진 질문이 충분하지 않았다니 믿기지 않았다.

팀장의 규칙 때문에 그 선임은 어쩔 수 없이 질문 대부분을 동료들에게 대신 물었다. 팀장과 달리 자신을 판단하거나 비판하지 않을 것이라고 확신했기 때문이었다. 팀장에게 질문하려면 너무 큰 위험을 감수해야 했다. 승진과 상여금, 그 외 여러 기회가 팀장의 손에 달린 상황에서 '주니어급' 질문 하나로 모든 것을 잃을 수는 없었다.

이런 전략은 수치스러운 상황을 방지하는 데는 효과적이었으나, 팀장에게 자신이 어떤 사람인지 알릴 기회 또한 차단했다. 결국 다른 회사로 이직하면서, 이 판단에 고민이 없었다고 말하는 그가 놀랍지 않았다.

갑을관계의 주요 특징은 힘의 불균형이다. 한 사람은 권위를 갖지만 다른 사람은 그렇지 못하다. 기울어진 운동장에서는 솔직한 모습을 보이기가 매우 어렵다. 결국 양쪽 모두 공격 태세를 갖추게 된다. 힘이 없는 사람은 솔직함이 오히려 자신에게 불리하게 작용할 수 있으므로 진심을 숨기고 힘을 가진 사람이 하는 말에 자신의 의도를 투영한다(리더가 함께 일하는 이들의 '신뢰를 얻어야' 한다는 이야기를 자주 듣는 것도 이러한 이유 때문이다). 반면 갑의 위치에 있는 사람도 소극적인 태도로 일관하거나 솔직함을 두려워하는 경우도 있는데, 그 결과 영향력이 줄어들고 권위가 떨어질 수 있다(이런 이유로 일부 리더, 연예인, 심지어 부모는 자신의 실수를 인정하지 않거나 진심 어린 사과를 거부한다).

갑을관계에 잘 대처하기 위해 다음 방법들을 응용해 볼 수 있다.

- **기울어진 경기장을 바로잡는다.** '갑'의 위치에 있다면, 두려움, 비판, 오해 등을 걱정할 필요 없이 속마음을 이야기할 수 있는 안전지대를 만들어 보자. 스스로 실천함으로써 상대방 역시 같은 행동을 하도록 유도할 수 있다. 솔직함을 먼저 드러내면 상대방도 친절하게 반응하기 마련이다. 또는 상대방에게 솔직한 모습을 청한 다음, 그런 모습을 가감 없이 보여줘서 감사하다는 뜻을 표시하는 것도 좋은 방법이다.

  반대로 '을'의 입장일 때는 상대방을 대표, 직장 상사, 교사, 관리자 등으로 보지 말고 나와 똑같은 평범한 사람이라고 생각한다. 존중하는 마음을 유지하되, 공감하는 방식을 바꾸는 것이 핵심이나. 지위를 기준으로 나뉜 관계를 동등한 개인 간의 관계로 재정의하면 상대방이 덜 위협적으로 느껴진다. 그 결과, 보다 쉽게 솔직한 의견을 말할 수 있다.

- **무엇이 두려운지 자문한다.** 평소 신뢰하지 못하는 사람이라면, 그 사람의 말도 불신하게 된다. 이때 자신에게 질문해야 한다. 왜 이 사람을 신뢰하지 못하는가? 어떤 점이 불안하거나 불편한가? 예를 들어 정치적 감각이 뛰어나고 야망이 넘치는 모든 동료가

거슬리는가, 아니면 유독 이 사람만 신경 쓰이는가? 이 의견만 불신하는가, 아니면 이 사람의 모든 말을 믿지 못하는가? 두려움을 말로 표현함으로써 대응책을 마련하는 데 중요한 정보를 얻을 수 있다.

퇴행적 관계 대처법

이상하게 집에만 가면 제멋대로 굴게 된다. 좋든 싫든, 가족은 우리의 최고와 최악을 모두 아는 사람들이다. 친구와 직장 동료의 눈에 띄지 않도록 꼭꼭 숨겨놓은 모습도 가족들 앞에서는 스스럼없이 보여 준다. 자랑스럽지 않은 부분까지도 말이다. 나이를 아무리 많이 먹어도 가족과 함께 있을 때는 성인이 되면서 버렸다고 생각한 나쁜 습관과 오래된 태도가 그대로 살아난다.

심리학에서는 이러한 행동의 원인을 '가족체계이론'이라고 보는데, 이는 평형 상태를 유지하기 위해 가족 구성원이 특정 역할을 계속해서 수행하는 것을 말한다.[2] '평형 상태'는 가정마다 천차만별이다. 형제자매 중 장난치는 역할과 달래는 역할, 아무리 나이가 들어도 까칠한 십 대처럼 구는 역할과 중재자 역할이 나누어져 있다. 사회에 나온 이후에 이러한 역할을 버리기 위해 노력하지만, 가족

우리 집에 왜 왔니? 왜 왔니? 왜 왔니?　　　　　마음속 5살 꼬마를 찾으러 왔단다!

'체계'로 돌아가는 순간 '균형 유지'를 위해 자랄 때 역할로 다시 돌아간다.

그런데 우리는 스스로 어릴 적 자아로 퇴행할 뿐만 아니라 주변 사람들도 똑같이 평행 상태를 유지하기를 기대한다. 그래서 기억이라는 필터를 씌우거나("오빠는 옛날부터 이 얘기만 나오면 나를 못살게 굴었으니까") 학습한 내용을 토대로 예측한다("동생은 나를 슬프게 만들 거야, 확실해"). 이를 토대로 상대방이 의견을 이야기해도 강요로, 농담을 비난으로, 요청을 판단으로, 관심을 공격으로 받아들인다. 타인에 대한 우리의 그릇된 인식이 상대방이 하는 말을 명확하게 듣지 못하도록 귀를 막는다.

퇴행적 관계는 가족에게만 국한되지 않는다. 다른 관계에서도 '평

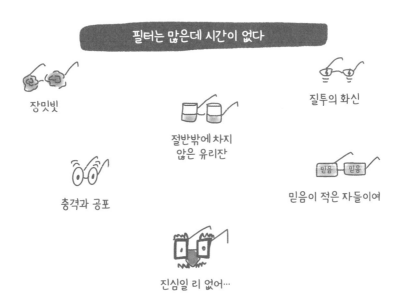

필터는 많은데 시간이 없다

장밋빛

절반밖에 차지
않은 유리잔

질투의 화신

충격과 공포

믿음이 적은 자들이여

진심일 리 없어…

행 상태'를 관찰할 수 있다. 회사의 소속팀이나 친한 친구들을 떠올려 보자. 희생형, 게으른 유형, 창의적인 유형, 천재형 등 여러 '유형'이 보일 것이다. 가족과 마찬가지로 각자 맡은 역할이 겹치지 않는다. 한 명이 가져가고 나면 나머지 사람은 다른 역할을 선택해야 한다. 그래서 원래 가족 내에서 맡았던 역할 또는 예전에 수행한 역할을 계속 유지할 수 있는 집단을 무의식적으로 찾기도 한다.

퇴행적 관계에서 공감적 경청을 실천하려면 반드시 여러 장애물을 건너야 한다. 특정 역할을 할 것이라고 기대하거나 어떤 방식으로 행동하리라 예측하고 듣기 때문에 상대방이 전달하려는 메시지에 제대로 귀 기울이지 못한다. 집단 내에서 특정 역할을 맡도록 강요받을 때도 공감하며 듣지 못한다. 어릴 때처럼 행동하고 남들 역시 정해진 역할을 따르기를 기대하다 보면 마음 깊이 자리한 고통스러운 두려움을 건드리게 되는데, 공감적 경청에 전혀 도움이 되지 않는다.

가족이나 팀원, 친구가 무의식적으로 내가 가진 가장 최악의 모습을 끌어낼 때 다음 전략을 활용해 보자.

- **이기는 싸움만 한다.** 언제 감정의 토끼굴로 들어갈지 신중하게 결정해야 한다. 대화 도중 갈등이 고조될 때는 사과하고 역할을 인정하는 편이 더 현명할 수도 있다. 그래야 상황을 재점검하고 경청 모드로 재빨리 돌아갈 수 있기 때문이다.
- **잠시 멈춘다.** 휴식 시간을 갖거나 산책을 한다. 사실 가까운 가

족은 나를 한계로 몰아붙이는 데 도가 튼 이들이다. 현재 상황을 인정하고 건전한 방식으로 흥분을 가라앉히는 것이 바람직하다. 특히 내가 상대방의 화를 돋우는 상황일 때 더욱더 효과적이다.

- **상대방의 장점을 기억한다.** 흥분한 순간, 지금은 적대적 관계지만 즐거웠던 추억을 떠올리며 진정하는 것도 좋은 방법이다. 특히 상대방의 어렸을 때의 모습을 떠올리면 도움이 되기도 한다.
- **필터를 확인한다.** 내가 보인 반응이 온종일 시달린 스트레스, 감정 상태, 가족 내 역할, 그 외 관계적 요소의 영향을 받지 않았는지 객관적으로 살펴야 한다. 과민반응하는 이유가 무엇인가? 어떤 필터를 통해 상대방의 말을 듣고 있는가? 내 감정을 인정하고 원인을 이해하는 과정을 통해 다시 중립으로 돌아올 수 있다.

경쟁 관계 대처법

어느 회사에서나 찾아볼 수 있다. 똑같은 업무를 수행했는데 한쪽은 당연한 일이고 한쪽만 주목과 칭찬을 받는다. 또는 아이 자랑을 한창 하고 있는데 하필이면 문제의 이웃이 다가와 자랑을 더한다("우리 집 딸은 의대생이에요. 그것도 예일대요"). 누군가의 방식, 관점, 성과를 두고 비이성적으로 날 선 비판을 해 본 경험도 있을 것이다('오늘 본인이 세상에서 제일 예쁘다고 생각하겠지, 아마도? 한심하네'). 이미 알 수도 있고 모를 수도 있지만, 이는 우리가 상대방과 경쟁 관계라는 점을 보여주는 신호다.

내 성과를 남과 비교하고 남만큼 혹은 남보다 더 잘하겠다는 욕심이 생긴다면 상대방과 경쟁 관계라고 할 수 있다. 누군가에게 경쟁 의식을 느끼고 있다는 사실이 눈에 훤히 보이는 경우가 있다. 동료보다 먼저 승진하고 싶고, 더 나은 성적을 받기를 원하며, 중요한 고객을 차지하고 싶어 할 때처럼 말이다. 반면 겉으로 봐서는 잘 모를 수도 있는데, 인기 있는 친구처럼 나도 사람들의 호감을 사고 싶다는 마음이 드는 경우와 같다. 우리는 탁월한 업무 능력을 모두가 알 수 있도록 보상받고 검증받고 싶어 한다. 또 개성 넘치는 패션 감각을 인정받고 싶어 하고 누가 더 옷을 잘 입었는지 마음속으로 끊임없이 비교하기도 한다. 일, 사랑, 육아 등 모든 방면에서 롤모델의 발자취를 따라가기를 원한다.

경쟁 관계는 우리가 이성적으로 선택했기 때문에 만들어지는 것이 아니라, 자신에 대한 불안으로 인해 생겨난 것이다. 출산을 예로 들어 보자. 아이를 낳는 과정은 환경과 유전적 요인에 따라 수월하기도 하고 어렵기도 하다. 기술과 노력은 크게 영향을 미치지 않는다. 그런데도 일부 산모들은 출산 경험을 서로 비교하며 우월한 위치에 서고 싶어 한다. 비교 기준이 순산 여부일 때도 있고("저는 마취제도 안 맞았고, 진통도 6시간밖에 안 했고, 상처도 금방 아물었어요!") 고통의 정도일 때도 있다("20시간이요? 끔찍하네요, 제가 잘 알죠. 저는 32시간이 걸렸거든요." "32시간이요? 저런, 힘들었겠군요. 저는 60시간이었어요"). 도대체 누구의 승리인지 확실하지 않지만, 어쨌든 대화를 통해 서로와 경쟁한다.

몸이 느끼는 고통의 한계점과 확장 속도를 마음대로 조절하는 것은 불가능하다. 갓난아기의 '좋은' 수면 습관과 신진대사, 운동신경도 마찬가지다. 하지만 여전히 내 통제 밖의 것들을 두고 질투, 무능력함, 불안함을 느낀다. 누군가 이런 것들을 나보다 '더 잘' 한다면, 본능적으로 알아차리고 비교하기 시작한다.

경쟁 관계에 있는 상대방의 말을 공감하며 경청하려면 다음을 기억해야 한다.

- **내 감정을 심문한다.** 상대방을 진심으로 싫어하거나 증오하는지, 아니면 자신에 대한 불안함을 감추기 위한 감정인지 스스로 살펴보자. 그 사람의 태도가 마음에 안 드는 것인지, 아니면 무의식적으로 선망했던 재능을 발견해서인지 살펴본다. 경쟁 심리 뒤에 숨은 진짜 감정을 파헤쳐 있는 그대로 받아들이면(감정에 불과하다!) 훨씬 더 능숙하게 조절할 수 있다.
- **비판의 목소리를 잠재운다.** 경쟁심에 불타오를 때는 남에 대해

쉽게 비판한다. 하지만 이는 궁극적으로 비생산적이다. 비판의 목소리가 독선적인 말들을 꺼내기 시작하면 더 늦기 전에 다스려야 한다. 현재 감정을 인지하고 솔직하게 인정한 후에 대화를 계속 이어 나가자('독선은 이만하면 됐어').

- **우리 모두 인간임을 기억한다.** 경쟁 관계에 있을 때, 상대방을 악마로 여기고 완전히 무시하거나 묵살하기는 너무나도 쉽다. 반대로 경쟁 상대가 나처럼 단점과 불안함, 감정적 결점이 있는 인간이라는 사실을 받아들이기는 매우 어렵다. 이러한 통찰력을 이해해야 한층 더 수월하게 공감하며 경청할 수 있다.

문화적 차이 대처법

뉴욕 토박이와 대화하다 보면 매우 능숙한 솜씨로 끼어드는 것을 금방 볼 수 있다. 사실 이런 대화 방식은 상대방이 집중하고 있음을 알 수 있는 신호다. 내가 하는 말에 주목하고 있어서 적극적으로 대화에 참여하는 것이다. 그런데 뉴욕이 아닌 다른 지역에서 그렇게 행동하면 굉장히 무례한 사람이 될 수 있다. 출신 지역에 따라 말을 가로막기보다는 틈이 날 때까지 기다리는 사람도 있다. 문제는 뉴욕 토박이는 침묵을 무관심의 신호로 잘못 해석할 수 있다는 것이다(미국 중서부 출신의 남자와 결혼한 뉴욕 사람으로서 증언하건대, 이러한 혼선이 실제로 일어난다).

언어학자 데보라 태넌은 일상적 대화를 광범위하게 연구해 왔다. 그녀의 연구를 살펴보면 문화적 배경에 따라 대화의 '리듬'을 타는 방식이 다르다는 것을 알 수 있다. 나와 남편의 내 경우처럼 출신 지역의 차이 또한 영향을 미치며, 경청의 신호를 보내는 것처럼 간단한 습관이 성별에 따라 다르기도 하다.[3] 예컨대 여성은 대화할 때 상대방의 말을 듣고 있다는 의미로 "으음"이라고 표현하지만, 남성은 이를 동의의 신호로 해석할 가능성이 크다. 이와 같은 미묘한 차이가 엄청난 결과를 불러오기도 한다. 경청의 의미로 보낸 신호를 친구는 동정으로 받아들여 기분 나빠할 수도 있고, 의미심장하게 말을 멈춘 팀장을 보며 과연 내가 승진할 수 있도록 도와줄 것인지 의문이 들수도 있다. 간단한 오해가 순식간에 언쟁으로 확대되기도 한다.

나와 다른 친구, 가족, 동료가 있어서 인생은 즐겁다. 새로운 사람들을 만나는 것 역시 흥미롭다. 다양한 배경과 경험을 가진 사람들과 어울림으로써 훨씬 더 풍부한 삶을 살 수 있지만, 대화 방식과 기준점이 천차만별이라 공감하며 경청하기가 더욱더 어렵다.

상대방이 누구이든 진심으로 경청하기 위한 다음의 몇 가지 전략을 기억해 두자.

- **문화적 차이를 주의한다.** 뉴욕 출신의 모든 사람이 말을 가로막는 습관이 있는 것은 아니다. 또 모든 남성이 "으음"이라는 대답을 동의로 해석하지는 않는다. 하지만 자라 온 환경의 차이에 따라 대화에서 맡는 역할이 달라질 수 있다. 상대방과 내가 다른 언어를 쓰고 있을지 모른다는 점을 항상 기억하자.

- **타인이 특별한 이유를 살펴본다.** 비슷한 점이 하나도 없는 대화 방식을 부정적으로 보는 대신, 다름을 인정하고 탐구해 보자. 상대방의 신호 습관과 억양을 토대로 어떤 점들을 파악할 수 있을까? 대화 방식을 통해 무엇을 알 수 있을까? 호기심을 가지고 대화에 임하면 공감적 경청이 한층 더 쉬워진다.

- **명쾌함을 요청한다.** 각기 다른 대화 방식을 살펴보는 과정에서 의미 파악을 위한 가설을 발견할 수도 있다('아하, 그녀는 동의할 때가 아니라 예의를 갖출 때 "으음"이라고 하는구나'). 대화 상대에게 단도직입적으로 물어봄으로써 올바른 가설을 세웠는지 언제든 확인할 수 있다는 점을 기억하자.

주제가 대화의 장애물이 될 때

언제 어떠한 상황에서도 무해한 대화 주제가 있다. 날씨가 대표적이다. 반면 내가 '마찰 주의' 주제라고 부르는 분야들도 있다. 쉽게 흥분하게 만들고 내면 가장 깊숙한 곳에 있는 감정이나 열정, 가치관, 믿음 등을 건드리는 주제로, 정치나 종교, 양육 철학, 심지어 건강 등이 여기에 포함된다. 개인적 주제든, 문화적 주제든, 사회적 주제든 강렬한 감정을 불러일으키며 이로 인해 공감하며 듣기가 더욱 힘들어진다.

이러한 주제를 아예 피하려고 애써볼 수 있겠지만, 여의치 않을 때도 있다. 한 번 무시하거나 피하고 난 후에도 일상에서 나누는 대화 곳곳에서 눈에 쉽게 띄기 때문이다. 이는 바람직하지도 않다. 경험으로 미루어 볼 때 회피는 늘 상황을 악화시킨다. 나 자신과 상대방을 검열하게 될 위험이 있긴 하지만, 조금만 주의를 기울이면 이러한 주제에 효과적으로 대응할 수 있다.

금기시되는 주제를 다루어야 할 때

리타는 살면서 많은 경험을 했다. 전염병이 전 세계를 강타하기 전 그녀는 잘나가는 프리랜서 영상촬영가였다. 콘퍼런스, 결혼식, 축제 등 크고 작은 행사의 모습을 영상에 담는 일이었다. 하지만 미국 미네소타주에 통금령이 시행되자 수입이 빠르게 줄어들었다. 더는 리타에게 결혼식 촬영을 의뢰하는 사람이 없었고 행사는 무기한으로 연기되었다. 나는 인터뷰를 통해 리타가 새로운 현실에 어떻게 적응하는지 알고자 했다. 이를 위해 그녀를 배려할 수 있는 신중한 접근이 필요했다.

지극히 개인적이고 걱정투성이인 주제를 헤쳐나가기 위해 리타에게 오늘 인터뷰가 힘들 수 있으며 언제든 멈추어도 좋다고 설명했다.

내 목표는 좋았던 일과 나빴던 일 등 그녀가 경험한 일들을 더 잘 아는 것이라고 덧붙였다. 이를 위해 불편한 질문을 던져야 할 수 있다고도 말했다. 그녀를 자극하거나 화나게 하려는 것이 아니라, 좋은 의도로 질문한다는 점을 그녀가 꼭 이해하길 바랐다. 리타가 고개를 끄덕이며 대답했다. "알겠습니다. 최선을 다해 볼게요."

나는 내가 가장 즐겨 쓰는 도구인 '감정 지도'를 활용하기로 했다. 리타가 좀 더 편안하게 자신의 이야기를 꺼내는 데 도움이 될 것 같았다. 감정 지도란 참여자가 일련의 일들을 겪으며 느꼈던 감정을 표현하도록 돕는 도구다. 종이 위에 먼저 프로세스, 업무 흐름, 여정의 전체적인 구성을 그리고("실업 급여를 신청한 후에 어떤 일이 있었나요?"), 그와 관련된 감정을 적는다("실업 급여를 신청했을 때 어떤 기분이었나요?"). 감정 지도는 복잡하고, 이름에서 알 수 있듯이 감정적인 일련의 사건들에 관해 이야기할 때 매우 효과적이다. 경험한 것을 그리면서 말하면 감정을 더 잘 표현할 수 있다.

리타는 프리랜서로 왕성하게 활동했을 때, 처음으로 촬영이 취소되었을 때, 실업 급여를 신청했을 때, 전업주부가 되어 자녀를 돌보기 시작했을 때 등 자신이 걸어 온 여정을 그리기 시작했다. X축에 이러한 주요 전환점을 그린 다음, Y축에는 다양한 감정을 적어 나갔다. 그녀가 감정 지도를 완성하는 동안 생각나는 대로 말하면 된다고 부드럽게 격려하자 자신의 이야기를 쏟아내기 시작했다.

리타가 말했다. "저한테는 일이 곧 정체성이에요. 그런데 더는 일을 할 수가 없죠. 마음 한쪽에서 '너는 끝났어. 전부 끝이야'라는 생각이 들어요." 그녀의 말에 귀 기울이며 모두 다 괜찮을 거라고 말하고 싶은 본능을 꾹 눌렀다. 정말로 괜찮아질지 모르고, 알 수도 없었다. 벌써 답을 찾아 주고 싶은 생각을 잠시 멈추어야 한다고 나 스스로에게 상기시켰다.

정보를 강요하거나 잠재적 해결책을 제시하는 대신 리타가 편안하게 생각을 털어놓을 준비가 될 때까지 시간을 충분히 주는 것이 중요했다. 점차 악화되는 재정 상태와 관련해 좀 더 예민한 질문을 던져야 할 때쯤에는 이미 나와 그녀 사이에 친밀함이 형성된 후였다.

실직처럼 사회적·문화적 규범을 거슬러서 유독 다루기 어려운 주제가 있다. '금기시되는 주제'란 의논하기에 적절하지 않다고 직·간접적으로 배웠기 때문에 저절로 피하게 되는 주제를 말한다. 금기의 기준은 시간이 지남에 따라 달라진다(온라인 미팅을 주로 하는 사람은 사회성이 부족하다는 등).

그런데 이런 변화는 개개인보다는 가족 단위나 학교, 회사, 심지어 대중문화까지 집단이 주도한다. 그래서 동료와 연봉에 대해 이야기하거나 공식적으로 종교 또는 정치적 성향을 밝히는 것이 불편할 수 있다. 나아가 스스로 '열린 마음'을 가지고 있다고 자부하는 사람도 타인과 인종차별, 성차별, 편견에 대한 경험을 공유하기가 껄끄럽다. 하지만 이런 주제들이 금기시되는 이유는 유해해서가 아니라, 자주 언급하지 않기 때문이다. 그렇다면 이제 금기시되는 주제를 다루는 방법을 알아보자.

몸풀기부터 시작한다

평소에 1킬로미터도 달려본 적 없는 사람이 내일 아침부터 갑자기 마라톤을 하겠다고 결심한다면, 분명 부상을 입을 것이다. 마찬가지로 금기시되는 주제는 매우 드물게 다루어지기 때문에 예고 없이 불쑥 언급하면 어색하게 들리기 쉽다. 따라서 먼저 몸부터 풀어야 한다.

사용자 경험을 리서치할 때 모든 인터뷰에 '몸풀기' 시간을 넣는 것도 이러한 이유 때문이다. 먼저 간단한 잡담과 그다지 중요하지 않은 질문을 던져 참여자의 긴장을 풀어 준다(질문자의 긴장을 푸는 데도 효과적이다).

금기시되는 주제를 다루기 전 상대방이 충분히 준비할 수 있도록 다음을 순서대로 실행해 보자.

- **주제를 미리 공유한다.** 상대방이 금기시되는 주제에 당황하지 않도록 사전에 알려주고 머릿속으로 주제에 대한 의견을 정리할 수 있도록 돕는다. 반대 입장이었다면 우리 역시 사전에 금기시되는 주제를 알아야 마음의 준비를 할 수 있다.
- **의도를 분명히 밝힌다.** 금기시되는 주제를 나누다 보면 대화가 중간에 자연스럽게 끊길 수 있는데, 이를 방지하는 가장 좋은 방법은 껄끄러운 주제를 언급하는 이유를 명확하게 밝히는 것이다. 적절하지 않다고 인식되는 주제를 다루는 대화에 좀 더 편안하게 의견을 말할 수 있도록 왜 이 주제를 꺼내는지를 설명하고, 불

쾌하게 만들거나 부담을 주려는 의도가 아님을 분명하게 전달한다. 대화를 시작하기 전에 의도를 간략하게 전하는 것만으로도 금기시되는 주제를 향한 상대방의 두려움을 줄일 수 있다.

- **작게 시작해서 점점 더 쌓아 나간다.** 중립적으로 대화를 시작해야 상대를 안심시킬 수 있다. 의견이 갈리기 전 서로 원만하게 동의할 수 있는 주제를 적어도 한 가지는 찾을 수 있다(후배에게 중요한 피드백을 주려고 한다면 '저 역시 당신과 같은 직급이었을 때 이것 때문에 고생했어요'라고 시인해도 좋다). 이 과정을 통해 좀 더 어려운 주제도 다룰 수 있다는 자신감을 얻을 수 있다.

용기를 발휘한다

유리 베를리너는 NPR(내셔널 퍼블릭 라디오)에서 선임에디터로 일하고 있다. 유리는 2018년 방송에서 자신의 아버지를 모시고 굉장히 개인적인 이야기를 다루었다. 유리의 아버지는 독일에서 홀로코스트를 겪으며 부모님과 헤어졌고, 부모님은 강제 수용소에서 생을 마감했다. 유리는 가족사와 관련된 이런저런 정보들을 알고 있었지만, 아버지가 말해 주지 않은 부분도 많았다.

민감한 주제를 부모님에게 꺼내는 상황은 생각만으로도 머리가 정지하는 느낌이 든다. 지나치게 밀어붙여 부모님이 부담을 느낀다면? 대화를 통해 꺼낸 상처의 기억들이 아버지에게 생생해진다면? 부모님이 방어적인 태도로 대화를 거부한다면? 모두 유리가 감수해야 하는 위험들이었다.

라디오 방송에서 유리는 이처럼 어려운 대화에도 긍정적인 면이 있다는 것을 보여 주었다. 그가 난생처음으로 그때의 일에 대해 묻자, 놀랍게도 유리의 아버지는 더 많은 이야기를 들려 주고 싶어 했다.

"아버지는 굉장히 괴로워하면서도, 내가 이런 질문들을 해 줘서 고마워했어요."[4] 유리는 말한다. 아버지가 의욕적으로 대화에 임했기 때문에 결국 이 힘들고 고통스러운 대화가 더욱 탄탄한 관계를 맺고 서로 가까워지는 계기가 되었다.

금기시되는 주제를 이야기하려면 어느 정도 용기와 두려움을 넘어서려는 의지가 필요하다. 새로운 기술을 습득할 때처럼, 시작이 제일 어렵다. 우리는 타인이 어려운 주제를 당연히 꺼릴 것이라고 넘겨짚지만, 알고 보면 생각하는 것보다 더 준비된 상태일 때도 있다. 이러한 주제를 다루는 대화가 짐이라고 여기는 대신, 상대방이 기다려 온 기회라고 생각해 보자. 이제 용기를 발휘해 시작할 때다.

이를 위해 다음 방법들을 응용해 볼 수 있다.

- **대화 전개를 미리 계획한다.** 대화를 어떻게 전개해 나갈지 미리 생각해 두는 것이 좋다. 다루고 싶은 주제를 정리하고 이야기를 꺼낼 방법을 고민해 보자. 사전에 대화를 머릿속에 그려 보는 것만으로도 원하는 목적을 달성하는 데 도움이 된다. 상대방의 다양한 반응을 예상함으로써 어떤 결과도 받아들일 준비를 할 수 있다. 대화를 중단해야 하는 시점을 어떻게 파악할 것인지도 생

각해 본다. 예상보다 분위기가 안 좋을 때와 반대로 기대 이상으로 반응이 좋을 때 어떤 반응을 보일지 미리 고민한다.

- **불편함을 예상하고 끝까지 견딘다.** 대화 도중 불편함을 느끼는 시점이 생길 것이다. 매우 정상적인 현상이다! 언제 불편한 느낌이 드는지 파악하고, 도망치는 대신 최선을 다해 감정을 있는 그대로 받아들인다. 상대의 의견에 개입하여 나의 불편한 마음을 해소하고 싶은 강한 충동을 느낄 수도 있다. 이러한 주제를 자주 다룰수록 덜 금기시된다는 점을 기억하자.

- **과감하게 시작한다.** 몸풀기가 끝나고 상대방이 준비되었다고 판단되면 이제 시작할 시간이다. 언젠가는 본론으로 들어가야 한다. 주저하지 말고 대화를 시작해 보자.

동의가 아니라 이해를 목표로 한다

지난 예비선거 기간에 친구 중 한 명이 직장을 그만두고 지지하는 후보자 선거단에 자원봉사자로 들어갔다. 그곳에서 친구는 선거자금을 모금하고, 전화를 돌리고, 이메일을 보내고, 그리고 당연하게도 자신이 후보자를 얼마나 열성적으로 지지하는지와 그 이유를 알리기 위해 소셜미디어에 포스팅을 올렸다. "나는 원래 정치적인 사람이 아니다"로 글을 시작해 이렇게 마무리했다. "하지만 내게 너무나도 중요하다."

몇몇 주변 사람은 친구를 응원했다. 같은 후보자를 지지하는 사람들도 있었고, 동일한 정치 성향을 공유하기도 했다. 머뭇거리며 시간을 끌다가 결국 한배를 타는 이들도 있었다. 그런가 하면 일부는 끝까지 동의하지 않았다.

특히 한 지인과 나눈 대화는 전쟁터가 따로 없었다. "그런 견해를 받아들이다니 믿을 수 없어요." 상대가 이렇게 말하면 친구는 반박했다. "그럼, 당신은 정말로 ~하다고 생각하나요?"

여름 내내 이런 패턴이 계속됐다. 그러다 마침내 친구는 대화를 다른 방식으로 접근해 보기로 했다. 친구가 지지하는 후보를 빈틈없이 방어하기 위해 처음부터 전력투구하는 대신, 처음에는 속도를 낮춰 지인의 의견을 들어보기로 한 것이다. "당신의 관점을 공유해 주어서 고마워요. 상대편에 대해서도 더 많이 알고 싶어요"라고 말하며 먼저 손을 내밀었다. 그러자 지인은 맹비난을 받을지도 모른다는 두려움 없이 안심하고 자신의 의견을 솔직하게 이야기했다.

이후 두 사람은 훨씬 더 정중하게 대화를 이어나갔다. 친구와 지인이 이번 일을 계기로 친구가 되었을까? 그렇지 않다. 그렇다면 두 사람은 정치와 정책에 대해 의견 일치에 성공했을까? 그렇지 않다. 그럼에도 이제 두 사람은 더는 서로의 적이 아니다. 대신 생각했던 것보다 공통분모가 많다는 것을 양쪽 모두 이해하게 되었다("거침없이 목소리를 내려는 당신의 의지가 대단하다고 생각해요. 저도 비슷한 기분을 느끼거든요"). 어떤 후보자가 더 적절한지를 놓고 두 사람은 절대 합의하지 못하겠지만, 적어도 서로의 관점을 받아들일 수 있다. 작은 변화가 대화의 성격을 완전히 뒤바꾸었다. 심지어 1년 후 예비선거를 치르던 날, 한때 적군이었던 지인이 전화로 행운을 빌기도 했다! 친구의 접근 방식이 효과적이었던 이유는 방어가 아니라 경청을 무기로 택했기 때문이었다.

가치관과 같은 어려운 대화를 헤쳐나가야 할 때 다음 방법들을 시도해 보자.

- **확인하고, 확인하고, 또 확인한다.** 상대방에게 경청하고 있으며 그 의견이 흥미롭다는 메시지를 전달하는 것이 좋다. 반드시 동의할 필요는 없다. 진정성 있는 방식으로 상대방이 더 이야기하도록 유도해 보자. 비언어적 신호도 좋고(시선을 계속 맞추거나 고개를 끄덕거리기), 언어적 신호도 효과적이다("그렇군요, 계속해 주세요"). 둘 다 한꺼번에 사용하는 것도 좋은 방법이다. 평소에 한숨을 자주 쉬거나, 눈을 굴리거나, 나와 맞지 않는 생각은 무시하는 편이라면 습관을 다스리기 위해 최대한 노력하자. 견해가 다를 때에도 상대방을 지지하고 상대방의 존재를 받아들인다.
- **설득이 아닌 설명이 중요하다.** 관점을 공유할 기회가 오면, 내가 옳나는 것을 상대방에게 설득하겠다는 마음을 내려놓고 겸손한 자세로 대화에 임해야 한다. 너무 구체적인 부분까지 다룬다면 상대방이 공감하기 어렵다. 대신 내 견해를 나타내는 내용을 공유해야 한다. 예를 들어 시골에서 자랐고 부모님과 자연에서 시간을 보냈던 것이 그리워서 지속 가능한 환경을 위한 노력을 지지한다면, 파리기후협정의 세부 사항을 나열하는 대신 솔직한 이유를 설명하는 것이 좋다.

- **나를 공격하는 것이 아니다.** 정치나 종교처럼 금기시되는 주제가 분열을 초래하는 이유는 우리의 신념 체계에 반하기 때문이기도 하다. 때때로 반대 의견을 들으면 내 존재 자체가 부정당하는 기분이 든다. 이때 대화하기 전이나 후, 도중에도 나와 반대되는 상대방의 신념이 나라는 사람을 개인적으로 부정하는 것이 아니라는 점을 스스로에게 상기시켜야 한다. 상대방은 평생 경험한 것을 바탕으로 신념을 쌓아왔다. 지금의 의견 차이는 상대방의 전체적인 세계관에서 매우 작은 부분을 차지할 뿐이다. 누군가 내 견해에 동의하지 않는다면, 전체 맥락에서 그 사람이 보인 반응을 살펴봐야 한다. 나아가 나를 개인적으로 싫어하거나 공격한 것이 아니라는 점을 인지해야 한다.

감당할 수 있는 만큼의 경계선을 지킨다

분위기가 너무 과열될 때는 심호흡을 크게 하고 다섯까지 숫자를 세어 보자. 신경계가 진정할 수 있도록 잠깐 쉬었다가 다시 대화를 이어나가는 것이 좋다. 한 박자 쉬었는데도 흥분된 말이 오간다면, 이를 유용한 정보로 활용해 내가 이 주제를 매우 민감하게 생각한다는 사실을 인지하고 대화를 중단해야 한다. 계속 밀어붙이다가 폭발하는 것보다 잠시 멈추었다가 좀 더 중립적인 상태에서 대화할 수 있을 때 다시 시작하는 것이 바람직하다.

대화가 선을 넘는 순간과 더는 대화하고 싶지 않은 순간을 가장 잘 아는 사람은 나 자신이다. 내 본능을 존중하고 감당할 수 있는 만큼만 대화하자. 분위기가 예상보다 더 심각하게 전개되는 경우 Chap 9에서 살펴본 퇴장 전략을 활용할 수 있다.

감정이 폭발하게 되는 핫스팟

동네 카페에 앉아 원고를 쓰고 있는데 젊은 커플이 옆 테이블에 앉아 결혼식 계획을 의논하기 시작했다. 무시하려고 했지만, 예비 신부의 말이 귀에 탁 들어왔다.

"내 말 안 듣고 있는 것 같아." 그녀가 약혼자에게 말했다. "장소에 대한 내 의견이 더 이상 의사 결정에 반영되는 것 같지 않아. 부모님 집에서 결혼식을 하고 싶다고 전에 말했는데도, 이렇게 계속 장소를 찾아보는 게 실망스러워." 그리고 갑자기 그녀의 목소리 톤이 바뀌더니 약혼자가 대답할 기회를 주는 대신 이렇게 경고했다. "다음 말은 조심하는 게 좋을 걸. 잘못하면 상황이 더 나빠질 수도 있어."

저런! 시작은 중립적이었지만 순식간에 대화의 성격이 달라졌다. 두 사람이 점점 더 긴장하는 동안 위험한 기운이 감돌았다. 조금 전까지 여자친구를 도와 문제를 해결하려는 것처럼 보였던 약혼자의 보디랭귀지, 표정, 목소리가 방어적으로 변했다. 그때 그가 뭐라고 대답했을까? 그게 왜 큰일이냐는 듯 "그게 뭐 대수라고 이래?"라고 했다. 이후 이들의 대화는 빠르게 무너져내렸다.

핫스팟이란 감정적으로 괴로운 추억, 신념, 경험을 건드리는 민감한 주제를 가리킨다. 금기시되는 주제는 사회적으로나 문화적으로 '부적절'하다고 여겨진다. 성적 취향이나 월급처럼 터놓고 이야기하면 안 된다는 인식이 따라다닌다. 반면 핫스팟은 사람마다 다르며 개인사, 경험, 불안함과 밀접한 관련이 있다. 부모님과의 관계가 복잡한 사람에게는 어버이날이 핫스팟이 될 수 있고, 어릴 때 이사를 자주 다닌 사람에게는 개학 첫날이 핫스팟이 될 수 있다. 그래서 핫스팟은 겉으로는 중요도가 낮아 보여도 실제로는 중요한 문제일 수도 있다.

물론 사회적으로 '금지 구역'으로 간주되는 금기시되는 주제와 개개인의 위험 지역인 핫스팟 사이에 겹치는 부분이 있을 수 있다. 내 정체성과 그동안의 경험이 이미 복잡한 주제를 훨씬 더 어렵게 만들기도 한다(예컨대 성차별은 모두에게 어려운 주제이지만, 경험해 본 적이 있는 사람이라면 더욱 예민하다). 그래서 공감적 듣기가 그 어느 때보다 중요하다.

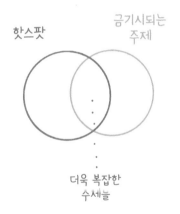

핫스팟을 만나면 우리는 순식간에 감정적으로 흥분하고 민감하게 반응한다. 한번 고조된 감정은 되돌리기 어렵다. 이런 상황에서 나와 다른 의견은 곧 나를 부정하는 말처럼 들리고 반대되는 관점은 내 주요 가치관에 대한 모욕처럼 느껴진다. 잔뜩 경계한 상태에서는 칭찬을 들어도 상처받는다. 이러한 극단적인 반응 때문에 공감하며 경청하려는 노력이 불거품이 될 수 있다.

원래 한 발짝 떨어져서 볼 때 상황을 가장 정확하게 파악할 수 있다. 앞서 살펴본 커플의 경우 예비 신부는 그녀의 의견이 수렴되기를 원했지만, 그 과정에서 약혼자를 밀어냈다. 약혼자는 상황을 바로잡고 싶었지만 자신의 방어적 태도 때문에 실패했다. 두 사람 모두 서로의 진심에 다가가려고 했다. 하지만 감정적으로 지나치게 흥분한 상태였고 서로의 본심에 귀 기울이지 못했다.

시간이 지나면 핫스팟은 저절로 모습을 드러낸다. 커플의 경우 결혼식 장소를 찾는 과정이 실망스럽다는 것이 문제가 아니었다. 어린 시절을 보낸 집에서 결혼하는 것이 예비 신부에게 특별한 의미가 있다는 것이 핵심이었다. 그녀의 과거와 미래가 모두 있는 장소이자 셀 수 없이 많은 소중한 추억이 쌓인 곳이었다. 약혼자는 신부를 돕기 위해 결혼식 장소를 계속해서 물색했을 것이다. 그러나 이어진 그의 말이 예비 신부에게는 거절처럼 들렸다. 그녀가 제안한 아이디어에 대한 거질이었고 나아가 가속을 향한 거절처럼 들렸다.

사람마다 핫스팟이 각양각색이기 때문에 미리 예측하는(또는 방지하는) 것은 매우 어렵다. 그러나 내 핫스팟과, 대화 도중 발현되는 감정적 반응은 노력을 통해 다스릴 수 있다. 다음 방법들을 참고해 보자.

- **내 핫스팟을 조심한다.** 특정 기억이든 기저에 깔린 불안함이든, 내가 민감하게 반응하는 주제를 알아두면 정신적으로, 감정적으

로 준비할 수 있다. 싸움을 준비하는 것이 아니라, 불쑥 치솟는 감정을 그때그때 다스리는 준비다. 나 자신을 주시하면 내가 보이는 반응도 더욱 잘 통제할 수 있다.

- **폭발하지 않게 단단히 고정한다.** 감정에 휘둘리지 않도록 스스로를 단단히 고정해야 한다. 마음이 차분해지는 여행지를 떠올리거나 마음을 붙들 말을 되새겨도 좋다. 예를 들어 '내 마음은 단단한 바위다, 흔들리지 않는다'와 같은 말을 반복해서 새기면 특히 흥분한 순간에 진정할 수 있다. 긴장이 완전히 해소될 때까지 여러 번 반복한다. 대화 도중 화가 날 때는 크게 심호흡하면 마음의 중심축을 바로 잡을 수 있다.

- **퇴장 전략을 준비한다.** 모든 시도가 실패로 돌아갔다면, 상황이 더 악화되기 전에 자리를 떠나도 전혀 문제 되지 않는다. Chap 9에서 배웠던 대화를 종료하는 방법을 참고해 한계점에 다다랐을 때 타임아웃을 외쳐 보자. 공감적 경청이 가능한 중립적 상태일 때 다시 대화를 시작한다. 이 방법은 타인의 핫스팟을 통제할 수 없을 때도 효과적이다.

[자가 진단]
내 핫스팟 제대로 알기

나는 어떤 것에 화를 내고, 또 어떤 것은 아무렇지 않을까? 예전에 대화 도중 화가 났던 경험을 떠올려 보자. 나중에 후회할 말을 내뱉었을 때, 감정적으로 동요했을 때, 잔뜩 흥분하거나 이성을 잃을 정도로 화가 났을 때, 대답해 놓고 부끄러웠을 때, 심지어 다른 사람 때문에 수치스러웠을 때를 모두 떠올려 보자. 누구와 대화를 나누던 중이었는가? 대화 내용은 무엇이었는가? 조금 더 깊이 들여다본 후 진짜 대화 내용을 기억해 보자. 동시에 평소 스트레스를 받는 상황이나 경쟁심이 불타오르는 주제, 방어적인 태도를 보이는 주제도 생각해 보자. 내면의 불안과 두려움, 그리고 나 또는 상대방의 행동이 내 가치관과 어긋날 때 역시 살펴보면 좋다.

아래의 잠재적 핫스팟들을 하나씩 검토해 보자. 과거에 목격한 적 있거나 앞으로 발현할 가능성이 큰 핫스팟을 따로 표시해 두어야 한다. 예시 외에 다른 핫스팟도 고려해 보자.

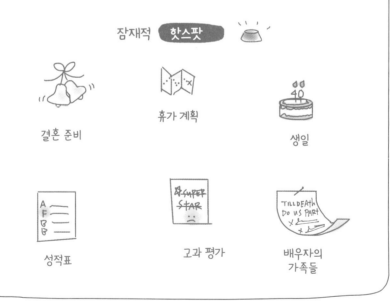

실수를 인정하고 실수를 통해 배운다

금기시되는 주제든 평범한 주제든, 잘 아는 사람이든 방금 만난 사람이든, 산만한 장소든 차분한 공간이든, 공감적 경청에 있어 가장 큰 장애물은 바로 나 자신이다. 심리치료사인 로리 고틀립은 저서 《마음을 치료하는 법 *Maybe You Should Talk to Someone*》을 통해 매일 일상 속 소통에 경험이 어떻게 스며드는지 설명한다.

"치료사가 환자를 마주 보고 앉아 하는 행동, 건네는 말, 느끼는 감정 모두 이전의 경험이 있기에 가능하다. 내가 이때까지 경험한 모든 것이 시간과 장소에 관계없이 늘 영향을 미친다. 방금 받은 문자 메시지, 친구와 나눈 대화, 고지서의 잘못된 부분을 수정하기 위해 서비스센터와 통화한 내용, 날씨, 수면 시간, 오늘 첫 번째 진료 이전에 했던 상상, 환자의 이야기를 듣고 떠오른 추억, 이런 모든 것이 환자와 함께 있을 때 내 행동에 영향을 미친다."[5]

우리는 저마다의 과거와 경험을 지닌 채 살아간다. 우리를 인간으로, 나를 나로 만드는 요인이기도 하다. 이는 곧 우리가 때때로 그날 기분에 따라 언제든 실수하거나 실패할 수 있다는 것을 의미한다. 동료의 말을 잘못 해석하거나 배우자와의 대화에 집중하지 못하기도 하고 아무리 노력해도 지인에게 공감하지 못하거나 친구와 이야기 도중 감정을 주체하지 못하기도 한다.

이런 경우 자신에게 실망하거나 당황하기 쉽다('내가 더 잘 알아야 했는데!'). 그러나 자책하는 대신 이러한 순간이 언제든 발생할 수 있다는 사실을 인지하고 실수를 통해 새로운 것을 배우려고 노력해야 한다. 즉, 하버드대학교 심리학과 교수 탈 벤 샤하르가 말하는 "인간이 되어도 좋다는 허락"을 스스로에게 주어야 한다.[6] 실패해도 된다는 허락, 완벽하지 않아도 된다는 허락, 실수할 때마다 따라오는 부정적 감정을 경험하고 수용해도 된다는 허락 말이다. 내가 살아온 삶과 나를 분리하기란 불가능하다. 따라서 완벽함을 추구하는 대신 한층 더 강화된 자기 인식과 자기 연민을 목표로 삼아야 한다.

실수를 통해 배운다는 것은 곧 어떤 일이 왜 벌어지고 있는지 질문하는 것이다. 대화 도중 불쑥 튀어나온 감정이나 반응을 떨쳐낼 수 없을 때는 거부하는 대신 호기심을 가지고 들여다보자. 가끔 실수할 수 있다는 사실을 인정하고 포용한다면 실수 때문에 낙심하지 않고 오히려 배움의 기회로 삼게 된다.

공감적 경청 후
회복할 시간이 필요하다

라디오 프로그램 제작자이자 일상의 다양한 이야기를 취합해 들려주는 스토리콥스StoryCorps의 설립자 데이비드 이세이는 타인의 말에 귀 기울이는 것을 마라톤에 비유한다. "듣는다는 것은 꽤 강도 높은 행위입니다…. 꽤 깊은 유대감이 형성되죠. 경청할 때는 엄청나게 집중하기 때문에 무척 힘듭니다. 끝나고 나면 마라톤을 완주한 느낌이에요. 완전히 기진맥진한 상태이죠."[1]

이처럼 에너지가 고갈되는 것을 가리켜 나는 '청자의 소모감'이라고 부른다. 집중력을 다해 경청한 후에 몰려오는 피로감을 가리킨다. 청자의 소모감을 느낀다는 것은 올바른 경청을 실행했다는 뜻이므로 굉장히 만족스러울 수 있다. 그러나 동시에 균형을 잃게 된다.

때때로 피로감이 감정으로 표출되기도 한다. 상대방이 내면 깊숙한 곳에 있는 두려움과 불안을 꺼낼 수 있도록 공간을 내어주고 나면, 내 공간에 들어온 감정을 떨쳐내기 어려울 때도 있다. 의도치 않게 상대의 감정을 고스란히 떠안는 것이다.

온몸으로 피로감이 느껴지기도 한다. 상대방에게 집중하려면 혼신의 노력이 필요하다. 그렇다 보니 장시간 공감하며 경청하고 나면 긴 낮잠을 자며 휴식을 취하고 싶은 마음이 굴뚝같다. 청자의 소모감은 공감적 듣기의 자연스러운 부작용이다. 다행히도 전문가들이 경청이라는 예술을 훈련하듯, 회복이라는 예술도 훈련을 통해 갈고 닦을 수 있다. 이제 나와 같은 경청 전문가들이 번아웃 상태를 피하고자 응용하는 예방 기술과, 피로감을 피할 수 없을 때 사용하는 회복 기술을 자세히 살펴보자.

경청에 필요한 에너지를 비축한다

청자의 소모감으로부터 나를 보호하는 방법

지친 몸과 마음을 회복하는 가장 좋은 방법의 하나는 예방하는 것이다. 내 한계를 가장 잘 아는 사람은 나 자신이므로, 한계에 다다르지 않도록 적절히 조절하는 것 역시 나의 몫이다. 일상에서 다음의 기술을 함께 적용하면 지치지 않고 대화에 참여할 수 있으며 극심한 피로 또는 번아웃을 피할 수 있다.

번아웃되지 않게 한계를 정한다

일을 시작한 초반에는 최대한 효율적으로 인터뷰 일정을 잡기 위해 노력했다. 예를 들어 여섯 명의 참여자가 있으면 전부 하루에 몰아 인터뷰를 잡았다. 약속을 지키기 위해 조기 출근과 야근은 기본이고 점심시간까지 줄여야 했다. 오전에는 분명 참여자의 말을 경청할 수 있었는데 마지막 인터뷰쯤에는 경청할 힘이 모두 사라지고 없었다. 너무 피곤해서 집중하지 못한 나머지 참여자가 보내는 중요한 신호를 놓친 적도 있었는데, 참여자가 이미 대답한 내용을 다시 묻거나, 상대의 보디랭귀지와 말하는 내용이 상반되는데도 확인하지 않고 넘어가기도 했다. 얼마 남지 않은 배터리를 쓸데없이 소모할 뿐만 아니라 참여자의 소중한 시간까지 뺏고 있었다.

더 심각한 문제는 집으로 돌아간 후에 나와 가족을 위해서 쓸 힘이 정말 하나도 남지 않는다는 것이었다. 일정이 지나치게 빡빡하면 극심한 피로감에 시달린다는 사실을 이제는 잘 알고 있으므로, 하루에 진행할 인터뷰 최대 횟수를 좀 더 신중하게 잡는다.

당신이 대면 약속을 잡는다면 감당할 수 있는 최대 횟수는 몇 번인지 생각해 보자. 하루에 깊은 대화 한 번이면 체력이 고갈되는 사람도 있다. 최대 횟수가 무엇이든, 한계점을 파악하고 그에 맞는 바운더리를 설정하는 것이 중요하다. 이를테면 최대 횟수를 이미 초과했다면 약속을 거절하거나('동료의 송별회에 안 가면 친구가 주선하는 저녁 모임에 갈 수 있어. 하지만 두 개 다는 불가능해'), 가족과의 정기적인 통화 시간을 골고루 분산할 수 있다('엄마한테는 월요일, 아빠한테는 화요일, 동생한테는 목요일에 전화해야지. 수요일과 금요일은 아무한테도 전화하지 않고 쉬어야겠어'). 지속적으로 한계점을 확인하고 조금 느슨해질 필요가 있거나 평소보다 활력이 넘치는 경우 유연하게 경계선을 수정해도 좋다.

속도를 조절해 강도를 줄인다

앞서 만나본 코칭 전문가인 크리스틴이 하는 일의 장점은 인생과 일에서 중요한 단계를 통과하는 과정에 있는 누군가에게 도움이 될 수 있다는 것이다. 단점은 주의하지 않으면 청자의 소모감을 쉽게 느낄 수 있다는 것이다.

크리스틴은 하루를 여러 조각으로 쪼갠 다음 사이사이 쉬는 것이 청자의 소모감을 예방하는 좋은 방법이라는 점을 터득했다. 집중력이 필요한 대화를 하루에 몇 번 하는지만 중요한 것이 아니라, 간격을 어떻게 조정하는지도 중요하다. 속도 조절을 통해 강도를 줄일 수 있다.

바쁘게 돌아가는 업무에서 중간중간 쉬는 시간을 확보하는 방법 중 하나는 바로 모든 회의를 예정보다 5분 일찍 끝내는 것이다. 또 일정에 '바쁨' 혹은 '집중 시간'이라고 표시하는 것도 적극적으로 시간을 관리하는 데 도움이 된다. 동료와 강도 높은 대화 후 피로감이 몰려온다면, 일정을 조정할 수 있는지 검토해 보자. 한계까지 밀어붙이는 상황을 피할 수 있다.

그 외 상황의 경우 대화나 모임 사이사이에 충분한 시간을 확보함으로써 속도를 조절할 수 있다. 목적지까지 일부러 돌아가는 것도 좋은 방법이다. 다음 대화로 넘어가기 전에 머리를 식힐 수 있다.

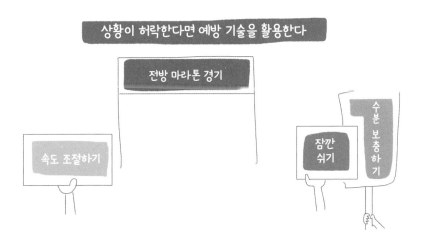

상황이 허락한다면 예방 기술을 활용한다

전방 마라톤 경기

속도 조절하기

잠깐 쉬기

수분 보충하기

공백을 두어 정리하는 시간을 갖는다

데이비드 보이어는 샌프란시스코의 공공라디오 편집장이자 팟캐스트 호스트이자 프로듀서다. 그의 팟캐스트가 흥미로운 이유 중 하나는 수많은 샌프란시스코 사람들이 등 돌린 텐더로인이라는 동네의 매력을 재발견할 수 있기 때문이다. 보이어는 그곳에 사는 10대부터 노인, 부모, 노숙자 등 다양한 사람들을 만나 이야기를 나눈다.

경청으로 인한 번아웃을 어떻게 예방하느냐는 나의 질문에 데이비드는 이렇게 대답했다. "저는 대화 직후에 아무런 계획을 세우지 않는 것이 중요하다고 생각합니다. 서두르지 않고 대화한 내용을 혼자서 차근차근 정리할 수 있죠. 또 상황을 피해 도망간다는 기분을 느끼지 않아도 됩니다."

번아웃의 위험이 있다면, 짧은 휴식 외에도 방금 들은 내용을 정리하고 감정을 살펴볼 수 있는 시간과 공간을 확보하는 것이 도움이 된다. 대화가 끝나자마자 다음 약속으로 서둘러 가는 경우, 나의 상태와 기분을 확인할 여유가 없다. 물론 그 순간에는 괜찮을 수도 있다. 하지만 우리는 대화할 때마다 영향을 받는다. 따라서 나중으로 미루기보다는 빨리 생각을 정리해야 한다. 그렇지 않으면 타인의 말이 마음을 갉아먹고 뇌 속에 자리 잡을 수 있다.

청자의 소모감에서 회복하는 방법

잠시 휴식을 취하고 대화를 미루는 전략은 청자의 소모감을 사전에 방지하는 데 큰 도움이 된다. 하지만 때때로 적정한 선을 지키지 못해 에너지 소모가 큰 대화를 연달아서 하는 경우도 있다. 이때 다음의 회복 기술을 응용해 보자.

필요할 때 회복 기술을 활용한다

이 일을 시작한 이유를 상기해 본다

일간지 기자인 리지 존슨은 산불 관련 뉴스를 담당한다. 안타깝지만 캘리포니아 북부 지역의 산불이 잦아서 취재를 자주 나간다. 산불로 인해 생계, 집, 가족이 파괴된 공동체를 찾아가는 일은 마음이 무겁고 감정적 동요가 크지만 분명 중요한 일이다. 쉽지 않지만, 존슨은 벌써 몇 년째 산불 취재를 해 왔다.

"젊은 기자들과 이야기해 보면 일 때문에 마음에 타격을 입는 경우가 흔한데, 확실히 그렇긴 합니다. 이렇게 엄청나고 충격적인 일을 취재하다가 집에 갈 시간이 되었을 때 훌훌 털어버리기란 불가능해요. 삶과 죽음을 넘나드는 극단적인 순간을 경험한 사람들 대여섯 명 정도를 연달아 인터뷰한 날도 있는데, 저는 기자니까 당연히 이야기를 빠짐없이 듣고 독자가 현장을 생생하게 느낄 수 있도록 설득력 있는 기사를 작성해야 합니다."

감정 기복을 피할 수 없음에도 존슨에게는 기자라는 직업 자체가 계속 나아가게 만드는 동기가 된다. "내 이야기를 들어주는 좋은 친구를 곁에 두는 게 큰 도움이 됩니다. 또 스스로를 잘 돌보고, 잠도 잘 자고, 심리상담을 받기도 하고, 밖에 나가서 조깅도 하면서 마음을 관리하는 것이 중요하죠. 그리고 내가 하는 일이 변화를 가져올 것이라고 그냥 믿어야 합니다. 의미 있는 일이라고 말입니다."[2]

공감적 경청은 큰 피로감을 안기는 일이다. 그러나 동시에 기쁨을 가져다준다. 기분이 좋지 않을 때 활기를 되찾으려면, 이 일을 시작한 이유를 스스로 상기시켜 보자.

세상에서 가장 아름다운 침묵

내가 번아웃되었을 때 회복하는 방법은 그날 하루 남은 시간 동안 지독히도 사회성이 없는 사람처럼 있는 것이다. 친구들 모임, 저녁 데이트, 전화 통화, 모두 허용하지 않는다. 젖먹던 힘까지 끌어모아 겨우 할 수 있는 일이자 또 내가 진짜로 원하는 일을 한다. 나에게는 그것이 좋은 책을 읽고, 달콤한 낮잠을 자고, 조용하게 저녁 식사를 하는 것이다.

나의 단골 미용사 역시 재충전을 위해 비슷한 시간을 가진다고 말한다. 미용실에서 손님들과 종일 이야기를 하고 나면 지칠 대로 지친 상태가 된다. 게다가 나를 포함한 손님들은 모두 엄청난 수다쟁이라서 쉴 새 없이 대화한다. 긴 하루를 보낸 후 저녁에는 여유롭게 시간을 보낸다. 집에서 빈둥거리며 가끔 여기저기를 정리하고 고양이가 노는 모습을 구경하는 동안 완벽하고 온전한 침묵을 지킨다. 음악도, 팟캐스트도, 함께하는 사람도 없다. 바닥 위를 걸어 다니는 자신의 발소리와 옆에 앉은 고양이의 갸릉갸릉 하는 소리뿐이다. 타인의 요청에 따라 움직이는 대신 그녀는 침묵 속에서 홀로 있는 시간에 온전히 집중한다.

상황에 따라 조용히 재충전하는 시간을 찾기 어려울 수도 있다. 아이나 배우자가 함께한다면 내가 하고 싶은 대로만 할 수 없기 때문이다. 하루가 너무 바빠 생각을 조용히 정리하는 데 몇 분조차 쓸 수 없다면, 일과 중 잠시 숨을 돌릴 만한 시간을 찾아보자. 예를 들어 의지와 장비만 갖춰진다면(노이즈 캔슬링 헤드폰이라는 놀라운 물건이 있다!) 장거리 통근 시간을 활용할 수 있다. 알람을 평소보다 5분 일찍 설정해 두면 가족이나 룸메이트가 일어나기 전 고독을 즐길 수 있다. 혼자 조용히 보내는 시간이 재충전하는 데 큰 도움이 된다. 견딜 수 있는 것보다 더 많은 에너지를 쏟은 하루였다면, 침묵이 세상에서 가장 아름다운 음악 선율처럼 들릴 것이다.

머리는 쉬고 몸은 움직인다

강도 높은 공감적 경청이 끝나면 머릿속이 제멋대로 날뛰는 기분이 들 수 있다. 또 어디를 가든 귓가에 윙윙거리는 소리가 따라다닌다. 대화 내용을 곰곰이 돌이켜 보는 것도 좋지만, 생각이 너무 많으면 오히려 헤어나올 수 없는 우울함에 빠질 수 있다. 때로는 뇌가 얼마나 많은 정보와 대화를 처리하는지 인지하지 못하다가 몸을 움직이고 나서야 깨닫기도 한다. 특히 머릿속으로 같은 장면이나 대화를 계속해서 돌려보는 경향이 있다면, 신체 활동을 통해 마음의 안정을 되찾을 수 있다.

함께 살펴봤던 기자 리지의 회복 루틴에는 달리기가 포함되어 있다. 일하다가 감정적으로 너무 힘들어지면 리지는 몸을 움직여 복잡한 마음을 비운다. 물론 모두가 달리기를 즐기지는 않는다(나도 마찬가지다). 그러나 달리기 외에도 머리를 그만 쓰고 몸을 움직일 수 있는 다양한 방법이 있다. 유산소 운동을 좋아하는 사람도 있고, 간단한 스트레칭, 동네 산책 등을 하는 사람도 있다. 상황이 여의치 않을 때는 따뜻한 물로 목욕하는 것만으로도 충분하다. 몸의 감각을 느끼고 마음을 진정시킬 수 있다면 효과적인 회복 방법이 된다.

경험한 것을 말하고 적는다

케이티 테일러는 마음이 아픈 사람들을 돌보는 의사다. 도시에서 가장 큰 규모의 노숙자 쉼터를 돌며 환자들을 치료하는데, 그곳에는 심각한 정신질환을 앓는 사람들로 가득하다. 노숙자를 돌보다 보면 갈등과 불화를 겪는 일은 비일비재하다.

"의사로서, 세상의 슬픔을 계속 듣고 받아들여야 한다는 심적 부담감과 인간적 부담감을 느낍니다. 하지만 이는 진료실에서 의사가 환자에게 제공하는 것 중 하나라고 생각합니다." 케이티는 말했다. 대의에 헌신하는 것도 좋지만, 감정적으로 너무 많은 짐을 떠안지 않도록 주의해야 한다. 케이티는 경험한 것들을 대화로 풀어내거나 글자로 옮기는 것이 큰 도움이 된다고 말한다.

모든 대화의 무게가 똑같지는 않지만, 비슷한 경우도 있다. 친구가 가족과 관련된 어려움을 털어놓거나 직장 동료가 매일 회사에서 겪는 미묘한 차별에 대해 열심히 듣다 보면 이내 마음이 힘들어진다. 강도 높은 경청이 끝나면 잠시 쉬면서 나의 마음 상태를 살펴봐야 한다. 지금 기분은 어떠한가? 정확히 어떤 감정을 느끼는가? 타인의 필요를 들어 준 후 내게 필요한 것은 무엇인가? 질문에 대답한 후에는 생각에 매몰되는 대신 털어내 보자. 믿을 수 있는 사람이나 자격을 갖춘 전문가, 혹은 일기장에 이러한 생각들을 털어놓아도 좋다. 경험한 것에 대해 말하고 적는 행동은 강도 높은 경청 이후 느껴지는 감정을 이해하고 다스리는 데 도움이 된다. 어깨 위에 짐을 조금이나마 덜 수 있다.

대리 외상에서 나를 지킨다

우리는 케이티와 같은 의사들이 매일같이 마주하는 트라우마를 목격할 일이 많지 않다. 그런데도 상대의 말을 공감하며 듣다 보면 그의 관점을 내재화하게 되고 결국 내 원래 생각을 잊게 될 때가 있다.

심리학자는 이를 가리켜 '대리 외상'이라고 부르는데, 2차적 트라우마 또는 '정서적 잔여물'이라고 볼 수 있다. 트라우마 피해자와 함께 일하거나 그들의 고통을 자주 목격하다 보면 이러한 증상을 보이는 경우가 많다. 간병인이나 의사에게서 자주 관찰되는 대리 외상은 타인의 고통을 보거나 들은 경험이 자신에게도 영향을 미쳐 유사한 심리적 외상을 남기는 것이다. 대리 외상을 입은 사람들은 대개 '공감 피로'를 경험한다. 자신을 돌보는 대신 지속적으로 타인에게 연민을 느끼기 때문에 감정적으로나 신체적으로 피로감을 느낀다.[3]

타인의 짐

내 어깨

여러 해 전 가까운 친구가 암 진단을 받았을 때 나도 대리 외상을 직접 경험한 적이 있다. 워낙 독립심이 강했던 친구는 직장 동료뿐만 아니라 친구들에게조차 암 진단 사실을 알리지 않았다. 게다가 그는 옆에서 돌봐줄 가족도 없었다. 단 몇 명만이 그가 왜 자주 조기 퇴근했는지, 왜 모임에서 빨리 피곤해했는지 진짜 이유를 알았다.

암 진단을 받고 한 달가량 우리는 거의 매일 만났다. 그는 앞으로 무슨 일이 벌어질지 모르는 미래가 겁이 난다고 했다. 그리고 혼자만 고립되었다고 느꼈다. 늘 피곤한 상태인 것이 지겨웠고 원래 삶으로 돌아가고 싶어 했다. 친구에게는 그가 느끼는 모든 감정을 느낄 권리가 있었다. 이를 하고 싶은 만큼 표현할 권리도 있었다. 나는 그가 필요로 할 때면 언제든지 들을 준비가 되어 있었지만, 그의 슬픔을 너무 많이 떠안지 않도록 주의해야 했다. 그는 분명 나의 도움이 필요했다. 그런데 그의 곁에 있어 주려면 나 역시 도움이 필요했다.

우리 주변에는 분명 어려움을 겪는 사람이 있다. 그들의 마음을 전해 들은 우리는 무거운 짐이 어깨를 짓누르는 기분을 느끼게 된다. 이를 다스리는 가장 좋은 방법은 나는 상대방과 완전히 다른 개인이라는 점을 스스로에게 상기시키는 것이다. 어쩌면 당연한 이야기처럼 들릴 수 있다('당연히 나는 상대방이 아니지!'). 그런데도 이를 반복해서 되새길 필요가 있다. 현재 감정이 오롯이 내 것일 때와 그렇지 않을 때를 명확하게 구분할 수 있어야 한다.

상담가 트레이시는 내게 이렇게 말했다. "내가 개별적인 존재라는 사실을 분명하게 알고 있다면, 그것이 곧 가장 좋은 내면의 경계선입니다. 다른 사람의 감정적 경험을 내가 책임지지 않아도 된다는 진실을 잊지 않아야 하죠. 결국 중요한 것은 상담하면서 드러나는 감정과 생각, 느낌들에 대한 책임이 내게 없다는 점입니다. 이런 이유로 끊임없이 자기 점검을 해야 합니다. 나도 모르게 휩쓸리고 있는지, 상대가 쏟아내는 것들에 내가 민감하게 반응하는지 등을 자문해야 하죠."

타인의 감정과 경험이 내 것이 아니라는 점을 상기시켜 자존감을 회복할 수 있다. '내가 가지고 있어야 할 감정이 아니야' '이건 내 것이 아니야' '이걸 떠안지 않아도 돼' '이 감정을 손에 쥐고 있을 필요 없어' 등의 말을 떠올리면 도움이 된다. 이러한 문구를 반복함으로

써 타인의 감정을 어깨에서 내려놓아도 좋다는 허락의 메시지를 스스로에게 전달할 수 있다.

타인의 경험을 내재화해 만들어 낸 감정이 아니라 진짜 내 감정을 더욱 강화하기 위해 내가 가진 것들과 과거에 겪었던 일들을 떠올리는 것도 좋다. 예를 들어, 내 인생에 일어난 좋은 일들을 축하하고, 감사 일기를 쓰고, 내가 가진 장점과 성과를 상기시키면 자존감 회복에 도움이 된다. 예전에 비슷한 상황을 겪은 적이 있다면 훌륭하게 대처했던 자신의 모습을 생각해 보는 것도 좋다.

기분 좋아지는 사람들을 만난다

지친 마음을 말로 풀어놓고 싶을 때도 있지만, 아무 말도 하지 않은 채 그저 사랑하는 사람들과 함께 있고 싶을 때도 있다. 이럴 때는 가까이 있어서 만나기 쉬운 사람보다는, 함께하면 진정으로 기분이 좋아지는 이들에게서 위안을 찾아야 한다. 같이 있고 싶어서 선택한 이들이나 인생에서 소중한 이들을 주변에 두는 것만으로도 도움이 된다. 에너자이저 역할을 하는 사람들과 다시 교감해 방전된 배터리를 충전하고 활력을 되찾아보자.

사회적 관계망을 활용하는 방식은 사람마다 다르다. 전화 통화로 충분한 사람도 있고, 얼굴을 마주 보고 같이 식사하거나 커피를 마시는 것을 선호하는 사람도 있다. 같은 공간 안에 있지만 각자 혼자만의 시간을 보내는 것이 도움이 되기도 한다. 가족 소풍, 동료의 생일 파티, 그 외 모임에서 함께 축하하다 보면 부족한 에너지가 채워지기도 한다. 중요한 점은 나에게 가장 좋은 방법을 따르는 것이다. 내향적인 사람도 가끔은 타인과 어울리며 유대감을 쌓고 싶어 한다.

예술을 통해 쏟아낸다

뉴욕 맨해튼의 인기 있는 식당에서 일하는 조나단이라는 친구가 있다. 그는 자신의 일을 사랑하지만, 일하면서 만나는 사람들이 선을 넘거나 무례하다고 느낄 때가 종종 있다. 손님이 한 말을 감당하지 못한 적도 여러 번이다. 삶의 방식을 바꾸라는 사적인 조언을 건네는 손님도 있고 정치적인 소외감이나 상처 주는 말을 함부로 던지는 손님도 있다. 조나단은 손님이 민감한 주제를 건드려도 진정하려고 최선을 다한다. 하지만 때로는 감정을 분출해야 할 때도 있다. 이러한 순간에 그는 복도나 화장실로 몸을 피해 1분 동안 짧지만 강력하게 소리내어 울고 다시 돌아온다. 감정을 표출하고 기운을 되찾는 데 매우 효과적인 그만의 방법이다.

어쩌면 '나한테는 효과 없는 방법이야. 나는 절대 울지 않아'라고 생각할지도 모르겠다. 평소에 눈물을 흘리지 않는 사람도 속 시원히 울면서 카타르시스를 느끼는 것이 도움이 될 수 있다. 내 방법을 공유하자면, 온종일 나눴던 대화들이 감정을 무겁게 누를 때 슬픈 영화를 보면서 일부러 눈물을 흘린다. 영화, 노래, 책, 연극까지 모두 감정을 쏟아내는 수단이 될 수 있다. 감정을 표면 위로 끌어올리는 것을 허용하기 때문이다. 감정을 주체할 수 없을 때는 예술의 도움을 받아 보자.

[경청 기술을 다지는 훈련]
나만의 <u>회복 루틴</u> 만들기

전문가들은 경청으로 인한 번아웃에서 회복하는 데 도움이 될 만한 다양한 기술들을 개발해 세상에 내놓았다. 나만의 회복 요법에는 어떤 요소들이 필요할까? 다음의 생각 가이드를 참고해 나를 위한 계획을 설계해 보자.

- **마지막으로 감정적 피로를 느꼈던 때를 떠올려 본다.** 피로해진 이유가 경청일 수도 있고 아닐 수도 있다. 기분이 나아지기 위해 시도했던 모든 방법을 빠짐없이 적는다. 예컨대 사람들과 어울렸는지 혹은 혼자 시간을 보냈는지 생각해 보자. 할 일에 집중하며 바쁘게 움직였는지 아니면 아무것도 손대지 않았는지도 살펴볼 필요가 있다. 기억이 잘 나지 않는다면, 오늘 기분이 별로였다면 어떻게 행동했을지 생각해 보면 된다.

- **접근 방식을 평가한다.** 방금 정리한 목록 중에 실행해서 다행이라고 생각되는 것들을 선택해 보자. 표시한 다음 왜 이런 행동이 도움이 되었는지 고민한다. 예를 들어 친구와 저녁을 먹고 여동생에게 전화한 후에 기분이 좋아졌다면, 앞으로도 사랑하는 사람들과 함께 시간을 보내는 방법이 효과적일 수 있다.

- **건전하지 못하거나 도움이 되지 않는 방법은 모두 지운다.** (한 가지 힌트를 주자면, 대개 선뜻 적지 못하거나 스스로 인정하지 못하는 방법들이 여기에 해당한다.) 회복하는 방법으로 넷플릭스를 정주행했거나, 와인 한 잔을 마셨는데 그다지 기분이 좋아지지 않았다면, 과감하게 지우는 것이 바람직하다.

- **최종 목록을 점검한다.** 자신에 대해 알아본 점들을 토대로 어떤 회복 요법이 가장 적절할지 생각해 보자. 효과가 입증된 전략 중에 어떤 것들을 그대로 유지하고 앞으로 강화해 나갈지도 고민한다. 반면 솔깃하지만 목적에 맞지 않는 행동도 골라내야 한다. 마지막으로 시도해 보고 싶은 기술을 떠올린다.

진심으로 귀 기울이면,
'대화' 이상의 '관계'를 얻는다

U X 리서처로서 나는 대부분 시간을 타인의 이야기를 듣는 데 할애한다. 하지만 나도 다른 사람들과 마찬가지로 속마음을 털어놓을 수 있는 공간과 내 이야기에 공감하며 경청해 줄 사람이 필요하다. 그래서 상담을 받기 시작했다. 그런데 상담을 받은 지 1년이 지나서야 내가 여전히 주저하고 있다는 사실을 깨달았다. 한 번도 솔직하게 이야기해 본 적이 없어서가 아니었다. 상담실 밖에서 내가 겪는 이런저런 일들, 그러니까 업무상 마찰, 대인관계와 관련된 어려움, 가족 및 친구들과의 관계 등이 감정과 밀접한 관련이 있기에 속마음을 있는 그대로 이야기했다. 그러나 한 가지 공유하지 않았던 것이 있었는데, 바로 상담사와 나의 관계에 대한 감정이었다.

상담사는 내가 어떤 감정과 위기, 문제를 가져오든 대체로 내가 바라던 청자의 역할을 충실히 이행해 주었다. 경청 훈련을 할 때 자주 응용하는 기술들을 상담사도 활용했는데, 고개를 끄덕이거나 시선을 맞추는 등 비언어적 신호를 통해 자신이 내 말에 경청하고 있음을 표현했다. 하지만 가끔 무언가 말을 하면 이상하게 부족하다는 느낌이 들었다. 나에게 필요한 칭찬을 건네며 유대감을 쌓으려는 그녀의 노력이 고마웠지만, 나하고는 잘 맞지 않았다.

나도 모르는 사이 마음의 문이 닫히기 시작했다. 칭찬의 말에 나는 억지 미소만 보인 채 아무 말도 하지 않았다. 그렇다고 나를 더 잘 도울 방법을 알려주며 내 마음대로 상담 시간을 주도하고 싶은 생각은 조금도 없었다. 그러나 분명 그 순간이 불편했다. 칭찬을 들었을 때 어떤 기분이었냐고 묻는 그녀의 질문에 나는 "좋았어요"라고 한 단어로 대답한 뒤 재빨리 주제를 바꿨다.

이후 몇 번의 어색한 순간을 반복한 끝에 그녀에게 솔직하게 말했다. 내 기분을 더 좋게 만들려는 의도는 알겠으나, 내 입장에서는 그녀의 친절한 마음이 진부하고 공허하게 들렸다고 설명했다. 왜 이런 기분을 느끼는지는 모르겠으나 어쨌든 내 솔직한 감정이라고 덧붙였다. 마침내 그녀에게 "노력하는 건 알고 있지만, 저한테 맞는 방법은 아닌 것 같습니다"라고 말할 용기를 낸 것이다.

그녀는 내 경험을 이해하기 위해 더욱 적극적인 자세를 보였다. 특히 내가 왜 그녀의 접근 방법이 부족했다고 느꼈는지를 알고자 했다. 그녀의 진심 어린 관심이 느껴지자 가슴을 누르고 있던 돌덩이가 사라진 기분이었다. 마음을 활짝 열고 더 많은 생각과 감정을 공유했다. 나는 그녀의 칭찬을 듣고 어떤 점이 불편했는지, 그리고 그것이 상담실 안팎의 나라는 사람에 대해서 어떤 사실을 말해 주는지에 대해 대화했다. 우리는 서로에 대해 더 많은 것을 알아갔다. 함께 발전하며 진전을 만들어나가고 있다는 생각이 들었다.

우리는 상대에게서 공통점을 찾고, 더 나은 선택을 하고, 사랑받거나 응원받고 있다고 느끼고, 궁극적으로 관계를 더욱 강화하기 위해 노력한다. 이러한 목적을 달성하려면 공감하며 경청하는 능력이

제일 중요하다. 하지만 그게 다가 아니다. 주저하지 않고 솔직하게 말하겠다는 의지 역시 뒷받침되어야 한다.

교감은 기브 앤드 테이크다

공감적 경청이 가장 빛을 발하려면 양쪽이 서로 주고받는 거래가 성사되어야 한다. 대화의 목적인 유대감 형성을 달성하려면, 상대방에게 내 곁에 있을 기회를 주어야 한다. 즉, 경청할 때뿐만 아니라 말을 할 때도 공감을 실천해야 한다. 내 의견을 입증하고 논쟁에서 이기거나 대화를 주도하기 위해서가 아니라, 다른 사람이 그러길 바라듯 모든 것을 내려놓고 내 경험에 대해 솔직하게 이야기하기 위해서다. 서로 이해하고 이해받기 위해 노력해야 하는데, 이는 결국 유대감의 궁극적 목표라고 할 수 있다.

상대방에게 마음을 열면 대화의 폭이 더욱 넓어지고 서로에 대한 이해도 깊어진다. 그래야 타인이 어떻게 반응할지 모른다는 두려움이 근거 없는 걱정이었음을 알게 되고, 상대방이 응원하고 지지할 준비는 되었는데 방법을 몰라 망설이고 있었다는 사실을 깨닫게 될 수도 있다. 속마음을 감추거나 마음에 안 드는 부분을 회피하려는 행동을 멈출 때, 진정한 파트너이자 조력자로 거듭난다. 이런 기브 앤드 테이크가 서로 간의 관계를 더욱 돈독하게 만든다.

모든 사회적 교류는 궁극적으로 유대감 형성, 즉 타인으로부터 사랑받거나 응원받고 인정받으며 존중받고 나아가 이해받는 기회를 약속한다. 그러나 이러한 것들을 약속하는 대화에는 동시에 위험 요소가 따른다. 상대방의 이해 대신 전혀 귀 기울이고 있지 않다는 느낌을 받을 수도 있다.

누구나 무시당한 경험이 있다. 상대방이 나를 오해한 것 같은 기분이 들 때도 있다. 감정을 표출할 공간이 절실한데 찾지 못한 적도 있다. 아쉽게 대화가 끝나고 나면 실망, 분노, 심지어 외로움을 느끼게 된다. 더 의미 있는 우정을 쌓을 수 있을지, 갈등을 줄일 수 있을지, 회사에서 서로 경쟁하는 대신 인간적인 관계를 맺을 수 있을지 의심스럽기도 하다. 주변 상황에 압도당한 기분이 들거나 어떻게 헤쳐나가야 할지 막막할 수도 있다. 이러한 순간에는 내 기분에 대한 책임을 다른 사람에게 돌리거나, 전반적인 문화나 사회를 탓하기 쉽다.

외로움, 걱정, 소외감과 같은 감정을 극복하기 위해 동호회나 친구 모임으로 일정을 가득 채우기도 하고, 타인과 교감하고 싶어서 SNS를 하기도 한다. 소외감을 해소하기 위해 일에 파묻혀 지내기도 하고 넷플릭스로 달아나기도 한다. 온종일 라디오 또는 TV를 켜두는 것처럼 사소한 변화를 시도하기도 하고 타인이 남기고 간 공백을 메우기 위해 성과를 좇기도 한다.

이러한 해결책은 핵심을 비껴간다. 사람들로 가득 찬 방 안에 있어도 여전히 외로울 수 있다. 온종일 화상 회의를 하거나 메시지를 주고받아도 단절된 느낌을 받기도 한다. 진짜 문제를 다루지 않기 때문에, 이를 통해 쌓은 관계가 행복하거나 의미 있다고 여기지 못하는 것이다.

이러한 감정의 근본 원인은 우리가 알고 있는 것보다 혹은 인정하고 싶은 것보다 훨씬 더 깊을 수 있다. 사회적 존재인 우리에게는 저마다 교감에 대한 깊은 갈망과 내 말을 들어주길 바라는 깊은 욕망이 있다. 우리를 인간답게 만들어 주는 요소인 동시에 상대가 내 말에 귀 기울이지 않을 때 고통받는 이유이기도 하다. 함께 있는 사람 또는 우리가 살아가는 문화만의 잘못은 아니다. 있는 그대로의 모습으로 사랑받고, 받아들여지고, 인정받고 싶은 욕구는 우리의 본능이고 인류의 기능이며 나아가 공통된 운명이다.

해결책은 손에 닿을 거리에 있다. 우리는 덜 외로운 세계를 만들 잠재력을 가지고 있다. 공감적 경청을 실천한다면, 유대감을 맺는 길이 훨씬 더 선명하게 보인다. 배려하면서 질문하거나 숨은 욕구를 파악하고 함께 탐구하는 등 우리가 함께 살펴본 기술들을 실전에 적용한다면, 서로 간의 거리를 더욱 좁히고 각자의 세계에 더욱 완전하게 참여할 수 있다. 여기에 우리의 공감적 목소리를 더하면 상대는 나와 교감하고 있다는 느낌을 받는다.

내 말에 귀 기울이는 순간의 반응은 사람마다 다르다. 하지만 보는 순간 바로 알 수 있다. 친구에게 힘들다고 털어놓자 "많이 힘들지"라는 대답이 돌아올 때다. 울지 않으려고 애쓰는데 이를 알아차린 배우자가 꼭 안아줄 때다. 애써 의연한 척하지만 심한 압박감과 버거움을 읽은 팀장이 일찍 퇴근하라고 넌지시 말할 때다. 무시당하는 느낌을 받았다는 이야기를 들은 형제자매가 속마음을 공유할 수 있는 공간을 내줄 때다.

공감적 경청은 우리가 보살핌받고 있다는 사실을 보여 준다. 관심받고 존중받는 기분이 든다. 아무 곳에도 속하지 않는다는 생각 대신, 다름을 인정받고 그 안에서 안심할 수 있다. 이러한 방식으로 내 의견과 감정에 상대방이 귀 기울이면, 소외감과 외로움 대신 서로 연결되어 있으며 이해받는다고 느끼게 된다.

어떤 이들은 외로움 대신 살아있다는 느낌을 준다

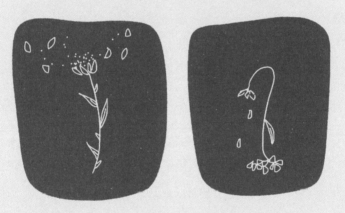

차이점? 얼마나 공감하며 경청하는지에 따라 달라진다

듣는 입장일 때도 이러한 수용, 인정, 지지, 이해를 타인에게 보여 줄 수 있다. 공감하며 경청하는 데 성공한다면 평범한 대화도 교감을 나누는 기회가 된다. 네트워크 행사에서 진짜 친구를 찾을 수 있다. 팀장은 각 팀원의 동기가 무엇인지 암호를 풀 수 있다. 저녁 모임 자리에서 우연히 만난 인연이 파트너 관계로 발전할 수 있다.

이러한 대화는 그 순간 기분이 좋을 뿐만 아니라 시간이 지날수록 더욱 튼튼하고 친밀한 관계로 발전한다. 진정으로 귀 기울이는 팀장을 만난다면, 다른 회사로 이직하더라도 계속해서 따라다니고 싶어진다. 어쩌다 이렇게 골치 아픈 상황을 만났는지 마음대로 추측하는 대신 이야기를 듣고 기꺼이 어깨를 내어주는 형제자매에게 속마음을 숨기지 않고 털어놓게 된다. 진심으로 경청하고 나의 성과를 축하해 주는 친구로부터 다음 프로젝트의 영감을 얻을 수도 있다.

공감적 경청이 뒷받침되지 않는다면 이러한 순간들과 관계는 놓치게 된다. 친구와의 관계, 파트너와의 관계, 업무적 관계가 겉으로는 그럭저럭 괜찮아 보여도 관계에서 얻는 것이 많지 않다. 이 정도로 만족해서는 안 된다.

이제 지금까지 배운 경청 기술을 실전에서 활용해 보자. 회의에서, 저녁 모임에서, 축하하는 자리에서, 심지어 갈등의 순간에도 표면을 깨부수고 조금 더 깊이 들어가 보자. 내가 추측하는 모습 또는 바라는 모습이 아닌 상대방의 진짜 모습을 알게 되고, 마찬가지로 상대방도 내 진짜 모습을 알게 된다. 공감하며 경청할 때 대화의 기대치와 관계의 기대치를 높일 수 있으며 나아가 다른 사람도 똑같이 하도록 영감을 줄 수 있다.

이제 책을 덮어도 좋다. 밖으로 나가자. 심호흡을 크게 한 번, 두 번, 세 번 한 다음 진심을 다해 경청하자.

참 고 문 헌

Chap 1

1. Jill Suttie, "Why Curious People Have Better Relationships," Greater Good Mag-azine, May 31, 2017, https://greatergood.berkeley.edu/article/item/why_ curious_people_have_better_relationships.

Chap 2

1. Matthew Lieberman, Social(New York: Crown, 2013), 219. (한국어판: 매튜 리버먼 저, 《사회적 뇌 인류 성공의 비밀》, 시공사, 2015)

2. Ben Bryant, "Judges Are More Lenient After Taking a Break, Study Finds," The Guardian, April 11, 2011, https://www.theguardian.com/law/2011/apr/11/judges- lenient-break.

3. Eti Ben Simon et al., "Losing Neutrality: The Neural Basis of Impaired Emotional Control without Sleep," The Journal of Neuroscience 35, No.38(20115), 13194-13205, https://doi.org/10.1523/JNEUROSCI.1314-15.2015.

4. Dan Burnett, "What Happens in Your Brain When You Make a Memory?" The Guardian, September 16, 2015, https://www.theguardian.com/education/2015/sep/16/what-happens-in-your-brain-when-you-make-a-memory.

Chap 3

1. Sherry Turkle, Reclaiming Conversation(New York: Penguin Press, 2015), 70(저자는 이 책에서 인지신경과학자인 센쥬 아쓰시의 연구를 인용한다). (한국어판: 셰리 터클 저, 《대화를 잃어버린 사람들》, 민음사, 2018)

2. Joe Navarro and Marvin Karlins, What Every Body Is Saying(New York: HarperCollins, 2008). (한국어판: 조 내버로·마빈 칼린스 저, 《FBI 행동의 심리학》, 리더스북, 2010)

3. Pamela Meyer, Liespotting(New York: St. Martin's Press, 2010), 91-94. (한국어판: 파멜라 마이어 저, 《속임수의 심리학》, 초록물고기, 2011)

4. University of Stirling, "Social Status of Listener Alters Our Voice," Science-Daily, June 29, 2017, www.sciencedaily.com/releases/2017/06/170629101721.htm (accessed May 16, 2020).

Chap 4

1. Alex Blumberg, "The Tragedy Expert," reporting by Alex Blumberg, Without Fail, Gimlet Media, April 8, 2019, audio, 17-20, https://gimletmedia.com/shows/without-fail/5who4m.

Chap 5

1. Guy Raz, "Sheena Iyengar: Why Are Some Choices So Paralyzing?," reporting by Guy Raz, Ted Radio Hour, NPR, March 10, 2017, https://www.npr.org/templates/transcript/transcript.php?storyId=519266687.

Chap 6

1. Gretchen Reynolds, "How Walking in Nature Changes the Brain," The New York Times, July 22, 2015, https://well.blogs.nytimes.com/2015/07/22/how-nature-changes-the-brain.

Chap 10

1. Turkle, Reclaiming Conversation, 21, 27. (한국어판: 셰리 터클 저, 《대화를 잃어버린 사람들》, 민음사, 2018)

2. Jessica Grosse, "Your Mom Is Destined to Annoy You," The New York Times, December 11, 2019, https://www.nytimes.com/2019/12/11/parenting/your-mom-is-destined-to-annoy-you.html.

3. Deborah Tannen, That's Not What I Meant!(New York: Harper, 2011), 145.

4. Rob Rosen, "When the Going Gets Tough, Keep Asking Questions," reporting by Rob Rosen, How Sound, Transom, June 11, 2019, audio, 7:38-7:56, https://transom.org/2019/when-the-going-gets-tough-keep-asking-questions.

5. Lori Gottlieb, Maybe You Should Talk to Someone(New York: Houghton Mifflin Harcourt, 2019), 114-15. (한국어판: 로리 고틀립 저, 《마음을 치료하는 법》, 코쿤북스, 2020)

6. Tal Ben-Shahar, Being Happy: You Don't Have to Be Perfect to Lead a Richer, Happier Life(New York: McGraw-Hill Education, 2020), Chapter 2: Accepting Emotions.

Chap 11

1. Lawrence Grobel, The Art of the Interview(New York: Three Rivers Press, 2004), 44.

2. Evan Ratliff, "Episode #325: Lizzie Johnson," reporting by Evan Ratliff, Longform Podcast, Longform, January 2019, audio, 37:31-38:20.

3. "Vicarious Trauma," GoodTherapy, July 14, 2016, https://www.goodtherapy.org/blog/psychpedia/vicarious-trauma; "Vicarious Trauma and Compassion Fatigue," Alameda County Trauma Informed Care, accessed August 17, 2019, https://alamedacountytraumainformedcare.org/caregivers-and-providers/vicarious-trauma-secondary-trauma-and-compassion-fatigue.

타인의 속마음에
닿는 대화

1판 1쇄 2021년 6월 10일 발행

지은이·히멘아 벤고에체아
옮긴이·김은지
펴낸이·김정주
펴낸곳·㈜대성 Korea.com
본부장·김은경
기획편집·이향숙, 김현경
디자인·문 용
영업마케팅·조남웅
경영지원·공유정, 마희숙

등록·제300-2003-82호
주소·서울시 용산구 후암로 57길 57 (동자동) ㈜대성
대표전화·(02) 6959-3140 | 팩스·(02) 6959-3144
홈페이지·www.daesungbook.com | 전자우편·daesungbooks@korea.com

ISBN 979-11-90488-24-2 (03190)
이 책의 가격은 뒤표지에 있습니다.